河南省艺术名家推介工程丛书

杨丽萍 主编

王红丽——红梅俏丽

汪淏 编

中原出版传媒集团
大地传媒
大象出版社
·郑州·

图书在版编目(CIP)数据

王红丽——红梅俏丽/杨丽萍主编. — 郑州 : 大象出版社,2015.11
(河南省艺术名家推介工程丛书)
ISBN 978-7-5347-8547-4

Ⅰ. ①王… Ⅱ. ①杨… Ⅲ. ①王红丽—传记 Ⅳ. ①K825.78

中国版本图书馆CIP数据核字(2015)第203733号

河南省艺术名家推介工程丛书

王红丽——红梅俏丽

杨丽萍 主编

汪 淏 编

出 版 人 王刘纯
责任编辑 石更新
责任校对 安德华
装帧设计 魏 珂 王 伟 韩 雪

出版发行 大象出版社(郑州市开元路16号 邮政编码450044)
发行科 0371-63863551 总编室 0371-63863572
网 址 www.daxiang.cn
印 刷 河南省瑞光印务股份有限公司
经 销 各地新华书店经销
开 本 787×1092 1/16
印 张 15.5
字 数 250千字
版 次 2015年11月第1版 2015年11月第1次印刷
定 价 48.00元

若发现印、装质量问题,影响阅读,请与承印厂联系调换。
印厂地址 郑州市二环支路35号
邮政编码 450012 电话 0371-63956290

王红丽，女，1967 年 11 月生于开封市。河南小皇后豫剧团团长，国家一级演员，两届中国戏剧梅花奖获得者，中国戏剧家协会理事，河南省戏剧家协会副主席，中宣部宣传文化系统“四个一批”人才，享受国务院特殊津贴专家，全国第三届“德艺双馨”中青年艺术家，河南省政协委员。毕业于中国戏曲学院第四届优秀青年演员研究生班。

1988 年，以主演《司文郎》一剧获河南省第二届戏剧大赛演员表演一等奖，同年又获得首届香玉杯艺术奖；1994 年，她以《风雨行宫》的演出，获得河南省第五届戏剧大赛演员表演一等奖；1995 年，以主演《风雨行宫》获第十二届中国戏剧梅花奖；2003 年，她以主演《铡刀下的红梅》一剧，荣获第二十届中国戏剧梅花奖，并且荣登榜首，成为全国豫剧界第一位二度梅花奖得主，《铡刀下的红梅》同年还荣获中宣部第九届全国“五个一工程”优秀作品奖；2004 年，王红丽被河南省委宣传部、省文联授予首批“德艺双馨艺术家”的光荣称号；2006 年，荣获由河南省剧协和郑州人民广播电台文艺广播共同举办的、完全由听众投票产生的“叱咤中原河南戏曲演员排行榜”年度十大演员最高奖“梨园之星”奖。

1994 年，王红丽创办了全国首家省级民营剧团——河南小皇后豫剧团。20 多年间，小皇后豫剧团以年均 400 余场的演出，常年巡回在豫、鲁、皖、苏、晋、冀、陕等省的广大工矿、农村、城镇，并多次赴北京、天津、广东、台湾、香港以及澳大利亚参加重大赛事演出及展演活动，共获省级以上的各类奖项和奖励 80 多次，演出场次超过了 8000 场，观众 3000 多万人次，被中宣部、文化部授予“全国服务农民服务基层文化工作特别贡献奖”。

王红丽从艺 30 多年来，在广泛继承传统演出剧目的基础上，长期致力于新剧目的创作演出，排演了《风雨行宫》《美女涅槃记》《五凤岭》《三更生死缘》(三本连台剧)《花喜鹊》《铡刀下的红梅》等一系列独具风貌的演出剧目。1987 年，王红丽以《春秋配》《秦雪梅》《泪洒相思地》三剧成名，被观众誉为“豫剧小皇后”。王红丽扮相俊美，嗓音甜润，功底坚实，文武皆能，且具有极强的爆发力。她广采博学，善于汲取豫剧各地域分支的声腔特长，学习继承各大艺术流派的演唱技巧，融会贯通，为我所用，形成了自己特有的演唱风格及独特的表演艺术风貌。

总序

造就名家大师
促进文化繁荣

营造有利于高素质人才大量涌现、健康成长的良好环境，造就一批名师大家和民族文化代表人物，引领文化事业繁荣发展，是推动文化建设的重要基础和条件。

“河南省艺术名家推介工程”自2011年启动，旨在通过推介河南各艺术门类的领军人物，总结传播他们的艺术成就，激励文化艺术工作者百尺竿头再上层楼，引领河南文化艺术人才队伍健康成长，“河南省艺术名家推介工程丛书”的出版，就是对河南省艺术界各领域领军人物艺术成就的一次系统总结和展示。

一个时代的文明高度，往往是那个时代的领军人物所代表的。在文艺领域，可以说一个时代的文化名家的成就，代表着这个时代这个领域的最高水准。因此，总结艺术名家的艺术经验，推广艺术名家的艺术成就，彰显艺术名家的职业精神，是非常必要的。当然，在艺术领域里，这些艺术名家尚有更远的路要走，也希冀更多的人超越他们。而这些，正是我们所盼望的。

是为序。

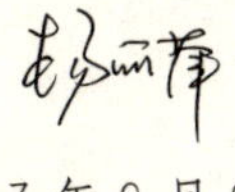

2013年6月27日

序

仲呈祥

红丽来信息，说中国戏剧家协会和河南省文化厅为其召开的专题研讨会拟出版专辑，约我为之作序。我是河南女婿，热爱豫剧，又是她的戏迷，却之不恭，好在诸位专家对她的艺术人生和艺术成就都有十分精到的论述，可补我拙，于是便斗胆妄言了。

红丽及其小皇后豫剧团，在市场经济大潮中，于中国当代剧坛可算是一个奇迹，也堪称是一面旗帜。她真有她创造的舞台上的刘胡兰形象那种坚定的信仰、那股无坚不摧的精神，有马皇后形象的高超智慧和厚德载物，有豫剧大师常香玉“戏比天大”的优秀文化基因。唯其如此，她和她的剧团始终坚持了以人民为中心的创作导向，在市场经济大潮中不迷失方向，不做市场的奴隶，以文化人，以艺养心，以一系列优秀剧目演出体现伟大时代的风貌，引领伟大时代的风气，昭示了一条有中国特色的讲中国故事、传中国精神、塑中国人物的中国戏曲发展的正确道路。这，对于整个社会主义文艺的健康持续繁荣，具有宝贵的借鉴意义。

红丽和她的剧团离不开人民，人民培养造就了红丽和她的剧团。红丽的艺术源于人民、表现人民、服务于人民，人民需要红丽这样的艺术家，红丽这样的艺术家更离不开人民。红丽有幸遇上了好母亲、好导演、好伙伴、好观众、好时代。衷心祝愿红丽在这条又红又专的艺之正途上创造越来越美丽的未来！

权且充序。

2014年11月4日于北京

目　录

红梅更俏丽

——豫剧小皇后王红丽传

李焕霞

第一章 天资初绽

1967年11月24日，王红丽出生于一个梨园之家。父亲王豫生是有名的豫剧作曲家，母亲王素珍为豫剧名演员，常香玉大师的入室弟子。正是这样的遗传基因和家庭熏陶，让王红丽有了从艺的天赋和可能，并且成为王红丽艺术风格形成的重要影响因素以及日后实现梦想的精神支撑。

红丽1岁多的时候，由于父母忙于工作，加上妹妹出世，便被送到开封姥姥家。在这样一座文化底蕴深厚的古城，王红丽度过了美好的童年，也开始了自己的戏曲启蒙之路。

虽然短缺了父母的言传身教，但红丽却遗传了父母身上的基因，从小就显示出了独有的艺术天赋。那时，街道上经常组织文艺宣传队，每天喇叭里都会定点播放戏曲节目。只要收音机里戏曲锣鼓一响，红丽就会搬个小板凳，坐在喇叭前面听，那种认真和陶醉劲儿，让姥姥看了很是喜欢。当时广播里经常播放的就是样板戏，通过这个看不见的舞台，王红丽学会了很多唱段，如京剧《红灯记》中小铁梅的“我家的表叔数不清”，《智取威虎山》中小常宝的“八年前风雪夜……”，还有《白毛女》中的“北风那个吹……”，奶声奶气的声音里透着纯正的韵味儿。

王红丽不仅喜欢听戏、唱戏，而且开朗自信，很喜欢在别人面前表现，是个从不怕生人的主儿，所以，邻居们都知道这个小姑娘爱唱戏。

有一次，3岁多的小红丽跟随在开封印刷厂上班的舅妈去单位玩，大家看着这个可爱的会唱戏的小姑娘，就纷纷逗她：“红丽，给俺们唱一段好不好？”

小红丽一听来了兴致，一脸认真地说：“好呀！可是没有舞台呀！”

大家闻听，赶紧把成捆的印刷纸铺开，摞成一个小小的舞台。

“人少了不行啊！”

看到小红丽提要求，一旁工作的叔叔阿姨就都停下了手里的活儿，一起围了过来。

“那我唱戏，你们得给我鼓掌！”

大伙一听忍不住乐了：“中，俺们肯定给你拍巴掌。”

大家的兴奋劲，激起了王红丽的表现欲望，于是她端端正正往那儿一站，唱了起来，偌大的车间里顿时一片静寂，一个稚嫩而充满情感的声音响起。红丽的演唱赢得了阵阵掌声。看着这些叔叔阿姨一脸喜欢的样子，红丽心里美滋滋的，特别满足。大家听了好儿段，才算过了瘾，叫好和夸赞当然是免不了的。

王红丽天生爱表现，人越多越高兴，从小就显示出一个好演员的必备素质——不怯场。后来的王红丽，不管是初登舞台，还是参加各种赛事，也从来没有因为紧张而出错，甚至越是到关键时候，越能超常发挥。

由于红丽的舅舅在铁路上工作，乘车非常方便，于是就经常让姥姥带着红丽在郑州和开封两地间奔走，享受短暂的父母之爱。火车上，活泼好动的王红丽不仅喜欢和陌生人主动搭腔，而且也把这里当成了展示自我的舞台。每逢这时候，漂亮的小红丽就成了大家关注的焦点。有一次，在火车上看到一个英姿飒爽的军人，王红丽就主动上去和人家搭话，聊得很热乎。听说这个小姑娘会唱戏，这位军人热情地提出要求，身边的人也纷纷表现出欣赏的兴趣。看着大家纷纷鼓掌，王红丽就会特别高兴，有时候掌声不太响，她就一脸认真地说：“你们鼓掌都不响，再坐火车我

王红丽3岁时的照片(前排右一)

就不唱了。”听她这么一说,大家的掌声就更热烈了,夸她聪明又可爱。

尽管有家人分忧,可思女心切的王豫生夫妇还是会抽空把红丽接到身边来小住几天。小红丽3岁半的时候,被爸爸接到了郑州。当时,王素珍所在的河南豫剧院第二剧组正在演样板戏《海港》。演出之前,王豫生把孩子抱到了后台化妆室。那是红丽第一次到后台,第一次看化妆,看着妈妈和叔叔阿姨化妆的样子,小红丽感觉很新奇、很好玩,但又有一点害怕,不时地看看这个,问问那个。团里很多人都知道红丽会唱戏,就引逗她:“红丽,给我们唱段戏呗,唱好了我们给你买糖吃。”小孩子本来就经不住引诱,加上又喜欢表现,红丽一听就来了精神,坐在化妆桌前认真唱起了《红灯记》中的小铁梅、《沙家浜》中的阿庆嫂、《智取威虎山》中的小常宝。

大家听得十分开心,纷纷说:素珍啊,你这个小妮儿真是个美人坯子,一双大眼真是吸引人,那小酒窝让人看着都有点醉,太漂亮了。她绝对是干演员的料,你看她唱戏那个表情、眼神,真是让人喜欢。你就好好培养吧,这妮儿将来一定是咱豫剧的接班人。

吃着叔叔阿姨给的糖,听着大人们的夸奖,小红丽心里美滋滋的。王素珍看着女儿漂亮乖巧的样子,心里也觉得十分幸福。

1971 年，在戏校担任教师的王豫生因为专业突出，被当成走白专道路的典型，下放到黄河五七干校进行劳动。当时在黄河五七干校接受劳动锻炼的有很多有资历的老干部、科技人员。因为离家也不算太远，王豫生每周都能回家一趟。有一次，4 岁的红丽从开封回来，王豫生实在想孩子，就和家人商量，带她去干校玩了几天。初到这个地方，小红丽觉得很新奇，尤其是有爸爸陪着，她格外开心。大人们劳动的时候，红丽就在地里奔跑、摘花、拽草、玩土，一个人玩得很自在，有时候就主动给这些爷爷、伯伯们唱戏。有这么可爱的孩子在身边，大人们也觉得平淡的日子里多了点快乐。

在五七干校，红丽最开心的就是跟爸爸到食堂，因为那里的饭菜还不错。看着孩子吃得津津有味，王豫生就会在一边开心地看着，自己不舍得吃。有时候他刚一动筷子，红丽就尖叫一声，或者是“喵喵”学猫叫，认真地说：“我一学猫叫，你就不能吃了，这是我的，我得吃完。”王豫生一听乐了：“那我要是吃了呢？”“你要是吃了，我就回家找妈妈，不给大家唱戏了。”有天真、可爱的女儿陪伴，王豫生觉得再苦的日子都充满了欢乐，充满了盼头。

1972 年春，一向身体健康强壮的王豫生因为扁桃体发炎，发烧不止，只好强打精神去省直第一门诊部看病。医院有点远，家里当时也没有自行车，王豫生就穿上大衣，决定步行去。小红丽知道后，就主动请缨要陪同爸爸。王豫生因为生病的缘故，看起来有些筋疲力尽。看着爸爸难受的样子，懂事的红丽就说：“爸爸，我拉着你的手一起走。你要是难受，我就唱戏给你听吧。”就这样，王红丽小手牵着爸爸，唱了一路。有这个贴心小棉袄的陪伴，有这么动人的声音陪伴，王豫生感觉精神也好了不少。

红丽不仅长得招人喜欢，而且特别喜欢唱戏，街坊邻居你说我传，就都知道了。那时候文艺比较红火，很多学校都有毛泽东思想文艺宣传队，参加的学生很多。小红丽 5 岁那年，离红丽姥姥家不远的中山路开封市第一小学校长、老师知道后，特意找到家里做工作，说这妮儿条件不错，戏也唱得好，他们要特招这个小姑娘上学。因为孩子年龄小，家人有些不大放心，只好委婉地推辞了。

转眼到了 6 岁该上学的年龄，红丽被接回郑州。生活在豫剧戏窝里，经常看排戏，瞧演出，这样耳濡目染，王红丽很快就显示出自己的天赋和优势。

6 岁半的时候，王红丽开始到文化路二小上学，在艺术方面显得格外活跃，还当上了班里的文艺委员。有一回，红丽的班主任吕老师见了王素珍，高兴地说："哎呀，红丽妈妈，你这小妮儿长得真是漂亮啊，像个古代的小公主，眼睛发亮，实在招人喜欢。有次上课，我看着看着都走神了。你是搞文艺的，好好培养她吧，肯定很有前途。"众人不约而同的看法和建议，更坚定了王豫生夫妇培养女儿的决心。

到红丽上三年级的时候，古装戏已经开放了，文艺发展环境更为宽松。一心想让女儿走艺术之路的王素珍，开始有意识地对女儿进行训练，教她学习《花木兰》中"谁说女子不如男""花木兰羞答答施礼拜上"等唱段及其表演。当时艺术工作者比较吃香，家属院的孩子们从小受到熏陶，对戏曲很喜欢，所以大人们一有空就把孩子们带到院子里练功，一时间，家属院就像个小小的专业戏曲学校，非常热闹。王素珍也经常带着红丽、红艳姊妹两个，在院里练功。当时她还带了几个学生，每当教他们的时候，红丽就在一旁看着，天赋异禀的红丽学得非常快，有时候其他孩子做不到位，王素珍就让红丽在一旁给他们示范。当时住在一个院里的导演对王素珍说，咱这院里十几个孩子，谁不学戏都不亏，就红丽不行。这孩子不仅长得好看，表情还特别丰富，满脸都是戏，今后一定是个好演员。

对于王红丽今后的人生，王豫生和王素珍也早就有过规划。虽然在学戏这一点上目标一致，但是具体让孩子干什么，二人还是有过分歧的。因为王豫生从事音乐设计工作，所以一直想让女儿也干这一行，今后继承他的衣钵；王素珍却觉得，孩子长得漂亮，又有表演才能，躲到乐队里伴奏，不当演员就太亏了。后来两人也没争出个胜负，就决定先对孩子在两方面同时培养，等时机成熟了再让孩子选择。所以，王素珍抽空就教女儿演唱、练功，王豫生就给红丽找了毕业于西安音乐学院、时任省二团二胡一把手的杨永霖，跟他学习了半年多的二胡。

1980 年，正是戏曲蓬勃发展的时候，戏校在全省各地雨后春笋般地兴办起来。当时红丽刚刚 12 岁，王豫生、王素珍夫妇经过商量，决定让孩子报考戏校，正式学艺。由于常年在外演出，孩子的教育和安全问题基本上就得依靠学校了，于是，经过多方打听比较、亲自考察，他们决定让孩子去考师资力量雄厚、管理十分严格的洛阳戏校。

那年春天，母亲王素珍带着红丽去洛阳考试。当时报考的学生非常多，竞争很激烈。到达的当天上午，进行了专业考试，现场共有十几个考官，有洛阳的宣传部部长、文化局局长和戏校校长、教务主任以及专业课老师，主考官是歌星程琳的妈妈李淑梅老师。在演唱环节，王红丽演唱了《断桥》中“恨上来骂法海不如禽兽”一段，当时考生唱这段的比较多，越是以同样唱段比赛，越是能在对比中看出一个选手的优劣。王红丽唱得非常动情，感情十分投入，当唱到“一无有亲，二无有故”时，红丽的眼泪就忍不住扑簌簌地往下掉，就连在窗户边偷看的妈妈也感到鼻子酸酸的。考官们自然也被王红丽的动情演唱所感动，赞赏有加，演唱完后，有个考官还特意拿出小手绢去替红丽擦眼泪。考试念白的时候，王红丽准备的是妈妈教她的《下陈州》中“张桂英挖野菜”那一段念白，王红丽念得悲伤、凄凉，从感情的把握到韵味的运用，都掌握得比较好，再次感动了评委老师。

由于之前王素珍有意识地给红丽做过训练，因此，在老师的询问下，王红丽又主动表演了一套花旦组合，十分精彩，踢腿、下叉等动作都做得十分到位。最后用钢琴试唱把音，红丽一直唱到了最高音，从考官的表情上能看出，他们都很满意。这样的好苗子，又有一定的底子，考官自然很是喜欢。所有考试结束之后，有个老师出来对王素珍说：“你们先不要走，下午 4 点会通知你们结果。”王素珍听了以后很高兴，能得到这样的特殊待遇，想来问题应该不大。想着时间还早，王素珍就带着红丽乘坐公交车去龙门放松。那是王红丽第一次看见山。置身于这幽雅美丽的佛教圣地，王红丽兴奋地到处观看，一会儿好奇地看着那些大大小小的佛龛，一会儿又抱抱佛像的腿，一会儿对着山水又歌又舞，好生惬意。等下午 4 点回到学校，果然接到校方的明确通知，说王红丽条件不错，直接被录取了。

就这样，王红丽正式步入了她的艺术之路，开启了一个别样多彩的戏剧人生。

第二章 才华乍现

王红丽自然条件好，又是门里出身，所受的熏陶自然不同。由于父母的知名度和影响力，学校老师对红丽自然也是非常照顾，用心培养。王红丽自己也很争气，学习一直非常努力，成绩也很不错。当时，教红丽“基功”的老师是王素珍的好友，因为这层关系，对红丽的要求也更严厉，有时候还喜欢开点小灶。有一次，为了让

王红丽13岁在洛阳戏曲学校演出《姐妹易嫁》时饰妹妹

红丽练好“卧鱼”，她硬是让红丽做好动作后，在她身上坐了快半个小时，疼得红丽眼泪汪汪。即使这样，老师还是时常批评她：“你和你妈妈比起来，刻苦劲儿差远了，你要是有她一半就好了。”

虽然王红丽在班里算不上最刻苦的，私底下很少下苦功，但是她课堂上十分认真，很注重学习效率，课余时间尤其喜欢读书，善于琢磨，因而演起人物来，很是准确到位。由于见多识广，脑子灵活，善于表达，学校每次举办智力竞赛之类的活动，王红丽都是积极分子。也许是受父亲影响，红丽从小就喜欢看书，上小学的时候，就经常抱着一些大部头书阅读，像《红岩》《钢铁是怎样炼成的》《青春之歌》《林海雪原》等，尤其是晚上，一看起来，就忘了时间，每次都需要家人催促才肯关灯。读书这一良好习惯，红丽多年来一直保持着。

王豫生、王素珍夫妇的思想都很开明。上学期间，王豫生就给女儿明确了一个原则：不拘一派，广泛学习。那时候，除了在戏校学的常香玉的《断桥》《拷红》、马金凤的《穆桂英挂帅》、陈素真的《捡柴》，王红丽还按照父亲的要求学习了阎立品的《秦雪梅》、崔兰田的《秦香莲》。对于为何要学习这些特点迥异的名家经典，王红丽起初并不明白，直到后来随着实践的增多，她才真心体会到了父亲的良苦用心。

20世纪80年代初，通俗歌曲开始流行，为了让红丽学习更多的演唱技巧，王素珍常常会从不多的工资中抽出一部分，购买一些好听的歌曲磁带让她听。那时候，戏曲声腔教学采用的还是传统的方式，声乐很少引起重视。1983年，洛阳戏校调入了一个声乐教师邱林，他是河南大学声乐系的优秀毕业生，学习的是西洋发声方法。刚到学校时，他上课一唱，学生就在下面偷笑，很多教师对他这种唱法也十分排斥，私下议论纷纷，说戏曲教学从来没有用这样的方式训练的，怎么能教好学生呢？后来，红丽把这件事情给妈妈说了。王素珍说，完全按照西洋发声那一套去唱戏，肯定是唱不好的，但是他们声乐的呼吸方法、气息贯通、发声共鸣都是十分科学的，你一定要珍惜机会，跟着好好学，关键是要自己琢磨，做到活学活用。就这样，不管别人怎么说，红丽始终坚定自己的想法，邱老师也因此成为红丽艺术道路上的一位恩师。

5年的时光，不仅让王红丽出落成亭亭玉立的少女，也让她系统掌握了扎实的基本功，成绩名列前茅，尤其是经过《大祭桩》《芙蓉花仙》《扈家庄》等剧目的排演，在人物塑造上也有了不小的进步。

王红丽考入戏校的时候，正是传统戏刚刚恢复和戏曲蓬勃发展的好时期。带着各自编织的五彩斑斓之梦，王红丽和同学们开始了枯燥而艰辛的锤炼，然而，当大家带着几年苦读练就的技艺，准备展翅高飞的时候，现实却大不一样了。此时，随着国门大开后各种艺术门类的冲击，戏曲不景气的现象已经初露端倪。毕业之前，王红丽就已经深刻感受到了这种变化。那时候，李淑梅老师的女儿程琳已经是海政歌舞团的二胡独奏演员，1980年凭借一曲《小螺号》，吹响了新时期流行音乐的号角，之后演出不断，出专辑，拍电视片，很是风光。程琳有时候回洛阳，经常会到宿舍和王红丽她们一起玩。看到近在身旁的朋友一夜成名的风光，很多同学都开始学起了唱歌，因此，不少人在毕业后选择了进入歌舞团。

在充满梦幻的年龄，尽管王红丽也曾做过歌星的梦，但她最终还是听从了父母的意见，选择到河南省豫剧二团工作。当时，全省文艺院团改革已经开始，为响应文化厅党组的号召和安排，探索戏曲团体自负盈亏之路，1984年8月，时任该团业务室副主任的王豫生带领着由唐喜成、王素珍等15人组成的小分队，跟长垣县豫剧团联合，实践自负盈亏、定额上交的经营模式，这也是全省首创的省直与县剧团的联合演出体(即河南省豫剧二团分团)。由于团里一直在外演出,家里也没人,所以 1985 年 5 月,毕业的王红丽背着行李,直接来到了剧团的演出地周口。

从校门步入剧团,王红丽结束了稳定有序的学习生涯,开始跟随剧团辗转演出。不过,初出茅庐、尚显稚嫩的她还没有上台的机会,加上之前为了有个好的毕业成绩,没白天没黑夜地练功,因此,刚到剧团的王红丽也想就此放松一下,每天吃着妈妈做的好吃的食物,躲在房间里看书,享受着难得的清闲时光。

那时候,唐喜成的《三哭殿》是较为受欢迎的剧目,王素珍在剧中饰演银屏公主。因为这个戏演出时间不是太长,所以正式开演前一般要加演一折垫戏,当时演得最多的就是《断桥》。红丽去团里报到的时候,饰演白素贞的演员已经怀孕 5 个多月了,身体不适,实在没法再演了。正当大家为寻找合适人选而犯愁的时候,听到这个消息的王红丽主动请缨:“我在学校的时候学过,可以试试。”跟团的这个把月,王红丽和大家交往不多,所以,不少人听说后心里就开始犯嘀咕:平时也没见这孩子怎么练功,在学校 5 年学得怎么样？会不会唱啊？谁知调弦一亮嗓子,很多人都感到非常意外,不由得连声赞叹。

红丽这次的整体表现,让父母十分欣慰,于是,紧接着又给她排了折子戏《秦香莲》“见皇姑”一折,后来又在《三哭殿》(饰西宫)、《拷红》(饰莺莺)、《鬼怨》(饰霞英)中和母亲同台演出。正是这一时期的大量实践,让王红丽打下了良好的基础,积累了丰富的舞台经验,艺术日渐精进,而且最终为自己赢得了一次机遇。

1985 年 8 月,与长垣县豫剧团的合同到期之后,王豫生又带着二团的十几个人和上蔡县豫剧团做联合体。9 月,剧团到鄢陵县演出,王素珍演出完第一场大型古装戏《燕燕》前,由于肚子饿,就吃了些有点发霉的花生米,翌日,就感觉嗓子很不舒服,原来是患了急性喉炎,中午时分,连说话都很困难了。这可急坏了业务团长,并赶紧向剧院经理说明情况,要求换戏。经理坚决不同意,因为牌头已经挂出,观众买票就是冲这个戏的,临时更换,无法向观众交代。可是团里当时又没有别的演员会这出戏,怎么办？正当大家焦急万分的时候,当时的司鼓师傅石学六对王豫生说:“这样吧,晚上就让红丽去演！”王豫生一听,连连摇头:“老石啊,啥时候了你还开玩笑？这个戏燕燕的戏份那么重,从没给她排过,不中不中！”

石学六却一本正经地说:“我没开玩笑。以前排练的时候,红丽就在一边跟着

● 王红丽 17 岁和母亲王素珍同台演出《鬼怨》一剧，饰丫鬟

唱。我看素珍每次演这个戏，她都在幕条边认真看，这么长时间了，估计应该学得差不多了。我相信她一定能救这场戏。”

此时，在这出戏里和王素珍配戏的演员邵洲也说：“王团长，救场如救火，就让红丽上吧。谁没有个第一次，不试试咋知道中不中！我看没多大问题，舞台上真有什么闪失，我替孩子担着。”

事发突然，王豫生也想不到更好的办法，只好同意了大家的建议。《燕燕》是一个唱做并重的花旦戏，是川剧的经典剧目，豫剧移植的是京剧刘长瑜的版本，王豫生作曲，王红丽特别喜欢这个戏的音乐，很早就跟着把唱腔学会了。开始一调弦，大家的心都稍微放松了一点，红丽对唱腔不仅十分熟悉，而且唱得还非常好。但是毕竟没有正式排过，所以中间也不敢休息，赶紧利用下午的一点时间集中排演。

不知是初生牛犊不怕虎，还是因为年龄小没有压力，即将担当重任的红丽没有一点紧张的意思。演出前，王素珍还是不大放心，又对红丽做了反复交代。晚上 8 点，戏准时开始了。随着一声“燕燕，走上——”，红丽在幕内应声走出。谁知刚一出场亮相，台下哄的响起了一片议论之声。台上的王红丽不知何故，脑子里瞬间闪过一丝想法：当主演的感觉就是不一样呀，这么引人注目啊！同时心里不由得咯噔了一下，生出了一点小紧张，这毕竟是一个大戏，自己也从未正式排演过，会不会出错？不过一开始对戏，王红丽就全身心投入到人物中，完全松弛下来了。

在石学六和邵洲等老师的密切配合下，红丽的演出竟出乎意料地成功。观众的掌声和喝彩声，第一次让红丽感受到了演主角的甘苦和兴奋。尽管配戏的邵洲伯伯对红丽下午排练的表现比较满意，也曾拍过胸脯保证过，可是，演出的时候心里还是非常紧张。直到戏圆满结束，他才长舒了一口气，先是对红丽表扬了一番，之后感慨道："妞啊，你伯伯今天可是陪着你演了出老少配，在舞台上这么多年，我从来没有像今天这么紧张！"

《燕燕》原本定的是两场，已经圆满完成了任务。谁知道红丽这次临时顶替，观众反响强烈，称赞这个戏不错，而且这位年轻的主演扮相俊俏，嗓音圆润清纯，表演细腻大方，因此剧院又应观众要求，加演了两场。《燕燕》一剧的演出成功，让王豫生夫妇格外高兴，看来女儿真的可以担当重任了。

刚参加工作不久的王红丽，不仅把握住了机会，而且初步显示出了自己的实力，开始崭露头角。那一时期，虽然演出非常繁忙，但是戏曲的生存环境已经大不如前，市场冷清，收入也很寒酸。特别是剧团去山东演出那一段，情况很不乐观，即使是李斯忠这样知名的艺术家领衔挂帅，卖票情况也不好，有一次只卖了三四排的座位。相形之下，当时的歌舞则十分兴盛，赖好一个组班的歌舞团，或者走穴的三流歌星，演出常常爆棚，收入十分可观。这种参照，让身处其中的戏曲界年轻人很受打击，很多人因此改了行。亲身经历了这种辛苦和惨淡的王红丽，心里也不由得产生了一些动摇。在戏校学习时，她就能唱许多邓丽君的歌曲，更何况她的同班同学，到深圳改唱歌曲后很快便走了红。这诱惑太大了……

正巧当时北京二炮文工团要招人，希望演员是戏歌两栖的多面手。能穿上军装唱歌，还能拥有北京户口和干部身份，这对王红丽内心的诱惑着实不小，所以就报了名。当时二炮文工团的两位老师，一直跟着剧团追了宁陵、睢县、太康三个台口，动员红丽弃戏从歌，尤其看到红丽在舞台上的表现，更加坚定了要她的决心。红丽当即答应跟他们走，不料遭到父母的严厉拒绝。想想即将痛失一次难得的机遇，红丽哭了。可是父母仍不肯松口，尤其是王豫生，态度非常坚决："你学了这么多年戏，我还是想让你唱戏。孩子，你要知道，大浪淘沙，最后留下来的才是真金子，我希望你能坚持下去！”

看着父亲那么坚决的样子，想到父母的良苦用心和希望，王红丽最终放弃了眼前的好机会，但同时又向父亲提出了一个条件：“不走可以，可我想演出一部属于自己的剧目，你能不能在3年之内给我排个新戏，让观众能够记住我？”

父亲立即答应道：“只要你有足够的实力，用不了3年，等时机成熟，我会想法给你排一出戏。”有了这份允诺，王红丽留了下来。

在和上蔡县豫剧团合办联合体演出期间，省里文艺院团的改革也在全力开展，当时的原则就是减编制、减人员。因此，省级几个院团除了留下的一部分人，很多人都被集中到刚刚兴办的河南省艺术辅导站，人员档案关系都还暂放在原单位。这个辅导站实际上就是一个人才库，成立的目的也是激发大家的积极性，通过排戏、辅导、联合等形式，来活跃市场，增加收入。1986年3月，和上蔡县豫剧团合作结束后，这些人已被通知分到辅导站去了。成立辅导站的创意和初衷虽然很好，但只凭个人单打独斗，很难取得什么成绩，对人才也是一种浪费。因此，被分到辅导站不久，王豫生就决定创办河南省实验豫剧团，集中人才优势，积极开拓市场。

在这个新生的剧团里，不仅艺术创作更加自主，年轻人也有了更多的演出机会。为了让红丽得到进一步历练，兑现自己的诺言，王豫生先给她整理排演了新版《春秋配》。这是一部传统戏，写的是李春发与姜秋莲的爱情经历，虽然仍未出才子佳人的套路，但是因其故事曲折、悬念迭出而引人入胜，最后以大团圆的结尾告终。戏曲舞台上一般只演出“拷打”“捡柴”“砸涧”三折。因为红丽的嗓子比较适合陈派和阎派，所以，王豫生决定首先从观众熟悉的内容入手，在保留陈（素真）派经典“捡柴”的基础上，又借鉴了京剧改编本，根据豫剧的特点和时代、观众的要求，重新进行改编整理。唱腔方面，没有拘泥于陈派，而是根据红丽的嗓音条件，又融进了阎派的特色，同时还借鉴了歌曲的转调手法，从而使得唱腔既有熟悉之感，又有很多新意。果然，戏上演后反响很好，王红丽也得到观众的认可和熟知，并赢得了诸多赞誉。

后来，为了进一步扩大剧团的影响力，王豫生又邀请老艺术家阎立品加盟，跟

王红丽 18 岁演出《春秋配》，饰姜秋莲

随剧团演出其代表剧目《秦雪梅》和《藏舟》，这使得王红丽有了近距离感受大师艺术魅力的机会。王红丽很庆幸，在阎老师舞台艺术的最后阶段，能在大师身边配戏学习。那时候的阎老师已经 60 多岁了，身体状况虽不如前，可是，由于表演唱腔生发于内，舞台上的她举手投足、一字一腔仍然魅力无穷，真切感人，处处传达着艺术之美。平时阎立品老师演出，红丽就在一边跟着默默学习，半年的熏陶已经让红丽将老师舞台上的点点滴滴记在了心里，对阎派也有了更深的理解体会。阎立品离开剧团后，王红丽很快就接演了《秦雪梅》一剧。王红丽对阎派的传承表现，从她两年后初次赴北京、天津等地演出获得广泛好评中即可窥知一二。

经过几个折子戏和大戏的历练，红丽进步很大。不久，王豫生又给红丽排演了由他谱曲的《泪洒相思地》。在父亲创办的这个剧团里，年轻的王红丽得到了大量的实践机会，也为之后在二团立足打下了良好的基础。

为了探索戏曲在新形势下的生存发展，1987 年，河南的文艺院团开始全面实施改革。这一时期，剧团体制改革除了强调一个“减”字，再就是提倡名家带团。在这场如火如荼的改革浪潮中，很多人都在经历着思想和命运上的冲击和变化。就在这一年，省文化厅党组决定，聘任王豫生为豫剧二团新一任团长，率先进行自负盈亏经营体制的改革试验。之后，其他省级院团的改革也相继展开。完全不依赖政府的支持，能否稳住人心，带好队伍，就好比是摸着石头过河，谁都没有把握。

因为之前通过兴办联合体，王豫生在带领剧团走市场方面积累了不少经验，且收益颇好，于是，在上级领导的鼓励支持下，他带头实行经营承包责任制。为了更好地拓展市场，充分发挥每个人的作用，他首先把河南省豫剧二团分成两个分团，第一分团是以贾廷聚、王清芬为代表的中年演员为主，资历较深的名演员较多；第二分团以王素珍为团长，由吴碧波、李斯忠等名家带领，但主要由王红丽、高红旗、樊萍、左其河等中青年演员组成，演员整体比较年轻。此时，王红丽已成为二分团的领衔主演。这样分团演出，也给很多青年演员提供了大量实践的机会，因为若按照以前的剧团管理模式，青年演员很难担当领衔主演，而作为演员，没有实践平台，就算你再有才华也没有机会显示出来，这也是有些演员多年难以崭露头角、进而流失的原因。

在团里，王红丽不仅得到父母的严格指点教育，还得到李斯忠、吴碧波、师惠君等前辈的真诚扶助。老艺术家们"甘当人梯、甘为绿叶"，不仅不和青年人争戏，反而竭尽全力为青年人的崛起创造条件。正是众人的帮助，加上个人的努力，才使得王红丽这朵新蕾绚烂绽放，馨香梨园。

成立分团之初，大家齐心协力，积极开拓市场。剧团辗转于安徽、山东、江苏和河南周口、南阳、开封等地，演出格外繁忙。那段时间，二分团流行着一句顺口溜，"满负荷，快运转，才能保住铁饭碗"，以此激励大家。在巡回演出中，王红丽也担当了重要的演出任务，主演了《秦雪梅》中的秦雪梅、《春秋配》中的姜秋莲、《泪洒相思地》中的王怜娟、《抬花轿》中的周凤莲。这些剧目虽然大都是传统戏，但是在观众中影响较大，很多唱段人们都耳熟能详，加上演员青春靓丽，扮相好看，嗓音甜润，因而很受观众欢迎。天赋、勤奋和机遇结合在一起，让王红丽迅速成长起来。很多剧院和热情的观众常常会给他们喜欢的演员送上锦旗，有给老艺术家的，更多的是送给这位新秀王红丽的。面对观众"豫剧新蕾""青出于蓝胜于蓝""豫园新秀""带雨梨花""汴梁梆子新秀起，豫剧皇后有传人"等赞誉，年轻的王红丽感到有些受宠若惊，虽然渴望成名，但是能这么快得到观众的认可和赞誉，还是有些意外。

1987年10月，剧团应邀去重庆演出。这里虽然位于大西南，但是有不少河南老乡，而且豫剧也很受当地人欢迎，广元等地甚至还有专业的豫剧团。这次赴重庆演出的剧目有吴碧波的《抬花轿》、李斯忠的《下陈州》，还有王红丽领衔主演的《秦雪梅》、新《春秋配》。13日晚，剧团在重庆剧场演出《春秋配》，强大的演出阵容和豫剧的美妙声腔，令全场观众为之倾倒。《重庆晚报》记者连夜撰写了报道，对王红丽的精彩演出给予了特别肯定："在这出唱做并重的戏中挑大梁，饰女主角姜秋莲的，是该团20岁的青年演员王红丽。她扮相甜美，表演细腻自然，一副亮哗哗的嗓子惊倒四座。在'逼莲''捡柴''夜逃'几场戏中，她通过以声传情的唱腔、念白和对人物'惊''惧''悲''涩''喜'等心理变化的准确把握，真切地表现了一个备受继母虐待的少女凄惶、悲苦及对仗义行侠少年的感激和倾慕，令观众赞不绝口；'路遇'一场，她在暴风骤雨中且舞且唱，'串翻身''双腿跪滑''小跳步'后接'卧鱼'亮相，再以一句地道的常派大拖腔收束这段表演，又获得全场热烈掌声。"

媒体的报道、观众的口碑，让豫剧二团的名气一时传遍了山城的角角落落。在接下来的演出中，不仅剧场更加火爆，观众更是以不同方式表达他们的热情和鼓励。20日，《春秋配》演出结束后，南下援建的老干部们为王红丽送上一个很大的花篮，缎带上写着：献给豫剧小皇后王红丽。

第二天，《重庆晚报》刊登了一篇题为"豫剧皇后有传人——记豫剧新秀王红丽"的文章。

一位年近七旬的邓县籍老干部还热情邀请红丽到他家做客。他激动地说："孩子，我们离开家乡三四十年了，多么渴望乡音啊！看了你演的《春秋配》，我想起了40年前看陈素真的'捡柴'，真是有那个韵味。你大有前途啊！"

其实，此时的王红丽还没有机会拜见陈素真老师，更没有机会向她讨教。这一切，都是父母一点点教出来的。

观众的赞誉，对王红丽既是一种肯定，更是一种鞭策。对她来说，以前演戏无忧无虑，而现在有了这些称谓，无形中也成了一种压力，更是她再上一层楼的动力。

第三章 名满京津

豫剧二团不仅在改革方面成就突出，艺术创作也取得了新的突破。

1988年，为参加河南省第二届戏剧大赛，省二团准备为青年演员排演山东省剧作家孙月霞根据《聊斋》故事改编创作而成的《司文郎》。该剧通过文人宋九郎阴阳两界轮回的故事，展现了一个宏大的时空流程，表现了在特定的历史文化氛围中，中国知识分子的命运和最后流向。主要人物亦人亦鬼、忽女忽男，整个舞台空间也处在真假、虚实相互交替的变化之中。经过作者大胆构思、精心编织，这一略显离奇荒诞的故事演绎出一个严肃的主题，深刻揭示了封建科举舞弊造成的人间悲剧，具有较强的讽喻意味和警世作用。

王红丽在剧中饰演的胡银儿，在女儿和男人之间不断进行身份转换，表演也要跨越闺门旦、小生、青衣三种行当。"赶考"一场，王红丽既要显示出人物女扮男装的书生之气，还要不时流露出女儿之态；"离魂"一场，为表现胡银儿在茫茫梦境中的深深幽怨，王红丽需要运用传统水袖功中的许多技巧，以及"蹿猫""跪步""三百六僵尸"等高难度动作；"科考"一场，主要是人物的内心戏，以表现前世宋九郎宁死不屈、顽强斗争的精神世界。这些，对第一次创造新角色的王红丽来说，都不啻为一次前所未有的艰难挑战。为了演好这个角色，王红丽整整写了两本日记，其中写到了自己对这个剧目和人物的理解、认识，记述了排戏的体会和练功的感受。

这是王红丽第一次涉足小生行当。对于从未穿过厚底靴的王红丽来说，要想短时期在舞台上自如表演，将生角的台步身段表现得准确到位，需要下大功夫补足功课。因此，当剧团决定排演这个戏的时候，王红丽就开始着手准备了。刚穿上厚底靴时，王红丽走一步崴一下，根本适应不了。于是，每晚演出结束后，她还要再穿上靴子跑上100圈圆场。为了让红丽的表演更上一层，剧团还特聘省京剧团功力深厚的当家小生许振华来负责教红丽身段及动作组合。在许老师的辅导下，王红丽进步很快，表演规范严正、潇洒大气，很是出彩。

音乐唱腔上，作曲家王豫生根据宋九郎、胡银儿、王子平三个主要人物的身份、性格，为其设计了三种不同风格的唱腔，使其音乐形象鲜明而有特色。王红丽

● 1988年，王红丽在北京演出《司文郎》一剧受到常香玉（右一）、高占祥（右二）、张庚（右四）接见

饰演的胡银儿，唱腔以祥符调为骨架，但又融入了东西两大流派的唱法，并吸收了豫剧名旦流派唱腔之精髓，听起来激越明亮、清脆婉转、刚柔相济、韵味独特。特别是“考场离魂”的大段唱腔，音乐设计选择了反调唱法，并运用了栽板、一串铃慢板、清板、慢二八板、垛子板、紧打慢唱等多种板式，来展现人物的复杂情绪，演唱难度很大。王豫生一遍遍指导，陪她磨炼，使得王红丽在情感把握、内在节奏和演唱技巧上有了新的提升。

在所有前期案头工作做好之后，剧团开始集中到夏邑剧院封闭排练。当时正值酷暑时节，人一动不动都汗流不止，加上这个戏唱念做打任务繁重，演职员们汗流浃背，衣服经常都是湿的，有的甚至能拧出水来。当时全团只有一台电扇，实在热得受不了。王红丽的戏份儿很重，那些天，她常常穿着排练服，足蹬厚底靴，在排练场抠人物、学身段、练走边，身上出了大片大片带有毒头的痱子，奇痒无比，体重也下降了10多斤。经过两个多月的艰苦排练，戏终于与观众见面了，并产生了较大的轰动效应。王红丽饰演的胡银儿，从形象塑造到情感表现，都比较到位，并以其柔美悲壮兼具的艺术之美，赢得了专家的一致赞扬。王红丽充分发挥了她的演唱优势，低沉处气若游丝，如泣如诉；悲愤时激越高亢，荡气回肠。几度翻高，唱腔直如鹤唳九天；几回低婉，声音又如泉底幽咽，将人物内心的爱、怜、嗔、痴、悲、愤、怨等情绪情感，表现得声情并茂，层次分明，淋漓尽致。

这个戏是对省二团这个青年团体实力的一次集中展示。对王红丽来说，也是一次脱胎换骨的历练。通过这个角色，王红丽的表演和演唱水平有了新的突破。

那年的省戏剧大赛要求评委进行现场观摩评议，演出一般是在剧团所在地进行。为了让演员在实践中进一步熟悉强化，并根据现场观众反应及时调整修改，《司文郎》排出来后，剧团就开始上演。轮到二团参赛的时候，剧团的演出台口已经转到了沈丘县，因此评委就在那里进行了现场观摩。开演之前，有些评委就开始打听，团长王豫生十分谦虚："一帮子年轻演员，又没演过什么新戏，能怎么样啊！"没想到看完之后，评委们非常激动，回去之后一直讨论到深夜。最终，《司文郎》在本届大赛中一举拔得头筹，获得银奖第一名（金奖空缺，银奖两名），编剧、导演、音乐、舞美和主要演员均斩获各类重要奖项，王红丽获得演员表演一等奖。此时王红丽还不满21岁，也是此次获奖者中年龄最小的一位。

由于《司文郎》在尊重传统和艺术创新上结合得比较好，因而被观众称赞为"正宗豫剧"，不论在城市还是农村演出，都受到热烈欢迎。城市观众说，这个戏妙就妙在出"新"上，是一个别开生面的新豫剧；农民观众说，这个戏好就好在"旧"上，是真正的河南梆子戏。圈内人称它弘扬了豫剧艺术的自我更新，显示出与老豫剧截然不同的艺术品格；圈外人则称赞，"二八"是"二八"，"流水"是"流水"，既听到了常香玉，也看到了陈素真，真是过了戏瘾！

1989年春，为选拔参加第二届中国艺术节的参赛节目，文化部部长王蒙等领导、专家应邀来郑州看戏，其中就有位居省大赛榜首的《司文郎》。演出结束后，王蒙部长上台接见了剧组，连声赞扬，认为剧本主题深刻，导演手法新颖，舞美、音乐、服装等都不错，整体舞台呈现很好，充分发挥出了戏曲的特点；尤其是这些青年演员台风正、演技好，着实是一部出类拔萃的戏，并当即拍板，这个戏入选第二届中国艺术节。听到王蒙部长的评价和决定，全团人都兴奋不已。

为了以更好的成绩参赛，向新中国40周年华诞献礼，在接下来的两三个月里，剧团又组织主创和全团人员进行加工，在剧本、灯光、舞美、表演等方面都做了进一步提升。

转眼到了参赛时间。就在临去北京的前三天，还有领导让修改加工，有领导认为这个戏政治上有倾向，担心借古讽今，影射现实，因而不同意放行，想让剧团退出比赛。王素珍一听这话，脑子里顿时有些蒙了，因为剧团已经提前定好了进京的专列，团长王豫生和常香玉夫妇也已提前出发了。大家为此事忙碌了几个月，这样争都争不来的好事，难道就这样放弃了？王素珍赶紧跑到邮电局去打长途电话，汇报这一突发状况。常香玉老师闻听，也是如坐针毡，和王豫生急忙去拜见文化部领导，说明了个中缘由，并恳请部长，既然领导不愿放行，那我们能不能改戏，还是这些主要演员，改成以王红丽为首的《春秋配》？但是文化部领导的回答很明确：我们当初看中的是《司文郎》，你们如果要改戏，就不要来了，要来就是《司文郎》。

努力无果，常香玉老师和团长王豫生也觉得失去这么一个好机会，实在是可惜，但领导的决定又不能不执行。怎么办？就这样返回去吗？团长王豫生实在心有不甘，决定打个迂回战，给天津方面联系一下，因为那里是第二届中国艺术节的分会场之一，也许借此可以寻找到新的转机。怀着忐忑的心情，王豫生给天津方面打去了电话，如实反映了这一突发状况，天津方面主管艺术节分会场的领导得知后，说，你们赶快带着录像来一趟，我们得先看看戏怎么样。看来有门！激动不已的王豫生赶紧赶往天津，对方看完录像当场决定邀请，但是经费要自己解决。绝处逢生，得到消息的王豫生激动万分，赶紧给王素珍打电话通报了这一喜讯，做了部署。

此时，已经临近国庆节了，王素珍赶紧又去车站订了票，带着剧组赶赴天津。接着，剧团在天津市中国艺术节海河金秋分会场中华大戏院正式开始演出，剧场效果极佳，反响强烈。《天津日报》《天津晚报》《海河日报》等纷纷刊登文章，对该剧大加赞赏，说这是继《曹操与杨修》之后的又一部好戏。

天津之行，王红丽还有一个意想不到的收获，就是见到了仰慕已久的豫剧皇

1989年，王红丽在天津演出《春秋配》受到陈素真大师亲切接见

后陈素真。王豫生早年就在开封目睹过陈素真的表演，后来他们成为关系很好的朋友，只是由于陈老师晚年一直住在天津才疏于联络。这次来天津演出，王豫生自然不会放弃近在眼前的大好机会，于是，《司文郎》演出结束后，又在天津八一礼堂演出了《春秋配》，当然少不了邀请这位大师前来观看指点。当时陪同陈素真老师看戏的还有河南省文化厅厅长王传真等人。陈老师看后非常兴奋，台上接见完剧组后，又把红丽叫到接待室，一同合影；在剧团大部队离开天津时，陈老师专门把王红丽等演员和王素珍热情邀请到家中，用两天时间，为他们细排了《春秋配》"捡柴"一折。谈话的时候，陈老师言语中不时流露出对红丽的喜爱，称赞她条件好，又全面，希望她以后能把陈派的《涤耻血》《霄壤恨》等剧目再搬上舞台。临行时，还特意赠送给红丽一张自己的照片，并题写了"红丽小友留念"几个字。经过大师的亲自指点，王红丽顿有豁然开朗之感，再演出这个人物时，也就更有深度和气韵了。

天津这一炮打响之后，团长王豫生心里更有底气了，此时的他还是心有不甘，觉得应该趁机进京亮亮相，接受更广层面的评判，借机扩大一下宣传，也不枉了几个月的辛苦。常香玉老师欣然同意这一提议，于是，大家又自费从天津赶往位于北京护国寺的人民剧场。

当剧团辗转到京的时候，艺术节活动已经接近尾声了。当初《司文郎》是被分到长安剧院演出的，王豫生他们先期到达之后，已经提前做了宣传，后因情况有变，文化部只好贴了海报，说有紧急任务，不能上演了。但那时大会上已经卖出去了好多票，没有办法，组委会就让京剧表演艺术家梅葆玖前去救急，演了三天。由于之前的波折，观众本以为看不上《司文郎》了，谁知《司文郎》又再次进京演出，消息一出，大家争相购票，尤其是一些文艺界人士听说原委后，更是想去看个究竟。

《司文郎》公演了三场，后来又分别演出了两场《春秋配》《秦雪梅》，前后共七天，剧场效果果然在意料之中，非常轰动。第一个来看演出的就是习仲勋，还有其他的国家领导人。习仲勋上台接见时说道，戏是好戏，演员是好演员，尤其是红丽这个小姑娘，唱得非常好，很有发展前途。文化部部长王蒙、常务副部长高占祥以及马少波、吴祖光、张庚、郭汉城等专家，也先后应邀观看了演出。虽然这些专家每年看戏无数，见过的名家很多，但是对于王红丽这个梨园新秀的出色表现，他们依然毫不掩饰对她的由衷赞赏。戏剧理论家、剧作家马少波看完戏后，欣然题词："阎韵陈姿两派兼，借得金玉三分憨。雪梅胡女传京蓟，急管繁弦惜少年。"对王红丽在不同流派演唱风格的继承融合与新角色的卓越创造上给予赞赏；吴祖光、郭汉城、赵寻等很多专家，也以不同形式对王红丽给予盛赞。当时，还有一些国外驻华大使带着夫人去观看，演出结束后，八国大使夫人还把她们联名创作的一幅画送给红丽，表达了对她的喜爱。

在此期间，剧团还到北京总后礼堂对三军部队进行慰问演出，演的是王红丽的两部大戏《春秋配》《秦雪梅》。迟浩田、洪学智、刘华清、杨得志、张万年等中央军委领导和老革命家观看了演出，并与剧组人员合影留念。

二团此次赴京演出虽历经波折，但影响和结果令人振奋。中央电视台播出了专题新闻，并对演出剧目进行录制。《人民日报》《北京日报》《北京晚报》《中国文化报》《戏剧电影报》等京城各大媒体也都纷纷刊文宣传，《文艺报》还在人物长廊中发表了题为"河南豫剧小皇后王红丽"的评论文章。

这一年，年仅22岁的王红丽凭借着出色的演技，声名鹊起，誉满京津。

第四章 人生历练

自二团实施改革，分为两个分团演出以来，年轻的王红丽得以在实践中不断锤炼，技艺日渐精进，并逐渐开始担当起重任，这才有了她年纪轻轻却令人艳羡的荣耀。不过，在光环和赞誉背后，更多的还是辗转奔波中平淡而辛苦的日子。

1989 年夏，剧团到武陟县的一个乡镇剧院演出。下午是王红丽主演的《秦雪梅》，虽是日场戏，但观众席里早已满场。剧院顶上 8 个大吊扇旋转，也无法驱散空气中的闷热。厚实的戏装，加上舞台灯光的照射，着实热得人难受。

每逢红丽演出，王素珍都非常关注，尤其是天气极其冷或极其热的时候，更是如此，这样既方便照顾，又能随时指出演出中的问题。这似乎已成了她多年的一种习惯。这次又逢酷暑，红丽戏份儿又重，王素珍更是跑前跑后，利用下场时间不时为她打扇端水。最后“吊孝”一场，王红丽有段长达半小时的戏，唱念并重，很是吃功。王红丽演得十分投入，唱腔情真意浓，念白声声悲切，演到动情处，只见汗水夹杂着泪水一起流淌，衣服也被浸湿了。王素珍细致观察着台上的女儿，虽然感觉有些异样，但是红丽的表现依然不错，尤其是唱腔最后一句的高音拖腔，激越饱满，获得满堂喝彩声。直到王红丽做完最后一个动作，开始下场，还没有人意识到，那踉踉跄跄的步伐，不仅是人物的情绪需要，更是红丽当时最真实的身体状态。

此时的王红丽已经体力不支，台上由于硬撑着，没有表现出来，下场时已没力气提醒身边的人，所以大家都毫无防备。只有细心的母亲有所察觉，因此大幕一落下，王素珍赶紧从上场口经过后台过去，还没等到她走到跟前，就看见红丽像个门板一样，直挺挺地倒了下去，不省人事。王素珍顿时吓得脸色发白，腿都软了，急切招呼身边的人将红丽抬到剧场外透气，一边差人去请医生，一边呼叫着女儿。医生到来后，又是用针扎手指，又是掐人中穴位，其他人则在一边帮忙用电扇降温。大约 10 分钟，红丽才慢慢睁开眼睛。

天气炎热，加上包着头，红丽此时只感觉脑袋像爆炸了一般。看着女儿难受的样子，王素珍关切地问道：“现在感觉咋样？”

红丽有气无力地回答：“头疼得厉害。”

王素珍闻听，心疼得直掉眼泪。此时的王红丽虽然年龄不大，还不懂得常香玉奶奶所说的戏比天大的精神，但是，她从母亲身上传承了戏曲人的优良传统，知道只要登上舞台，就要将观众放在第一位，无论遇到什么困难，都要咬牙坚持。

第二天演出的剧目是《春秋配》，由于没有其他人能够接演，王红丽还得上场。而且那时候很多观众已经认识她了，对于这样的传统戏，剧情、唱腔大家早已耳熟能详，观众来看就是冲着主演来的。没办法，王红丽只能根据团里的安排，按计划继续演出。虽说经过吃药、扎针和白天的休整，红丽的身体略有好转，但是，在天气炎热、身体虚弱的情况下继续演出，对人的体力和精神无疑都是一种严峻的考验。

演出前，王素珍前后悉心照顾，只怕女儿身体撑不下来。第一场还算不错，但是王素珍看出来，在做动作的时候，红丽的手还是控制不住有些发颤。因此，她就跟给红丽配戏、饰演乳娘的樊萍交代："'捡柴'是重场戏，时间长。红丽身体不好，场上你多照顾着她点儿，万一有什么意外，你好有个思想准备，采取点措施。"

王素珍陪着女儿一起站到了上场门。红丽开头内唱的一句大滚白还可以，王素珍的心刚刚放松，感觉心慌气短的红丽却说："妈，我真是没劲儿了，要不赶紧改戏吧。"说着，就想往回走。此时，过门音乐已经响起，姜秋莲马上就该上场了，王素珍一把将她拉住："戏都演到这儿了，哪能临时更换，一定要坚持。"接着，又迅速叮嘱樊萍，场上多给她点信心。就这样，王红丽如期完成了整场演出，从掌声中能听出来，观众非常满意。戏一结束，王素珍赶紧上去搀扶，只见红丽双腿发软，手不停地打战，呼吸也显得很急促。对于自己能够坚持的原因，红丽后来这样说："也许是观众的掌声和肯定给了我力量。过去常听老一辈人讲，戏比天大，舞台上一滴汗水能摔成八瓣，这些经历让我有了深切体会。"

也许正是一种信念的支撑，才让王红丽最终以难以想象的毅力顺利完成了每一次演出，也才让她在遇到各种困难和挫折的时候，坦然面对，守其初心，始终不变，铸造出一条坚实的艺术人生之路。

1990 年，王豫生被任命为河南省豫剧二团团长。此时，剧团的两个分团已经重新合到了一起。虽然在之前的改革中取得了一定成绩，但是两个分团长期独立演出，最终造成各自为政，管理上出现了不少困难。加上整体演出市场危机加剧，"戏曲已成夕阳艺术"的论调蔓延，剧团发展遭遇到前所未有的困难。受命于危难之时，王豫生觉得，一个剧团若是老演老戏，没有自己的特色剧目、经典之作，很难在市场上获得一席之地。

上任之初,就面临着即将举行的全省第三届戏剧大赛。为此,王豫生决定排演由张宇瑞创作的《泪血太行》,它讲述的是大孝之女江雪娇为父报仇雪恨的故事,王红丽和另一青年演员饰演剧中的江雪娇,其他几个角色也各有两个人选,当时的原则就是谁表现好谁上。这个角色虽然是以闺门旦应工,但更多地融合了刀马旦的表演特点,人物不仅要舞剑,还要打三节棍,这些都是红丽之前没有接触过的东西,具有一定的难度。为了以戏带功,在排演前先将这些技巧表演练好,王豫生又特意邀请了省京剧团的头牌武生刘仲林老师跟着剧团,利用空余时间教授演员。当时剧团在驻马店演出,一天三场,非常紧张,红丽每天至少有两场演出,没有任务或者休息的时候,刘仲林就开始教她练习。经过一个多月的苦练,王红丽终于将三节棍表演和那套舞剑动作做得相当漂亮了。这个戏,全团下了很大的功夫,舞台呈现也不错,但是因为剧本方面的问题,整个戏也没有打响,最后只获得了百花奖;不过,对于王红丽个人来讲,收获还是不小的,不仅再次夺得一等奖,而且在表演、身段、唱腔上得到了新的锻炼和提高。

为了进一步开阔视野,让团里的艺术生产跨越一个新台阶,王豫生决定邀请一些国家级专家参与创作。为了让对方了解到团里的整体实力,做到选择剧目时有的放矢,王豫生忙完戏剧大赛,就带着《司文郎》和《泪血太行》的光盘,去湖北拜访了享誉全国的著名导演余笑予。余笑予先生出身于楚剧世家,3岁登台,7岁走红,未及弱冠,就已成为名传一方的楚剧新秀。改学导演后,曾执导了京剧《徐九经升官记》《膏药章》《药王庙传奇》和汉剧《弹吉他的姑娘》、楚剧《虎将军》等,被业内人士誉为梨园“金手指”。

余笑予看完资料之后,觉得这帮年轻人可塑性很强,非常愿意合作。于是,余笑予来到河南,和王豫生商量新剧创作一事。在此之前,余笑予就对刘胡兰这一题材非常感兴趣,想排出一个与众不同的全新的刘胡兰,因此,在看到王红丽主演的剧目,尤其是见到王红丽本人以后,觉得她的一举一动、性格气质,非常适合这一形象,觉得自己的艺术设想可以在红丽身上得以实现,于是就和王豫生开始构思讨论提纲和细节,剧团同时也向文化厅领导打了专项报告。戏还没开始创作,消息就已经在圈里传开了,更有人把意见反映给厅领导,说是三团已经有了《刘胡兰》,

●《一品夫人》中王红丽饰演刘青霞

而且非常成功，为什么二团还要再排一个？当下，对同一题材内容进行创作，已是戏曲乃至影视界司空见惯的做法，内容相同而重新翻拍的也不少，但是在当时的环境中，却遭遇到重重阻力。无奈，厅领导只好从中协调，让二团先把此事放一放，另作选择。就这样，这个戏就此搁浅下来，这一放，就是整整10年。

最终，大家决定排演由牛冠力根据清末民初爱国人士刘青霞故事创作的《一品夫人》。刘青霞系清代广东巡抚马丕瑶之女，18岁时嫁与尉氏县刘耀德。马家开通明达、乐于济人的家风，从小接受的良好教育，铸就了刘青霞乐善好施的品性，也使她很早就开始关注政治和社会，常怀忧国忧民之心。后来，她多次慷慨捐资，兴办学校，修建桥梁，出版杂志，支持革命，成为当时声望极高的社会活动家、教育家、政治家，孙中山曾亲笔题写“巾帼英雄，天下为公”盛赞其义举与德行。剧中刘青霞有着一定年龄跨度，但结婚前的戏份儿较少，主要集中写她收养孩子、支持革命以及与张钟端的感情等，心理比较复杂，整体表演比较接近青衣行当，不大好演。

当然，这个戏对王红丽最大的考验，还是如何去独立创作人物。过去排戏，身段、动作、手势、眼神乃至上下场的方式，都是导演提前设计好了的，并且会在排练场亲自示范。这对演员来说，虽然省去了很大力气，但是长期依赖这种方式，使得很多演员缺乏创造性。余笑予虽是戏曲出身的名导，但他排戏有个特点，就是从不给演员做现成的规定设计。第一天进排练场，红丽就习惯性地问："我怎么上场，动作该咋走啊？"余导反问："这个还需要我教你吗？你自己想想怎么上啊！"王红丽有些怯怯地说："我不会。""那你不会想啊？我从来不会教演员每个细节该怎么做。"看到和蔼可亲的余导一脸严肃的样子，王红丽顿时蒙了。虽然一时还适应不了这种排演方法，但是，这也无形中逼迫大家开始自己动脑子去思考。那些日子，王红丽几乎每晚都要为体会人物、琢磨动作而失眠。虽然排练场上，如果演员身段动作不准确、不恰当，余导也会根据演员在场上的相互刺激而生发灵感，给大家讲解分析，但他更多的是帮助挖掘人物，进而引导演员做出新的调整。这次排戏，演员们经历了从未有过的艰辛，但收获也是前所未有的，王红丽第一次感觉到创造的快乐，也明白了余导的良苦用心：他是在交给演员一把塑造人物的钥匙，让你打开戏窍，学会独立。

想着来一次也不容易，余导又排演了一出具有喜剧色彩的《僧尼浪漫曲》。这实际上是根据他为湖北黄梅戏剧院杨俊排演的《双下山》移植改编而成的，讲述的是一个年轻和尚与道姑之间的恋情，比较轻松好玩。由于其他方面是现成的，且用人不多，投入不大，只需要在音乐唱腔上重新创作即可。这样既可以丰富团里的演出剧目，对年轻人也是一个锻炼。这个戏中的道姑属于花旦行当，小和尚有些丑行的特点，虽然在表演上没有高难度的技巧，但对人物的内在心理挖掘得比较细腻，身段和舞蹈动作比较多，是一个唱做并重的剧目。不仅舞台面貌非常新颖，对豫剧的表现手段也有新的突破，尤其是"罗汉堂"一场，处理得相当精彩。后来，该剧在河南人民剧院进行公演，剧场效果极好。

通过这两个戏的排演，王红丽在刻画人物上得到了很大锻炼，艺术上有了一个飞跃——学会了创造。这也是之后小皇后豫剧团成立，邀请余笑予担任艺术总监、加盟创作的主要原因，更是王红丽艺术不断攀升、取得辉煌的内在动力。

当时为了节省开支，王豫生就将余笑予夫妇安排在自己家里吃住。由于“文革”期间的遭遇，余笑予就没让自己的一双儿女走戏曲这行，这也成了他终身的遗憾。通过这一阶段的接触，余笑予和王豫生一家结下了深厚的感情，对富有灵气又懂事的王红丽格外喜欢，于是，在戏排完即将离开的时候，主动提出了想收红丽为义女的想法。二团的副导演葛桂璋、朱玉霜通过这次合作，想趁机拜余导为师。于是，在王豫生的安排下，在二团附近的一个小饭店同时举办了余笑予收徒、收女的简单仪式，文化厅厅长王传真，以及常香玉、陈宪章夫妇一起见证了这个富有纪念意义的时刻。

尽管很多人都称赞这两个戏排得很有水平，舞台呈现整体不错，演员表演也都很好，但在各地巡演过程中发现，很多观众尤其是农村观众对这样的剧目并不太喜欢。《一品夫人》题材虽好，但所反映的时代生活和人物情感挖掘不够深刻，难以激起观众的共鸣；《僧尼浪漫曲》情节简单，因牵涉到宗教，认为僧尼冲破禁锢恋爱，思想不够积极，因而很少演出，并没有达到王豫生当初想要的丰富创作、活跃市场的目的。当时，团里有些对王豫生有意见的人就借机到文化厅告状，说王豫生当团长，只给自己的闺女排戏。实际上，当初在排《泪血太行》的时候，王豫生就曾经在角色选择上有过考虑，重要人物一般都是两个人选，而且规定谁表现好谁上。当时的文化厅领导倒没有听取一面之词，态度比较客观，说是“外举不避仇，内举不避亲”，他们虽然是父女关系，但像王红丽这样的青年演员太少了，好苗子就应该培养。但舞台毕竟是个名利场，人多嘴杂，矛盾重重，王豫生若想继续在此大干一番，实在是会有很大压力和阻力。

不久，正好开始全省院团新一轮改革，二团领导班子调整，王豫生被借调到省文化厅多种经营办公室工作。由于剧团开始实行全员聘任制，一些没被聘任的人员就办理了停薪留职手续，干起了其他行业，有开出租车的，有卖衣服的，有开饭店的，有卖馄饨的，有唱茶楼的，等等。时年不到 50 岁的主演王素珍被安排去做资料保管员，无奈之下，只好提前办理了退休手续。此时，已经在豫剧界崭露头角的王红丽，在父亲调离后不到一个月便被通知下岗了。接到通知的时候，红丽正跟随剧团在周口鹿邑县演出。之前，江苏丰县小凤凰豫剧团曾几次邀请王红丽加盟，并许诺了很优厚的条件，当时他们正准备排演一个现代戏《双拥情》，就想邀王红丽担任主演，让王豫生担任该剧作曲。因此，得知王红丽下岗的消息后，丰县王县长就派人开着吉普车，千里迢迢赶来，直接把红丽接走了。

就这样，在一个寒风习习的日子，孤独的王红丽背着行囊，告别了这个待了6年的集体，奔赴异乡。

丰县自古以来就是“戏曲之乡”，至今豫剧仍是这一地区人们最为喜欢的剧种。小凤凰豫剧团虽然建团时间不长，但由于得到豫剧大师常香玉、马金凤、阎立品等的亲自指点和全力支持，因此影响颇大，一度成为活跃在苏、鲁、豫、皖城乡广大地区一支颇有实力和生机的艺术团体。王红丽进团不久，《双拥情》就开始投排了，王红丽担任剧中女一号。1992年年初，小凤凰豫剧团带着这部新剧和为王红丽恢复排演的《秦雪梅》进京为部队官兵演出，影响很大，也为该团赢得了荣誉。

尽管当地领导对王红丽非常重视，可一个人离乡背井的，毕竟不是长久之计，半年之后，王红丽又回到了河南。

第五章 卧薪尝胆

从华丽的舞台上退下来，王红丽起初虽然有点小小的失落，但是，开朗的个性使得她很快转换了心境，而且，几年奔波的舞台生涯也让她真切地体会到了戏曲的辛苦，也许就此换个活法，安逸地生活，吃东西不用担心忌口，做事情不用瞻前顾后，也是一个不错的选择。

此时，正值中年的王素珍和年轻的王红丽都赋闲在家，为了生存，王素珍也决定根据当时的形势，开始学做生意。但是，从多年熟悉的舞台上突然转行，步入一个根本不熟悉的领域，并不容易。做什么好呢？

从江苏回来之后，想要彻底放松一下的王红丽和父母一起到南京去玩，当时住所边上有一个当地名吃专卖店——南京咸水鸭，还经营有烤鸭、麻辣牛肉、鸭肠、鸭舌等，味道特别好，生意很红火。在那儿半个多月，王红丽一家经常光顾该店，一来二去，就和老板大华熟识了。有一次聊天的时候，王红丽不经意间问：“我们要是在河南开一家这店，怎么样？”老板热情地说：“行啊，你如果想开，回去找个门面房，我负责给你找师傅。”

那时候，电视里经常播放电视连续剧《阿信》，讲述的是日本明治年间，山形县佃农谷村家的女儿阿信为了生存，一生奋斗创业的故事，给王红丽留下了很深的印象。那时候她就想，宁学顶风冒雪卖盒饭的阿信，也不再做爬火山口的艺术家了。就这样，回来之后，王红丽和母亲一合计，决定开个烤鸭店。当时，正好剧团家属楼后面一间十几平方米的门面房要转让，而且团里的伙房长期不用，租用价格也不贵，加上店就在家门口，非常便利。于是，经过商量，他们筹集来一笔钱，很快办理好了租赁手续。住在附近的一些老人经过，看见店里装修，好奇地问："闺女，这又是开啥店哩？""卤菜店。""我给你说，这里就不是做生意的地儿，前面开了好几家，都没干多长时间就倒闭了。你们还是换个地方吧。"对于大家的善意提醒，王红丽只是淡淡地一笑："那我试试呗！"不久，王红丽联系好从南京请过来的师傅，又在开封老家找了几个雇工。就这样，一家不太起眼的南京风味卤菜店开张了。

红丽对这个似乎很有兴趣，每天 4 点多就起来劈柴、烧火，帮着熬制卤汤，跟着师傅学习。等到营业的时间，学习当大厨的红丽再脱掉工作服，梳洗打扮一番，穿上漂亮的时装，开门迎接顾客。虽然辛苦，可红丽干得很起劲，还把自己戏谑为杨排风。后来，那位南京来的师傅因为生活不大习惯，决定离开，临走前特意把做烤鸭的秘诀传给了王红丽，所以，之后的生意基本上都由红丽来操刀把关。就凭着这样一股干劲，他们很快把烤鸭店的生意经营得红红火火。

由于烤鸭风味独特，卫生条件好，价格又合理，再加上还有漂亮的服务员王红丽，因此总是顾客盈门，不久他们便在红专路、花园路最繁华的地段开了两家分店。1992 年中秋、国庆双节期间，店里生意格外好，卤菜店门口排起了长队，作坊的烤炉三天三夜都没有停火。由于持续作业，温度过高，火苗蹿上房顶，引起了火灾。幸亏消防车及时赶到，才没造成更严重的后果。

1992 年秋，全国糖酒商品交易会在河南省体育馆召开，这是由中国糖业酒类集团公司主办的大型全国性商品交易会，每年春、秋两季举办两次，来往交易的客商很多，因其规模大、效果显著，而被业界誉为"天下第一会"。省体育馆和二团就隔着一条 10 米宽的马路，抬眼就能看见。王红丽看到里面人山人海，生意非常好，销售员们忙得不可开交，常常吃不上饭，觉得这是一个很好的商机，便和母亲商量进去卖盒饭。王素珍觉得这个点子不错，就给伙房师傅列出饭菜要求，叮嘱一定要荤素搭配，注重色香味。快到吃饭的时候，为了避免人多进去影响安全，会务上就会将大门锁上。这时候，红丽就把身上的功夫用上了，身体矫健的她翻过墙头，在里面接过盒饭，然后亮开嗓子开始叫卖，不一会儿就卖完了。一些顾客一边吃一边和王红丽搭话："你知道我们为什么买你的饭吗？不光是饭菜做得好，而且你长得好看，吆喝得也好听。"就这样，红丽在这里连续卖了好几天，着实赚了不少。团里的同事和家属看见红丽生意做得不错，也都纷纷效仿，开始卖起了包子、卤面。

王红丽每天早起晚睡，辛苦而快乐地经营着生意，再也不提和戏曲有关的事情。是刻意回避，还是有意淡忘？母亲王素珍没敢问，不想触及她心里的伤痛。她自己也是从艺多年，了解女儿的心思，尤其是在舞台上这几年，她能看出女儿在舞台上的投入和享受，也能够深切感受到她对舞台的情感和渴望。看着红丽每天辛苦忙碌，有时兴致来了，还会哼唱几句，或者拿着柴火棍儿练习耍枪花，母亲感到心里酸酸的，觉得女儿年纪轻轻，正是艺术发展的最好阶段，这样下去岂不可惜？

从 12 岁正式跨进梨园，王红丽将人生中最美好的时光都奉献给了自己喜爱的戏曲事业，这 10 多年来关于青春的所有美好记忆，几乎都和戏曲紧紧牵扯在一起。可以说，豫剧的音韵早已深深融入了王红丽的血液，对于自己曾经热爱和为之奋斗了多年的舞台，王红丽真的就那么毅然决然地放弃了？离开舞台的那两年多里，她真的就没有想过豫剧吗？

最初的半年多时间，因为整天想着生存，忙着生意，她根本没有时间想太多。而且，那时候店里生意很好，收入相当可观，和以前那种奔波窘迫的生活相比，觉得这样挺好的。可是，天天在一个院里住着，伙房就挨着排练厅，锣鼓丝弦一响，她就会不由自主地跟着唱。

虽然红丽淡出了观众的视野，但是喜爱她的戏迷观众并没有因此忘记她。过了一段时间，王红丽开烤鸭店的事情也传开了，一些戏迷听说后纷纷到这里来捧场，一是支持她的生意，更重要的是想趁机见见面，说说话。对于王红丽离开舞台之事，不少戏迷觉得可惜，经常有人在买烤鸭唠嗑的时候，提到王红丽在舞台上的

●《抬花轿》中王红丽饰周凤莲

情况,并表达出想再听她演唱的愿望。这时候,王红丽总是爽快地答应,尽量满足。也许,对她来说,无论是在舞台上还是在舞台下,无论观众是多还是少,演唱就是她内心快乐的一种释放。还有些老人鼓励道:"孩子,你条件这么好,真的还是应该好好唱戏,要不实在是可惜了。"

一位老大娘看着昔日舞台上光彩照人的王红丽如今站起了柜台,有些心疼地说:"妮儿,俺来买你的烤鸭,就是想再听听你的嗓子,感觉你每天卖这个老亏!我们还想看到舞台上的你。"老人说着说着,声音有些哽咽了。听到这番话,王红丽再也忍不住,眼泪一下子涌了出来。观众的喜爱和留恋让她感动,她何尝不想继续在绚丽的舞台歌唱?可现实的无奈又让她备感伤情。

就在经营烤鸭店期间,红丽还碰到一件去山西救戏的事情。1992 年夏季的一天,红丽正在忙着她的烤鸭店生意,团里的郭书记慌慌张张来找她,说剧团正在山西和陕西交界的黑龙潭庙会演出,本来明晚按计划上演《抬花轿》,可是主演因故不能演出了,团里没人会这出戏,对方又不同意更换其他剧目,所以只好过来请你,希望你能去救救场。时间紧,路途远,正在忙乎生意的红丽一听,没有一丝犹豫,立刻安排好手中的事情,就和团里的演员陈平一起赶赴演出地。当时两人先是坐火车到太原，然后又坐汽车辗转了好一番，才赶到演出地，此时已是下午了。

红丽的演出非常圆满，不仅为二团争了光、解了围，也让好久没有放开嗓子歌唱的王红丽再次感受到了舞台对她的吸引力。原本想着这次救戏会不会是一个转机，领导会就此让她回来上班，谁知第二天一早，团里就派人敲门，给红丽送来了返程票，没有丝毫挽留的意思。回来之后，一切如旧，再无声息了。

20 多岁，正是演戏的大好年华，难道就这样从此离开舞台？对于王红丽这个优秀艺术人才的流失，很多行内前辈和师长都深深为之惋惜，于是，他们总是借机劝导王红丽，希望她不要就此放弃，一定要寻找时机回归舞台。后来，在艺术上曾给予王红丽很大帮助的导演余笑予先生得知红丽做了生意，非常生气，多次打来电话，要求她立刻离开烤鸭店，说，三年能培养个大厨，但不一定能培养出一个好演员。希望她能够经受住挫折考验，继续练功读书，静待时机，厚积薄发。

当生意一度红火，生计不再成为问题的时候，王红丽也常会想起在舞台上的点点滴滴，毕竟那是自己从小学习、付出了 10 余年美好时光的事业，她怎能完全放下？观众的喜爱与挂念、师长们的关爱与鼓励，都让她产生重登舞台的梦想。除此之外，在她内心深处，更有一个梦想、一份不甘。因为 1990 年余笑予来排演《一品夫人》和《僧尼浪漫曲》的时候，王红丽就想争夺梅花奖，后因种种原因未能如愿，成了她心里一个永久的遗憾。尤其是离开舞台后，更是有风言风语不时传来。一天上午，店里刚开门没多久，还没什么顾客，红丽就和妈妈坐在柜台前开始闲聊，这时候，团里一个 50 多岁的女演员走到店面前几米远的地方，对着大街开始骂空：“小皇后，小皇后，我是小皇后她祖奶奶！你不是小皇后吗？你咋不唱啊？”那种口气和眼神，让王素珍十分生气，王红丽更是深受刺激。

此时的她又想起了上学期间，跟随母亲去常香玉老师家学戏的时候，陈宪章爷爷叮嘱的一番话：孩子，你记住，演员是不能离开舞台的。就像要把戏、玩猴儿一样，没有猴了，你还玩什么呀？作为一个好演员，你的生命力就是在舞台上。自己当初以那样的形式离开舞台，本来就心有不甘，而某些人的态度更让王红丽觉得自己应该重返舞台，完成梦想，向爱她的观众和对她有偏见的人证明“我能行”。

思虑再三，王红丽最终决定找父亲商量，也谈了自己的想法：“爸爸，现在虽然生意很好，可我还是想唱戏。不过现在团里这种状况，我怎么办，该去哪儿？”

“真的想唱？不后悔？”“不后悔！”看着女儿决绝的样子，王豫生思索片刻，说道：“你爸爸虽然曾是省团团长，有一定的关系和人脉，为你找个立脚唱戏的地方不难，也有些剧团等着要你。可是，你要真的想唱，想完全掌握自己的命运，实现自己的艺术追求，就必须成立一个自己的剧团，此外别无选择。”

放弃两年多的经营成果，重新开始以往奔波劳碌的生活，面对抉择，王红丽确实感到很难。尤其是还要组建、带领一个剧团，其中预料不到的困难会很多很多，但是，众人的劝解鼓励，戏迷的期待盼望，自己的遗憾梦想，让王红丽最终坚定了自己的内心选择。

对于自己开烤鸭店的经历，红丽起初不愿意提及，因为在她这几十年的人生历程中，这两年多正是自己人生最低谷的时候。可是，从光鲜的舞台上退下来卖烤鸭，从掌声鲜花的包围中退居到默默无闻的生活中，并非所有人都能以平和的心态对待这一切。也许正是这两年的历练，为她的人生做了一个很好的铺垫，使得当年那个外表看起来秀气温婉的小女子有了面对未来的勇气、面对困难的毅力和开创崭新人生的智慧。

第六章 浴火重生

当初，王豫生调离剧团，爱戏如命的他不甘一家人自此远离戏曲，于是决定创建一个自负盈亏的民营剧团，堂堂正正培养具有表演前景的女儿王红丽。1992 年冬，他同好友荆桦、魏柏年在驻马店观看“香玉杯”入围节目时，曾通宵不眠商讨此事，在征求了其他文艺界同人和亲朋好友的意见后，于 1993 年 5 月正式向省文化厅呈递了关于成立河南小皇后豫剧团的报告，同时着手前期准备工作。

然而，当他们正式关闭烤鸭店生意，倾其所有精力、财力积极筹划办团具体事宜的时候，却遭遇到未曾想到的挫折。当时，二团的一些陈派弟子闻听消息，就组织起来向省文化厅反映，说是王红丽要成立剧团管不着，但她起名河南小皇后豫剧团，我们有意见。“豫剧皇后”是大家对陈素真先生的称呼，王红丽又不是我们陈派弟子，为啥让她叫“小皇后”？言语中透露着诸多的不满。

王红丽之所以为新剧团这样命名，是因为剧团在重庆和北京演出时，观众和媒体用“豫剧小皇后”对王红丽这位豫剧新秀表达了由衷的赞誉，“小皇后”叫起来非常响亮；再就是想效仿当时的浙江小百花越剧团，努力把王红丽打造成真正的豫剧小皇后，以明星效应带动剧团发展，组建一个不同以往的以青年演员为主的剧团。

万事开头难。白手起家办剧团，需要操办的事情很多。首先，要置备相应的硬件设施，这是一件颇为专业又很辛苦的工作。为此，王素珍亲自担任经理，负责帮助红丽打理剧团成立前的相关事宜和日常行政事务。她首先到上海光耀灯光厂购买了当时最先进的灯光设备，像当时刚刚研制生产出来还未全面上市的高效追光，一个就7000多元，一下就买进了4台；之后，她又到兰考等地购买了古筝、琵琶等乐器，到省歌舞剧院门市部购买了电子合成器、无线话筒以及美国进口的音响等。之后，又多次到苏州服装厂，除了定做新戏的服装，还购买了很多传统戏中所用的服装，基本把服装厂的现货都买空了。

其次是广泛招聘，建立一支水平过硬的演职员队伍。为此，王豫生夫妇首先从身边寻找，聘请省豫剧二团几位水平较高、办了退休或停薪留职手续的演员作为骨干，并按照团里要求，替他们一次性交付了首批两年的停薪留职费用。另外从河南、山东等地聘请了张家训、李新花、丁少云、张根法、孔凡壮等具有相当实力的中青年演员，招聘了40名条件不错的小演员和乐队成员。因为没有团址，王豫生夫妇又四处打听，最后选定红旗路上的一栋三层小楼作为剧团基地，兼做演职人员的宿舍、伙房、仓库，组织大家在此大练基本功。

为了打造属于自己的品牌剧目，小皇后豫剧团专门建立了一支高水准的创作团队。王豫生本人从艺多年，佳作不断，而且见多识广，在剧目创作上很有想法和见地，因此，既担任团里的专职作曲，又是团里的艺术总监。他首先邀请具有全国知名度的奇才导演余笑予担任剧团的艺术总监和特邀导演，同时邀请省豫剧二团的葛桂璋、朱玉霜担任导演；舞美设计聘请的是许昌舞美设计、制作方面的大家柯仲奇；灯光设计聘请的是河南省话剧院的马开方，这也是当时省里舞台灯光设计方面的佼佼者；舞蹈设计聘请的是河南省歌舞团的舞蹈家王晓棠。

由于两年多没有练功，身体发了福，嗓音状况也不大好，所以，在家人全力筹建剧团的时候，王红丽也开始恢复专业的全面训练。为此，她把自己封闭了40天，

●《风雨行宫》剧照

专程到洛阳拜见她上戏校时的声乐老师邱林，在老师家吃住一个多月，一面坚持练功，一面跟老师练声，使得身体和声音很快恢复到最佳状态。

剧团组建之后，首要任务就是剧目建设了。对于剧团来说，剧目建设就是艺术发展的生命线，而一个个具有艺术个性、经得起时代考验的代表剧目，才是体现这个剧团生命力的年轮。作为一个完全依靠演出养活自己的自负盈亏团体，面对市场竞争，尽管经济压力很大，但是必须在求生存的前提下搞好剧目生产，这样才能赢得不断发展。

在剧团建设筹备期间，王豫生就五进武汉，和余笑予老师商量排戏一事。第一次见面，余笑予就拿出来 30 余个剧本，安排王豫生到招待所住下来，让他看后选择。其中，湖北青年剧作家彭阳创作的大型历史故事悲剧《风雨行宫》，引起了王豫生的极大兴趣，两人不谋而合。这个戏虽然意蕴深刻、故事曲折、人物鲜明，但距离舞台要求还有一定差距，尤其是要为豫剧这一剧种和王红丽量身定做，还需要对剧本做出新的调整。为此，余笑予在原剧基础上重新构思调整，台词也做了大幅度修改。后来余老师来郑州时，又带来一个武汉汉剧团赴台演出剧目《美女涅槃记》的录像带，这是个具有神话性质和喜剧特色的荒诞故事剧，大家都非常喜欢，不忍舍弃，于是在征得对方同意后，决定将其移植为豫剧，与《风》剧同时作为建团剧目搬上舞台。

等所有筹备阶段的工作完成，剧本的案头工作也都备齐了。由于租借的团址没有排练场地，王豫生夫妇只好联系新乡新苑影剧院的朱经理，将剧团拉往新乡集中排练。

排戏的时候，正值隆冬时节，外面天寒地冻、滴水成冰。全团男女老少 60 多口，就住在条件简陋的剧院后楼，只有请过来的几位主创人员，被安排住在附近的招待所，但是吃的都是团里做的大锅饭。那时候电影市场比较红火，剧院为了增加收入，每天都要放好多场电影，排戏只能根据空档见缝插针进行，有时候是午饭时间，大多数要在晚上 10 点多电影结束后再开工，因此常常要排到次日凌晨两三点钟。后来看时间紧张，大家就把剧院二楼的前厅也利用上，电影放不完，就在前厅排练。

本来晚上气温就低，加上剧院空空荡荡，没有暖气，时间一长就有些受不了了。担心大家身体吃不消，王素珍特意给每人买了件军大衣，抵御风寒，给坐镇指挥的余老师买了个电热汀，放在他腿边取暖。即便如此，长时间的寒冷加上疲劳，最终还是让 58 岁的余笑予病倒了。但是他一心记挂着排戏，常常刚拔下吊针，就又进了排练场。华发丛生的艺术家马开方、柯仲奇两位老师，也一直在简陋的条件下设计灯光、绘制布景。虽然居住条件和排练条件十分艰苦，可是为了一个相同的目标，各部门人员齐心协力，个个满腔热情，没有一句抱怨。大家冒着严寒，加班加点，不厌其烦地一遍遍排练，精气神儿极高，气氛也极其温暖融洽。

作为领衔主演，王红丽在这两个戏中的戏份儿都很重，如《风雨行宫》中金桂的跪步、跪转步、五龙搅柱、僵尸，《美女涅槃记》中难度极高的长绸舞和双腿磁跪等动作技巧，都是对演员功力、身体和精神的极大考验。尤其是练习长绸舞的时候，她的膝盖都磨出了血，胳膊也肿得抬不起来，夹菜都困难。就这样，短短 20 余天，王红丽就磨烂了几条练功裤，妈妈新买的三件毛衣也变得十分破旧。虽然天气寒冷，衣着单薄，但排练场上的王红丽常常是一会儿一身汗，汗一落就更加湿冷了。条件艰苦，加上极度劳累，王红丽病倒了。为了不耽误整体工作进展，只能邀请附近的门诊大夫上门服务，红丽就坐在剧院板凳上，边输液边观看，输完液之后继续上场排练。

就这样，小皇后豫剧团仅用了22天时间，就初步排成了《风雨行宫》和《美女涅槃记》两台大戏。

1994年2月底，经河南省委宣传部批准，河南小皇后豫剧团成立新闻发布会在经七路省文联对面的一家饭店正式召开。出席发布会的有省委宣传部常务副部长葛纪谦、省文化厅厅长王传真以及相关部门领导。王厅长在发言中说：长期以来，我们的艺术表演团体由国家统包统管，由于财力有限，经费短缺，加上管得死，卡得严，人员进出难，加上端铁饭碗、吃大锅饭，广大文艺工作者的积极性得不到充分发挥，优秀艺术人才成长艰难，艺术表演团体缺乏生机活力。河南小皇后豫剧团的诞生，可以说为剧团改革探索出了一条新路。他们不要国家一分钱，实行的是"自主经营、自负盈亏、自我发展、自我约束"的全新模式，在人员聘用、经营管理、艺术生产和市场运作方面拥有更大的自主权。这种精神和胆识，应该予以充分肯定，大力提倡。希望你们多出好戏，多出人才，在汹涌的改革浪潮中勇敢搏击，赢得观众，赢得市场，为繁荣河南戏曲事业做出积极的贡献。

团长王红丽在发言中首先感谢省委宣传部、省文化厅的鼎力支持，感谢文艺界同人朋友的热切关注，并表示要坚决执行党的"二为"方向、"双百"方针，出人出戏走正路，排出好戏，多为老百姓唱戏，达到经济效益和社会效益的双丰收。

当时参加发布会的还有很多剧院和演出公司的经理，他们对这个新兴的民营剧团及其推出的两部新戏都非常感兴趣。《郑州晚报》记者魏柏年代表省内各大媒体做了发言，表示对于这个新生事物，新闻工作者一定会给予全力关注，及时宣传报道。豫剧表演艺术家常香玉专程从深圳发来贺电，以示支持。

至此，河南第一家省级民营剧团终于在时代改革浪潮中应运而生了，王红丽也由此走上了艰辛的创业历程。在广大文艺院团面临发展困境、举步维艰的时刻，这个在改革阵痛中产生的民营剧团如何寻求到自己的生存空间？能否经受住实践的考验？小皇后豫剧团以自己23年的辉煌成就和在观众中的广泛影响，很好地回答了这一问题，成为河南戏曲院团中唱响全国的一支劲旅。

在当时戏曲整体生存环境不好的情况下，小皇后豫剧团的建立，无疑于逆势而起，引发了河南戏剧圈内的各种目光。有人在一旁等着看笑话，有人持观望态

●《美女涅槃记》中王红丽饰演胡翠花

度，更有人为他们捏了把汗。

对于各方的态度，王红丽和父母不是没有预料。但是，为了喜爱的戏曲艺术，为了完成心中的梦想，他们还是决定放手一搏。建团之初这两部新戏的排演，就是王红丽交上的证实自己实力和水平的第一份答卷。

《风雨行宫》写的是清康熙年间，四阿哥胤禛（雍正）与行宫种菜女仆金桂发生一夜私情，得子弘历（乾隆），三阿哥胤祉为争皇位设谋审母害子，致金桂疯癫。后胤禛继位，弘历成人寻母追根，终以骨肉真情感唤金桂神志复原。但皇权、王位、封建伦理的重压，迫使金桂不得不以清醒的神志再入疯魔之境……戏中，王红丽饰演的金桂有着颇为坎坷悲惨的人生经历，人物不仅年龄跨度 16 年，精神气质也有着很大的变化。刚出场时，王红丽以轻盈的步态、甜美的音韵、俏丽的身段，展现出金桂这一青春少女纯真活泼的个性；与四阿哥的那场邂逅中，其言行举止透着怀春女子的娇羞温柔，宛然一副闺门旦的气质；面对三阿哥的逼迫和折磨，金桂不敢透露心中隐秘，只能奋力保护娇儿，此时，王红丽的表演中既含蓄又有激情，饱含着慈母的一片深沉挚爱；16年后，金桂虽已摆脱疯魔之态，但经历了人世沧桑的她俨然成了一个中年妇女，王红丽的声腔和表演更多地显示出青衣的沉稳与蕴藉。凭着对角色的钟爱与痴情，王红丽寻找到了人物不同境遇中的特定情感和人生况味，将金桂这个在封建皇权压抑下苦苦挣扎的女性塑造得生动丰满、动人心扉。

《美女涅槃记》讲述的则是丑女变美，又由美变丑的荒诞故事。胡翠花先因奇丑遭人鄙弃，难以嫁出，后在观音菩萨助力下变得奇美，又遭人调戏诽谤，却因口哑不能自辩，险些被迫自缢身亡。无论美丑，她都不能见容于世人，无法享受一个正常人应有的权利，过正常人应有的生活，最后只有接受菩萨超度，离开尘世。剧中胡翠花是一个性格独特、内心复杂的人物，也是个极其难演的角色。王红丽以花旦应工，糅进了闺门旦和彩旦的表演形式，紧紧抓住胡翠花由丑变美、由美变丑的行为动机，以及隐藏在复杂生态和心态背后的生命意识，使人物深度心理具象化，用充满激情的唱腔和身段，完美地塑造出一个虽受压抑迫害，但又不放弃追求美好生活愿望的独具风采的舞台形象。

这两出戏一喜一悲，一雄浑深沉，一质朴荒诞，或淋漓尽致地揭露和鞭挞皇权对人性的摧残与扭曲，或在含泪的捧腹欢笑中感悟人生的苦涩，风格迥异，却都达到了催人泪下、动情喻理的艺术效果，人物也更加丰满立体。

1994年春节前，小皇后豫剧团在新乡新苑剧院举行了答谢演出，剧场效果之热烈，超过了大家的预期。省文化主管部门的几位领导观看后，激动地说：戏是感人的、成功的，方向是正确的，不花国家一分钱办了大事情，这是社会办文化的好办法。专家们评价说：这两出戏的演出达到了高水平、高品位，堪称我省当前新创作剧目中的上品。尤其是主演王红丽，充分展示了她的表演才华，唱念做舞准确到位，激情投入，一招一式、一腔一韵都有着充分的心理依据。

这次答谢演出的初步成功，让众人心里吃了颗定心丸，多日的劳累和辛苦也顿觉一扫而光。

刚过完年，大家又都陆陆续续赶回来集合，开始新一轮排演。从正月初六到十二，又在新苑大剧院公演了这两出戏，并恢复排演了《泪洒相思地》《三哭殿》等剧目。由于正逢节假日，所以看戏的观众很多，从剧场效果和观众的反应中，大家对这两出戏的前景十分看好。

1994年3月2日至5日，小皇后豫剧团开始在河南人民剧院公演建团大戏《风雨行宫》和《美女涅槃记》。在当时不大景气的戏曲市场中，小皇后豫剧团的这两部戏可谓场场爆满，座无虚席，一时间轰动了全省文艺界、戏剧界。从剧场观众热烈的情绪中，丝毫看不到戏剧的萧条，反而呈现出繁荣之景。小皇后豫剧团的成功亮相，在沉寂已久的河南戏剧界激起一阵涟漪，戏剧界兴奋，新闻界赞赏，各方都表现出了难得的热情与关注。《河南日报》《郑州晚报》《戏剧电影报》《广播电视报》等纷纷刊发宣传和评论文章，称赞"这两台新戏情趣盎然，意味深长，好看耐品，在当下的河南起到了一定的引领作用"。

之后，省文化厅、省剧协、省艺术研究所和《河南戏剧》杂志社共同组织召开座谈会，著名编导杨兰春、著名作曲家王基笑等省内戏剧界专家和艺术家对这个新生文艺剧团大加赞扬，对《风雨行宫》《美女涅槃记》两剧给予了较高评价，也恳切指出了其中的不足，并希望小皇后豫剧团不断加工提高，使其成为精品，更好地实现"弘扬民族文化、发展豫剧事业、培养优秀人才、创作高新剧目"的办团宗旨。还有些专家对王红丽的表演大加赞扬，说通过这两部戏，感觉王红丽的艺术真的是成熟了，是一种从量变到质变的提升，现在完全有实力去争夺梅花奖了。

听完来自各方的褒奖，王红丽掩饰不住内心的激动，兴奋地把自己的打算告诉了义父。可是余笑予先生却没有立即同意："红丽，千万不要心急。你要听我的，一定要演够100场，再进京夺奖。"

"为什么？"王红丽不解其意。

"剧团刚刚成立，很多部门和人员之间都需要继续磨合。况且对你来说，这也是全新的角色，只有耐下心，演够100场，才能和角色更好地融为一体，才能把人物塑造得更好。"余笑予语重心长地叮嘱。

的确，因为前期忙于剧团筹建、新剧生产，钱已经花得所剩无几，是该正式进入市场接受考验了。但要想在有限时间内演出100场，可不是个轻松的任务。好在平时建立有广泛联系，加上宣传工作到位，建团新闻发布会和公演期间，全省演出公司的负责人前来参加的不少。因此，演出结束之后，焦作演出公司的领导立即找到红丽，当时拍板，决定签订40天演出合同，这对于刚成立的小皇后剧团来说，无疑就是一场及时雨。之后，签订演出合同的电话不断响起，有时一天演出两场仍难满足市场需求，甚至创下了一天演出4场的纪录。其情其景，实为近年来剧坛所罕见。虽然非常辛苦、忙碌，但是小皇后豫剧团的每个成员倍感骄傲，欣喜之情犹如过节。

第七章 冰火两重

1994年，河南迎来了全省第五届戏剧大赛。对于刚成立不久的小皇后豫剧团来说，这是一次绝好的机会。如果能在省级政府部门组织的赛事中得到认可，获得佳绩，可进一步扩大剧团影响，对于剧团的未来发展不无好处。而且，从省会公演和近段的巡演情况以及各位专家的评论反馈看，《风雨行宫》这部戏应该会有不错的收获。就这样，7月份，剧团对《风雨行宫》再度封闭加工，并按要求录像上报，大家也满怀信心地等待最后的结果。

8月15日，大赛在南阳拉开帷幕。组委会首先以审看剧目录像、记名打分的办法进行选拔，最后评出16台剧目在洛阳、郑州进行决赛。令人意想不到的是，演出轰动一时，赢得一片赞扬声的《风雨行宫》却在全部30台初选剧目中名列第27位，无缘决赛。这个出人意料的结果，对于小皇后豫剧团的每个成员来说无疑是一个非常大的打击。很多人垂头丧气，产生了心灰意冷的情绪，还有一些人觉得在此团前途未卜而选择了离开。面对这次重挫和集体面临的困惑，团长王红丽、艺术总监王豫生、导演余笑予经过商量，又把团拉到了新乡新苑大剧院，召开了一次全团大会，宗旨就是以全新的思想来武装同志们的头脑，希望大家能够以客观的态度对待这次挫折，以长远的目光来看待剧团发展。

再次来到这个创业起步的根据地，回想起半年前在这里忍受着寒冷共同奋战的日子，很多人心里都无限感慨。会上，王红丽眼含热泪，和大家谈起自己的心境和感触："小皇后豫剧团是个新兴的民营剧团，现在还处在起步阶段，对此，有些人并不看好。这次比赛虽然结果不理想，但是我们用心血和汗水创作出来的作品如何，市场和观众已经给出了答案。所以，我认为这不是打击，而是一种考验。我们不能因为大赛排名靠后就丧失信心，就以此来决定这个戏乃至我们团的命运。我们要用敢拼搏、不服输的精神，面对现实，积极应对，以优异的成绩向对我们有偏见的人证实自己……”

余笑予先生则显得十分冷静，他以严肃而恳切的口吻劝慰大家：“虽然这次结果不大好，但是我们不要因此就怀疑自己，怀疑这个戏。我们一定要淡化获奖意识，强化精品意识，让事实来说话。这个戏我们刚推出不久，时间上略显仓促，可能还存在着这样或那样的问题，所以，这次挫折未尝不是件好事。我们现在要做的，就是进一步加工提高，将这个戏打到北京，打向全国，让更多的专家、领导来给我们做出评价。”

这次会议的及时召开，的确起到了稳定军心的作用。不久，王素珍经理四处奔走借聘，以补离团人员之缺，将剧团重新建立起来。等一切工作准备就绪，余笑予老师又带领剧组，对《风雨行宫》进行加工。

1994 年秋，剧团准备挥师北上。按照余老师“一定要演够 100 场，再进京夺奖”的嘱咐，王素珍已经提前和演出公司广泛联系，筹划演出路线。由于这两部新戏很吸引人，前期打得比较响，因而签订演出合同的地方很多。剧团先从新乡出发，经焦作、安阳，之后辗转到山西、陕西，再进入河北，沿着邯郸、邢台、石家庄、保定一路北上。还没到达目的地，王红丽两个戏的一些服装、头饰已经显得十分破旧了，这些服装当时是在苏州做的，由于时间紧迫，王素珍就联系河南省豫剧二团的一个小工厂，重新制作了一套新的服装、头饰。

此时距离北京就剩下 100 多公里了。面对繁重的演出任务，王红丽没有叫苦喊累，而是全力以赴、一丝不苟地对待演出，似乎是要把之前两年多的空缺全部补上。尤其是在安阳大剧院演出的那五天，每天 4 场，上午 9 点钟开演《美女涅槃记》，12 点开始演《风雨行宫》，下午和晚上继续轮流演出，就像放电影一样，一场接一场。果然如余笑予导演所说，经过不断磨炼，王红丽已经把这两个人物体验得入骨三分，刻画得神形兼备、十分自如了。舞台上的她，已经没有了程式技巧的刻意，没有了导演要求的痕迹，好像已经化身为剧中的金桂、翠花，全身心演绎着她们跌宕曲折的人生命运和情感悲欢。

就这样，王红丽带团历时三个多月，一路风尘，向着目的地进发。在进京前一

●《风雨行宫》中，王红丽饰演金桂

个多月，王素珍就提前联系好了北京人民剧院，可是，就在日期临近之时，剧院负责人打来电话，说是山西省晋中地区青年晋剧团的史佳花、崔建华也要争夺梅花奖，因为有重要领导要去观看，时间上不好错开，就想在他们前面插个队，这正好又给小皇后豫剧团让出了一个台口的时间。因此，当 11 月 6 日剧团从保定满城演出结束，直接进京的时候，《风雨行宫》正好演够 100 场，《美女涅槃记》也已演出了 50 余场。

由于经费比较紧张，剧团就驻扎在了人民剧场旁边的地下室。这里不仅光线不好，而且空气中还散发着一股臭哄哄的味道，但好在房价便宜，加上吃饭，每人每天 30 块钱生活费就能挡得住。为了演出顺利进行，余笑予导演也如期到达北京，与大部队会合。

虽然条件不大好，可是能够来到北京演出，大家还是非常激动，士气高涨，一点也没有觉得是吃苦了。

这一年天冷得特别早，11 月 10 日，剧团开始在北京人民剧场首演，正巧下起了大雪。大家一直担心天气不好会影响上座率，谁知，这丝毫没有影响观众的观赏热情。当晚，在河南省委宣传部常务副部长葛纪谦和文化厅厅长王传真等陪同下，文化部常务副部长高占祥、新闻出版署署长于友先以及首都文艺界专家赵寻、郭汉城、吴祖光等领导、专家一起观看了《风雨行宫》。引人入胜的故事情节、深刻的悲剧意蕴、鲜活生动的人物形象,赢得了全场观众的赞誉。演出结束后,很多人迟迟不愿离去,在经久不息的掌声中,高占祥和文艺界专家上台接见剧组人员,并畅谈了将近20分钟。高占祥全面肯定了这个戏的成就和剧组人员的成功呈现,对王红丽精湛的演技和优美的唱腔,给予极高评价,还竖起大拇指称赞红丽"真是太不简单了,年轻有为";对在改革潮流当中诞生的剧团的改革精神和艰苦奋斗精神表示敬意,对这次进京演出成功表示祝贺。之后又热情地拥抱了余笑予先生,称他不愧是国宝、不愧是大手笔。次日上午,高占祥又派人给王红丽送去了一个很大的条幅,题词为"梨花千树风飞雨,中州一枝报春梅"。

第二天,《北京日报》发表了题为"河南小皇后豫剧团在京首演成功"的消息,《戏剧电影报》《中国青年报》《北京晚报》也先后刊发了对该团演出的评论文章。中央电视台和中央人民广播电台还对《风雨行宫》进行了全剧录像和录音。

12日晚,前来观看的文化部艺术局局长曲润海、副局长姚欣,日本大学教授松源刚,中国剧协副主席、剧作家马少波,京剧表演艺术家胡芝风等,都对演出给予了高度评价,赞扬小皇后这个新兴民营剧团实在不简单,在短时间内就打造出了这么两台如此光彩照人的戏,并为剧组高水准的演出而深深折服。马少波先生亲手书赠"风和日丽,有凤来仪"的条幅,剧作家吴祖光题词"生正逢时"。中国戏剧家协会副主席郭汉城在《人民日报》上发表评论文章,称赞"王红丽这次来京展演,让我对她的艺术和为人有了新的认识,的确大有提高。她塑造的这两个人物都很不好演,但是红丽表现得很到位,路子比较广泛,比过去更加成熟了。而且她创办小皇后豫剧团,目标是清楚的,就是为了生产好戏,可以说是人小志不小,人小艺不小,她和她的伙伴不愧为戏曲改革的弄潮儿"。

《北京晚报》《中国文化报》《中国青年报》《戏剧电影报》《中国戏剧》等首都众多媒体也都陆续发表文章,对王红丽的精湛艺术给予充分肯定。

11月15日,中国剧协为小皇后豫剧团组织召开了大型座谈会,首都文艺界24位专家与会发言。会议由中国剧协副主席刘厚生主持,他说:"今天这个座谈会是近几年来出席人数最多的一次,连很多退休的老同志都来了,说明大家对这个新生剧团的关注，对小皇后剧团演出的关注，更说明这个团此次在京演出的成功和影响。”

会上，各位专家都非常兴奋，竞相发言，认为《风雨行宫》《美女涅槃记》两剧主题立意新颖，人物情感冲突强烈，具有很强的认识价值和观赏价值，别具一格，震撼人心。李金桂、胡翠花这两个艺术形象反差很大，但王红丽对人物性格把握得相当准确，并通过刚柔并济、感情充沛的演唱，细腻传神、引人入胜的表演，很有分寸地展示了两个性格迥异的女性形象。和几年前相比，经过人生和舞台的历练，王红丽对人物的理解把握更加深入准确了，对技巧程式的运用更加纯熟自如了，在塑造人物上更加内在深沉了，通过这两个戏，她的表演艺术又登上了一个新的台阶。很多专家称赞，这是一个少见的具有平民意识、平民风范且以精品赢人的平民剧团，对小皇后豫剧团适应改革大潮和市场经济发展的做法给予充分肯定，认为这是当前戏曲艺术表演团体改革中值得总结的经验；称赞他们虽然没有政府支持投入，但是小皇后豫剧团以吃苦耐劳、精益求精的态度对待创作，不辞劳苦地一路演到北京，在实践中不断锤炼，这就是《风雨行宫》能够获得成功、赢得观众的原因。

11 月 16 日晚，剧团又在中南海警卫局礼堂为 1000 多名官兵和有关领导演出了大型历史故事剧《风雨行宫》。原中顾委委员朱穆之、舒同、张秀山等老同志观看了演出并同剧组合影留念，肯定了剧团自负盈亏的路子，肯定了王红丽的表演艺术。

小皇后豫剧团在北京人民剧场演出之时，恰逢河南省豫剧三团的《红果，红了》在民族文化宫参加文华奖评奖演出。因为这是省领导直接主抓的重点剧目，因而进京演出各项工作做得相当扎实，并且由领导亲自带队。后来，听到小皇后豫剧团的演出盛况，省里很多领导也都过来捧场观看，亲身感受到了这个起步不久的民营剧团在京城的成功亮相，认为小皇后豫剧团给河南争了光。三团参赛之后，很多同行也一起赶过来看戏，小皇后豫剧团的精湛演出也令他们十分敬佩。

小皇后豫剧团此次在京演出的轰动和由此引起的强烈反响，与在本省赛事上受冷落的境地形成了强烈反差，也引起了省厅领导的高度重视。此时，第五届戏剧大赛的最终结果尚未公布，王传真厅长回去之后召开紧急会议，说要用北京的专家教育河南的专家，对《风雨行宫》一剧重新进行评议。所以，组委会后来又给小皇后豫剧团追加了个特别奖，原来被评为三等奖的王红丽获得表演一等奖。

再次唱响京城，受到众人的称赞，王红丽多日悬着的心终于放下了。演出结束后，王红丽带着剧团，又经天津、山东、江苏等地，一路演出返回河南。

第八章 馨香梨园

1995年春节，大年初二，当人们还沉浸在浓浓的年味中，享受着团圆之乐时，王红丽已经带着她的小皇后豫剧团离开郑州，沿着安阳、焦作、洛阳、南阳一线巡回演出。

4月12日，当第十二届中国戏剧梅花奖在京揭晓的消息传来时，正在南阳社旗县影剧院演出的王红丽，对此还一无所知。直到两日后，《南阳日报》记者闻讯驱车前去采访，她才最终确定了这个喜讯的真实。

而颁奖活动的举行，则已是在半年之后了。通知去领奖时，忙碌的王红丽正在漯河演出，虽然这是盼望已久的结果，可她并未因此而太过兴奋，也许对她来说，最重要的不是结果，而是追求梦想的过程。

1995年10月16日，第四届中国戏剧节暨第十二届梅花奖颁奖活动在成都市四川省体育馆拉开了帷幕。两项重大戏剧活动同期举行，更增添了热闹喜庆的气氛。第一次登上梦寐以求的全国戏剧最高领奖台，接受众人热烈的掌声和喝彩，王红丽感慨万千，觉得之前所有的付出与努力都值了。不过和其他获奖者相比，只身前往的王红丽显得有些形只影单，没有人陪伴跟随，更没有人专门跟着照相，记录这难忘而辉煌的时刻。

戏剧节期间，选拔参赛的都是两年来全国涌现出来的优秀剧目，会务组还安排获奖者和所在省剧协的负责人观摩、游玩等活动，王红丽多想趁此机会一饱眼福，可是由于剧团演出任务压身，她只能恋恋不舍地离开。飞机上，远眺着灿烂壮观的茫茫云海，王红丽心里无限感慨。她知道，颁奖晚会上的星级宾馆、山珍海味、鲜花掌声，就像这空中浪漫而愉悦的飞行，都是短暂的；踏上乡间的黄土地，吃着普通可口的饭菜，给父老乡亲们演唱，那才是属于自己的最真实的常态生活。下了飞机，漯河方面就派人把红丽直接拉到了演出地。晚上演出结束，躺在铺着豆秸秆的地铺上，回想起白天的一切，王红丽仍感觉恍若梦中，半天没缓过来劲儿，还开玩笑地对妈妈说："这落差是不是有些太大了，简直是从天上到地上。你哪怕弄张床，让我缓冲一下也好啊。"

《风雨行宫》和《美女涅槃记》的成功，不仅为王红丽赢得了戏剧人梦寐以求的梅花奖，也为她和这个新成立不久的剧团打开了一片天，好事接二连三地到来。

1995 年 5 月，由文化部艺术局和晋、陕、豫三省文化厅联合主办，山西省文化厅承办的第二届中国戏曲"金三角"交流演出在太原隆重举行，共有来自三省的 10 台剧目参加了演出，整个活动共演出 20 场。小皇后是唯一应邀参加的民营剧团。当接到参赛通知的时候，剧团正在山西潞安矿务局演出。临近比赛的时候，剧团又辗转演到了五阳。五阳矿务局工会主席听说这一消息后，非常支持，特意安排了两辆货车，演完之后帮助剧团连夜赶赴太原。第一次在异乡参加重要区域性赛事，能否赢得这里观众的认可，大家心里还是有几分忐忑，因此，正式演出之前，大家就开始打探情况。据说有的戏演出观众不是很多，大家心里就更有些担心了。

5 月 23 日上午，剧团在太原市铁三局文化宫正式擂响赛事锣鼓。开演之前，王素珍特意往剧场内看了看，只见观众席里坐得很满，演出中间，还有人往里走，最后连走道里都站了很多人。曲折的故事情节、激烈的戏剧冲突、新颖的舞台语汇和演员的激情表演，赢得台下观众阵阵掌声。观众们随着主人公金桂的命运变化，时而欣然，时而落泪，完全沉浸其中，和演员同喜共悲。演出结束后，观众们更是涌在舞台前，迟迟不愿离开，连连称赞小皇后豫剧团演得真好。有关领导、专家上台会见演职员时，握着王红丽的手，直夸她演的金桂比去年在北京时更生动、更准确、更成熟了。后来，《太原日报》《太原晚报》刊登了评论文章，说是晋陕豫名伶倾倒三界戏迷，豫剧小皇后王红丽《风雨行宫》获得巨大成功，称赞其"山西搭台，河南唱戏"，上面还附有王红丽的剧照。

最终，经过 8 天的演出评比，河南小皇后豫剧团的《风雨行宫》在众多优秀剧目中一举胜出，名列第二，和山西省晋剧院青年团的《油灯灯开花》、陕西省西安易俗社的《日本女人关中汉》、河南济源市豫剧团的《王屋山下》同获优秀剧目奖；此外，小皇后豫剧团还获得优秀编剧奖（彭阳）、优秀导演奖（余笑予）、优秀音乐设计奖（王豫生）等 5 项大奖，王红丽获优秀表演奖，高红旗、张根法获表演奖，剧团获组织奖。

小皇后豫剧团此次比赛，不仅再次收获重要奖项，也以精湛的演出轰动了太原，吸引了众人的目光。前去参加观摩的陕西省文化厅艺术处处长张祯祥和西安人民剧院业务科长周长生当即拜会王红丽，并初步达成剧团赴陕献艺的意向。不久，陕西省文化厅、陕西省演出公司、陕西省演出管理家协会和西安人民剧院联合发出了邀请。6月30日晚，河南小皇后豫剧团在西安人民剧院首演大型历史剧《风雨行宫》，整个剧场座无虚席，气氛十分热烈，多家媒体纷纷刊登文章，予以宣传。

为了交流艺术经验，陕西省文化厅艺术处专门组织专家和部分剧团观看演出，并对小皇后豫剧团及其这部力作进行了深入座谈。与会者认为，主演者王红丽等人的精彩表演，是《风雨行宫》成功的重要原因，有人甚至用"量身定做"比喻了她与这出戏的和谐。大家还指出，在戏曲事业不景气的今天，小皇后豫剧团也为陕西省文艺团体的改革带来了重要思索和启示。他们能排出这样的好戏，与他们的经营管理方式、精品意识、敬业精神及面向市场又不失传统的艺术追求密不可分，也向国有"大哥大"剧团提出了崭新课题，并且已经做出了一定的表率。王红丽在会议上做了发言，讲述了兴办民营剧团的过程和经验，受到大家一致好评，后来还跟这里的专家同行交上了朋友，成为来往频繁的知音。

这一年，王红丽还与河南电视台合作，完成了传统戏曲与电视媒体新的艺术结合方式——戏曲 MTV。20 世纪 90 年代初，"音乐电视"这种新兴艺术形式开始传入中国，立即受到广大观众的喜爱和追捧。1995 年，中国音乐电视大奖赛开始首次将戏曲纳入其中，全国很多戏曲演员都积极准备参赛，当时河南也有不少人想参加，但是河南电视台最终选定拍摄王红丽的《抬花轿》"坐轿"一折。

刚得知这一消息的时候，王红丽还有些打退堂鼓，因为演戏任务重，又正值夏天，脸上过敏，尤其是额头起了很多小红疙瘩，担心这样拍摄出来影响画面。导演刘伟玲劝她："你看你这姑娘，有人愿意自己掏钱拍摄，台里领导都没同意。他们觉得你年轻，艺术又好，才极力推荐你，机会难得，可千万别错过。"由于剧团演出繁忙，MTV 拍摄只好分阶段进行。王红丽和导演路振隆、配器李仲党、板胡演奏员李建钦首先到中国音乐学院录音棚进行前期录音；不久，电视台又派人赶到鲁山县，将正在演戏的王红丽连夜接走。到达郑州后，导演首先派人带王红丽到美容院对其脸部问题做了治疗处理，又派专人为她进行化装。这段戏红丽十分熟稔，表演十分到位，因而拍摄十分顺利，加上电视艺术手段的处理，整个画面极为漂亮。最终，在激烈的竞争中胜出，获得中央电视台“花城杯”中国音乐电视大奖赛金奖，为河南、为豫剧争得了荣誉。1996 年开文代会的时候，当时的评委、著名声乐教授金铁霖还认出了王红丽，对她的这段《抬花轿》表演赞不绝口。

1996 年春，由联合国教科文组织支持赞助，中国艺术研究院和河北省文化厅联合主办的 1996 东方戏剧展暨国际学术研讨会在石家庄举行，共有 36 个国家的专家和学者参加。5 月 7 日至 11 日，来自日本、印度和中国的艺术家们，以精湛的技艺展演了 20 余部制作精致的优秀戏剧作品，展现出东方戏剧的独特风采和艺术魅力，同时为广大学者提供了生动立体的视觉形象，营造出比较研究与艺术交流紧密结合的学术氛围。此次国内展演院团，共演出了昆曲、京剧、河北梆子、评剧、豫剧、晋剧、黄梅戏、湘剧等 8 个剧种的剧目，小皇后豫剧团代表豫剧应邀参加。由于中间消息阻隔，剧团接到活动的通知时，距离研讨会只有十几天时间了。实际上，主办方通知得很早，当时省里负责这个活动的领导和工作人员都说不知道，还建议换个团。活动主办方不同意，说他们自己想办法，最后经过多方打听，才联系上了王豫生。

当时来参加这个活动的有 8 个剧团，其他院团都是国营的，只有小皇后是民营。因为预算有限，小皇后豫剧团被安排在郊外一家条件很差的宾馆。时间很紧，仓促吃了晚饭，大家便匆匆赶往剧场准备。等一切安排就绪，戏也到开演时间了。大家都深知这次演出的重要性，因而比以往更加认真，演员唱得一丝不苟，连追光都打得非常准确。

演出当晚，剧院里爆满，连走道里都是人，效果特别好，每响起一次掌声，荆桦就用“正”字画一道，最后数了数，总共响了 29 次掌声。演出结束了，很多领导和专家上台接见，河北省委副书记陈玉洁接见剧组后，紧握王红丽的手说：“这出戏整体创作实力很强，演出是精彩的、成功的。你们小皇后豫剧团为我们这次演出掀起了高潮，我代表大会对你们表示感谢，向你们致敬。你们辛苦了。”来自首都的几位专家说，前年冬天在北京看过《风雨行宫》，经过一年多的锤炼，戏更流畅、更精练了，王红丽的演唱又上了一个新台阶。

就在观众领导散去，大家忙着各自卸妆、卸台的时候，王素珍发现事情不对。过去演出结束，大家都是很踊跃地卸台，乐队卸灯，其他群众演员卸景，主要演员卸完妆后也会过来帮忙搭把手，但是，现在整个舞台没人干活了。这时候有人跑过来报告情况："王经理，不好了，不好了！咱的人都生病了，很多人都在地板上躺着呢，有的哗哗直吐，有的疼得打滚。你赶紧看看去吧！"王素珍一看情况不好，赶紧派人用团里的小面包车一趟趟拉人去医院，一边赶紧给大会领导小组打电话，汇报情况。直到次日黎明，全团共有46人因食物中毒住进医院，大部分人打针输液，一些情况比较严重的人被拉去紧急抢救，险些出了人命。

原来，由于他们所住的宾馆常年客源稀少，储存的肉和豆腐有的已腐烂变质，但是，一路劳顿加上饥饿难耐，大家也就没有想那么多。开演后不久，就有少数人感到头晕恶心、腹疼难忍，但他们紧咬牙关，拼力坚持，这才保证了整晚演出的圆满顺利。王红丽和父母因为事情压身，没有心思吃饭，才逃过这一劫。后来，河北省文化厅派人过来看望大家，河南省文化厅补给剧团1000块钱慰问金，王素珍把这些钱交给团里办事的人，给大家每人买了个保温杯。

经过一个星期的治疗，大家身体才陆陆续续好转。本来参加这次活动就耽误了两三天，由于这次意外，剧团已经连续两次推迟武安的演出台口。但当地百姓没有任何怨言，而且还说小皇后豫剧团的戏好，我们就是要等着看他们的演出。就这样，剧组以最快速度返回武安，弥补了三天六场戏，仅红丽就演了五场。她说，就为了乡亲们的这份信任和等待，我也要全心全意为大家唱戏……

这次演出虽然历经磨难，但对于建团不久的小皇后豫剧团来说，自然是一份难得的殊荣和机遇。事实也证明，剧团不仅在众多强手之中掀起高潮，向世界展示了豫剧的骄傲，也展示出了小皇后豫剧团全体人员的精神面貌和艺术风采。

短短几年时间，王红丽率领小皇后豫剧团走南闯北演出，以其优秀的剧目、精湛的演出和团结拼搏的精神，建立了稳固的市场，得到了同行的认可，并开始逐步走向全国，为自己赢得了应有的地位和良好的声誉。1995年，河南小皇后豫剧团被省文化厅、省人事厅命名为河南省文化系统先进集体；1997年，王红丽主演《风雨行宫》"惊疯"一场参加首届中国豫剧节，向其他国有兄弟院团展示了小皇后豫剧团的实力，并获得优秀表演奖；1998年，中央电视台《纪录片之窗》《戏

1996年，王红丽和常香玉在北京人民大会堂参加全国第六届文代会并合影

曲采风》等栏目也对这个成立不久但成绩斐然的民营剧团产生了极大的兴趣，跟随剧团到达演出地辉县，对王红丽进行专访，真实地记录了王红丽和小皇后豫剧团舞台上下的点滴生活，后来在中央电视台三套、国际频道、戏曲频道多次播放，产生了良好的反响。

随着剧团影响力的扩大和个人艺术水平的提升，王红丽也逐步赢得了与之相应的社会身份和荣誉。1996年，王红丽荣获河南省人民政府优秀文艺成果青年人才鼓励奖，并当选为全国第六届文代会代表。时值寒冬，接到到北京开文代会的通知时，剧团正在林州一个乡镇剧院演出，为了赶时间，王红丽一下舞台就马上乘车返回郑州，到家已经是凌晨3点。又冷又累的王红丽打开电热毯就开始睡觉，但没过多久，短路的电热毯引燃了棉被，沉睡中的王红丽被大火惊醒。王红丽赶紧呼救，与二团的邻居一起救火，灭火的水从四楼流到楼下，大火才被扑灭。过火后的房间遍地狼藉，已经没有完好的家具了。王红丽手上也被火烧到，起了几个大水泡。为了不耽误时间，挨到医院开门，王红丽草草包扎后就赶往火车站。到北京后，王红丽和常香玉大师住在一个房间，她不顾手上的伤，积极照顾常奶奶的起居和生活。1998 年，王红丽当选为全国第五届剧代会代表，和常香玉、尚长荣、刘长瑜、赵忠祥、彭丽媛、姜昆、濮存昕等全国众多文艺界和戏剧界名家一起学习交流，积极履行代表职责，展示中原文化的形象。这些都无形中对王红丽产生了重要影响，对她以后的成长和艺术发展起到了重要的促进作用。

第九章 以戏赢人

20 世纪 90 年代，随着经济的快速发展和改革开放的日渐深入，对外文化艺术交流活动日益增多，全国很多剧种、院团纷纷应邀走出国门。王红丽和她的小皇后豫剧团也名声在外，开始了更多的艺术交流。

1997 年 11 月，王红丽收到了台北豫剧改进会邀请她赴台演出的信函。不久，该会理事长张天佑先生专程从台北来郑州洽谈此事，并郑重嘱托红丽去台湾演出的剧目——传统剧目《五凤岭》。王红丽把台湾方面的要求给父亲说了说，想听取一下他的意见。王豫生是个颇有名望的作曲家，又在以演传统戏为主的省豫剧二团工作多年，因而对许多传统剧目都十分熟悉。《五凤岭》他同样知道，因为这出戏中的一些内容比较落后，与当代人们的思想和认知很不合拍，精华与糟粕并存，因而几十年来在戏曲舞台上几乎销声匿迹，别说年轻人了，就是有一定年岁的人也不一定看过。父亲的话让王红丽更加犹豫，她又打电话和张天佑先生协商，希望能带上能代表自己特色和一定影响的剧目。张天佑先生没有正面回答，他说："这次演出是由台北市豫剧改进会根据台湾各地的河南同乡会的委托组织的，不是卖票经营，而是向河南同乡会发票，所以还是根据过去看戏的老规矩——点戏。《五凤岭》就是台北和桃园两地老乡点得最多的剧目。这些年两岸交流，大陆带了不少优秀传统戏和新编剧目，也很受欢迎，可是，这些老乡都离开家乡近 50 年了，思乡心切，他们最想听听自己熟知并且能够唤起童年记忆的乡音啊。"张先生的一番话，让王红丽再也无法拒绝，爽快地答应了对方的要求。

●《五凤岭》中王红丽饰吴凤英

可是，一旦实施起来排演计划，却是困难重重。首先是时间的安排。和台湾方面商定此事时，已经将近年底。这时候虽然天气极冷，可对于剧团来说，却正是演出旺季。再者，春节之后的两三个月，都是各剧团争相演出的最佳季节。对于小皇后豫剧团这么一个自负盈亏的民营剧团来说，这样的机会更是不能耽误。可是，《五凤岭》《刘荣下南京》《审诰命》这三出戏必须要在5月份之前排出来，时间之紧、任务之重，可想而知。没办法，只能利用在各地巡演间隙抽空排练了。其次，是对剧目的重新整体创作。尤其是《五凤岭》，这部根据章回小说《五女兴唐传》改编的戏曲，是豫剧的传统剧目，因为不同版本各有利弊，且多年不见于舞台，必须重新加工整理。好在有父亲王豫生帮忙，忙于演出的王红丽自然少费了心神。为了让这一传统戏重新站立于舞台，也为剧团今后增加一个受市场欢迎的吃饭戏、看家戏，王豫生决定先将本子做扎实。剔除了原剧中的迷信色彩和不雅内容，并将李怀玉一男五妻的情节改为因坎坷遭遇而形成的三段婚姻，强化吴凤英搭救张美荣以及聚义占山的情节。在音乐唱腔方面，尽量力求传统，尤其注意吸收老艺术家常香玉、陈素真、司凤英、马双枝等人的音韵，让观众在韵味浓郁的唱腔中过把瘾。

就这样，经过两个多月的艰辛努力，王豫生对剧本的整理和音乐设计工作全部完成。王红丽和小皇后豫剧团的兄弟姐妹们在繁重的转场演出中，开始了紧张的排练。新排演的《五凤岭》无论故事人物，还是音乐唱腔，都尽量保留了戏的原汁原味，舞台呈现基本上采用的是修旧如旧的原则，同时注意在继承中适度创新。舞台布置简洁明快，几乎接近于“一桌二椅”，左右两边分别写着“出将”和“入相”，整个样式仿佛让观众又回到几十年前，无形中也增添了人们的怀旧情结。戏排好后，在巡演过程中演出了三场，现场的热烈气氛大大超出了王红丽的预期，让她悬着的心终于得以放松。

1998年5月26日至6月21日，由王红丽率领的小皇后豫剧团、虎美玲率领的郑州市豫剧二团以及任宏恩等艺术家组成的河南豫剧演出团一行40余人，赴台北、台南、台中、高雄、屏东、新竹、桃园等地巡回演出。6月1日，台北首场演出就是由王红丽主演的《五凤岭》，观众反响之热烈，大大超出了大家的预期。尤其是剧中吴凤英那长达26分钟，146句酣畅淋漓、极其优美的唱腔“三杆大旗竖在空”，原来是豫剧老艺人陈连堂（男旦）先生创造的，王豫生几乎原封不动地继承了下来，王红丽扎实的唱腔功底将这段唱腔表现得极其精彩，给观众带来极大的视听审美享受。台下的热潮激励着台上的演员，当时配戏的杨晓枝、张家训、孙明亮、任宏恩、梁俊州等人都拿出了看家本领，可以说是人人出彩，个个叫好。整场戏下来，台下响起的喝彩声和掌声多达40次。

女儿在千里之外的宝岛演出之时，王豫生夫妇正在家里惦念此事，坐卧不宁的他们实在有些不放心，就打过去电话探寻消息。当时坐在第一排的同乡会会长接到电话后，非常激动地说：“现在正在演《五凤岭》，你们先听，戏演完了咱们再聊。”通过对方的手机，听见了女儿的现场演唱，同时听到的还有剧场内不时传来的热烈掌声。此时，他们才长舒了一口气，感觉女儿这次台湾之行没有白去，也坚信女儿他们能够很好地完成任务。

演出结束后，许多须发如银的老乡纷纷涌上舞台，争相和王红丽握手道谢、合影留念，对她饰演的吴凤英赞不绝口。一位祖籍河南宝丰的老人激动地说：“王小姐，我在家的时候曾经听过《五凤岭》，如今已经时隔50年了，作为背井离乡的游子，现在能够再次听到这个戏，真是太幸福了。而且，你们的演出很精彩，比我过去看的时候提高了很多，真是太感谢你了。”说着说着，声音有些哽咽，眼泪也忍不住

● 王红丽与台湾著名豫剧活动家赵明普教授合影

流了下来。还有很多老乡迟迟不愿离开，除了对戏的赞赏，他们还纷纷和演员们亲切地交谈起来：“不瞒你说，16岁那年我被抓壮丁参了军，没多久就来了台湾。离开家乡多年，真的是非常想念，一听到豫剧，我们就想起了父母，想起了家乡。多少年了，这种感情真的是无法割舍。所以这里的豫剧队只要有演出，不管多远，我们都会去过过瘾。”

当时被台湾人尊称为“于大佬”的于镇州先生，曾是部队军官，时年已经85岁了，但依然显得精神矍铄，很有风度。看完演出后，他十分认真地亲笔书写了一个洒金的正楷条幅“中原正音，台胞所亲；弘扬豫剧，全民共饮。——赠豫剧小皇后王红丽”，并赠给王红丽一面书写着“金声玉振”的纪念牌。台北市豫剧改进会也为王红丽赠送了“剧艺超群”的奖牌。

6月6日，在桃园演出《五凤岭》，受欢迎程度丝毫不亚于台北市。台上的王红丽唱得十分投入，台下的老乡们或是闭目静心欣赏，或是手打着拍子相和，每到甩腔的时候，他们就会一同报以热烈的掌声。戏一结束，很多乡亲又争相到台上与红丽合影交流，洛阳话、商丘话、驻马店话……各路乡音汇聚在一起，让人顿生出血浓于水的深情。一位年近八旬的河南老乡颇为内行，赞赏道：“你真不愧是豫剧的后起之秀。从你的唱腔中，我们听到有常香玉的特点韵味，还有陈素真、司凤英等人的演唱技巧，真是好听。能从老一辈艺术家的唱腔中广征博学汇百川，实在难得。”时任台湾“立法委员”的朱凤芝女士，也是河南同乡，特意送给红丽一个盈尺镀金奖盘，上书：红遍全球，丽质天生。从这些褒奖鼓励中，王红丽深刻感受到浓浓乡情和同胞对家乡豫剧事业发展寄予的殷切希望。

除了《五凤岭》，王红丽还和任宏恩等一起合作演出了《审诰命》，这出戏中的唱腔是王豫生根据任宏恩嗓音特点重新设计的，给人耳目一新之感，在当地打得非常响。

演出之余，一些老乡还盛情邀请演员们去家里做客。在他们家里，唠唠家常，谈谈艺术，真是无比惬意，尤其是那些同胞地道浓郁的家乡口音，让人听来格外亲切，没有丝毫陌生感。几十年了，不仅这些老乡乡音难改，他们的很多子孙也都会说一口纯正的河南话。像于大佬30岁出头的女儿于人瑞，是获得美国博士学位的绿卡族，且精通多国语言，但是在跟王红丽交流的时候，还是河南西平县的口音。于大佬说：“我从小就教育他们，对于我们的民族传统文化，一定要敬畏尊重、认真学习。作为河南人的后代，一定要记住家乡话、会说家乡话，不能忘了自己的祖籍，这是我们的根。”还有很多老人表达了他们对家乡的无限思念：“虽然我们已是风烛残年，不能在有生之年看到祖国统一，但是一定要让孩子们知道根在哪里，因为我们早晚要落叶归根……几十年了，能再次看到家乡剧团送来的这么优秀正宗的传统戏，我真是十分高兴。虽然演出结束了，但是我们会永远记住小皇后豫剧团，记住河南有一个豫剧小皇后王红丽。”

沿着宝岛一路演来，王红丽的精湛艺术使她在台湾名声大振，也让各位远离大陆的台胞的思乡之情在地道浓郁的豫韵乡音中得到稍许的满足和纾解。在远离故土的地方，听到这些观众熟悉的乡音，王红丽心中也是无比激动，从观众的赞扬和满足的神情里，她真切感受到了一位戏曲工作者的骄傲。

这次台湾之行引发的轰动，更坚定了小皇后豫剧团生产剧目的原则，那就是，排演什么样的剧目，一定要根据市场需求和观众的欣赏趣味确定，这样才能更好地走向市场，满足观众的要求。

1998年9月，为保护老年人的合法权益，配合宣传《中华人民共和国老年人权益保障法》，在省老龄委和省高级人民法院的支持下，小皇后豫剧团排演了现代戏《花喜鹊》。这出戏是根据话剧《夕阳泪》改编而成的，由王豫生执笔改编并担任作曲。这出戏反映的是传统的孝道问题，虽然此类剧目在戏曲舞台上并不鲜见，但是由于它贴近生活现实，因而很受观众尤其是农村观众的喜欢。王红丽饰演女法官李瑞芳。2009 年 9 月，在第二届河南省县(区)级暨民营文艺团体戏剧大赛中，该剧共赢得观众 27 次叫好和掌声，剧场效果十分强烈，最终摘得一等奖。现在，该剧已经成为剧团的常演剧目之一。

为了进一步"打捞"挖掘传统戏，丰富剧团的演出剧目，艺术总监王豫生用 500 元买来河北平调落子连台本戏《半夜夫妻》，剪去枝蔓，缩编重写，剔除了其中封建迷信、打情骂俏的糟粕，进一步强化人物个性，将其改编成为豫剧连台本戏《三更生死缘》(三部)，情节跌宕起伏，戏剧性很强，人物形象善恶分明、行当齐全，表演富有生活气息，群众百看不厌。王红丽饰演卫玉莲，加上王豫生设计的音乐唱腔豫剧韵味浓郁，因而深受观众喜爱，成为许多演出台口的必点剧目，是小皇后豫剧团的看家戏，已演出 3000 余场。有一年，剧团到豫西某县剧场演出，热情的观众把铁门都挤倒了，剧场经理却高兴地说："你们来演一次，我能开半年工资。"

22 年来，王红丽率团排演了《风雨行宫》《美女涅槃记》《泪血姑苏》《三更生死缘》(连台本)《崔秀莲传奇》(连本戏)《黑龙潭传奇》《五凤岭》《抬花轿》《秦雪梅》《刘荣下南京》《骨肉恩仇》《铡刀下的红梅》《大明皇后》等 26 台自创剧目和传统戏，做到了剧目的多样化、独特化、通俗化，满足了不同层次观众的需求，扩大了剧团的市场空间，尤其是倾注了较大精力和财力打造新创剧目，注重雅俗共赏，做到思想性、艺术性和观赏性的统一。

《风雨行宫》，22 年间王红丽已演出 3000 多场，《铡刀下的红梅》王红丽 10 余年间也演出了近 2000 场，这些难得的数字足以让业界人士仰慕和钦佩。正因为小皇后豫剧团将观众的需求放在第一位，同时注重艺术上的探索创新，才让他们拥有了 3000 万人次的观众，可见，"小皇后"最大的"奖"在观众心中！

对于没有国家一分钱拨款的民营剧团，靠演出生存是唯一方向，更是硬道理。小皇后豫剧团不光有自己的独创好戏，更有明星领头人王红丽和一批有实力的名角新秀，还有全团人亲如一家的浓厚情感和艰苦奋斗的优良作风，这正是他们能够取得成功的制胜法宝。

第十章 鱼水情深

小皇后豫剧团成立之初，王红丽和父母就将办团宗旨定位成“倡导平民意识，创办平民剧团，推崇平民风范，服务平民大众”。而民营性质和演出市场的定位，注定了农村将是剧团的主要市场，他们将会走一条十分艰辛的道路。也正是在与广大普通观众的一次次近距离接触中，大家真正感受到了老百姓对民族传统艺术的热爱和渴望，感受到了自己所从事事业的崇高，从而激发大家努力把剧团打造成为老百姓的贴心剧团。

有一次，剧团到河北邯郸演出，恰逢天冷风狂，大家只好将化妆桌放到集装箱车里，躲在里面化装。那天下午演出的是《风雨行宫》，因为风力实在太大，舞台四周的帆布被吹得哗哗作响，二道幕被肆虐的大风卷起，直刮到演员脸上，搭建的舞台也在风中摇摇晃晃，十分危险。可是，看到从四面八方赶来的观众们依然看得津津有味，王红丽实在不忍停下，让他们失望而归，于是就到后台给大家鼓劲，安排不上场的人轮流拉着舞台上的绳子和布幕，就这样坚持着把戏演完。有些观众看完后还觉得不满足，纷纷聚到后台跟红丽说话、握手。得知有人是骑自行车赶了几十里路来看，王红丽反复叮嘱大家路上注意安全。听说有人晚上还要看戏，红丽就热情地挽留：“这样吧，老乡，你们谁要是不回去，就到我们的住处休息会儿，也不要到街上买饭了，大家要不嫌我们伙食不好，就跟着一起吃吧。”乡亲们十分感动：“王团长，你不仅戏唱得好，人品也好。以前我们老在电视上看你，也看了你的很多光盘，今天有机会见到你，看到了真人，这辈子真是值了。”

2001年正月十五，剧团到山西潞安矿务局王庄煤矿演出，风雪大作，天气奇冷，化妆的油彩冻得简直像冰棍，要放在火上烤软了才能用。站在高台上唱戏，雪花随着风直往嘴里灌，演员的手脚感觉都要冻僵了。可是，恶劣的天气丝毫没有阻挡住观众的热情，大家看得聚精会神，还不时地叫好喝彩，尤其是老头们，头发、眉毛、胡子、身上全都是雪。当时演出的是《五凤岭》，其中“坐寨”一场有段100多句的大段唱，长达20多分钟，有人建议做精简，王红丽冷得直打哆嗦，嘴都有些不听使唤，吐字很吃力，但是看到台下冒雪观看演出的观众，她硬是咬牙坚持了下来。全体演职员也硬是靠着坚韧的毅力，一句不少地把戏完完整整地演完。散戏后，一些观众自发来到后台，纷纷向大家问好。煤矿的工会主席也代表职工前来表示慰问，看到大家在这样的条件下化装演出，实在受罪，就在附近有暖气的招待所开了房间，让大家搬到那里去住，先在招待所装扮好，开演前再到后台穿服装。众人的关怀，着实让大家感到了一种温暖。

2002年12月，应中国戏曲现代戏研究会的邀请，王红丽率团进京再次公演了《铡刀下的红梅》。北京演出结束，大家来不及休整，就又开始冒着大雪往回赶，因为和武陟县的演出合同早已经订好了。由于雪大路滑，客车、货车行走非常缓慢，历经20多个小时，才艰难赶到演出地。剧院经理、职工还有很多观众都站在剧院门口等着开演。看着这个场面，王红丽忍不住流泪了。观众的这份期待，也许就是自己多年来能够不断坚持下去的动力。她一面连声跟大家说对不起，一面赶紧带着大家卸车装台。一个多小时后，戏开演了。舞台上的王红丽十分投入，风采不减，然而，由于天寒地冻再加上劳累过度，第二天她就发烧病倒了。

有一年，剧团到南阳演出，那一场戏是她徒弟演的，因为这个演员刚接戏不久，红丽不太放心，就悄悄来到舞台下观看。快结束的时候，有观众发现了王红丽，惊喜地围了过来："王团长，我们跑这么远没看见你的演出，你得唱几段。"红丽说："好，只要你们愿意听，我就给你们唱。"就这样，在众人的包围下，王红丽站在广场上给大家演唱了《抬花轿》，唱罢，观众们还是不肯散去，她又唱了《铡刀下的红梅》，唱完观众还说不过瘾，又连唱了两段。很多人觉得能够这样近距离接触艺术家，机会实在难得，又争相与她合影，而王红丽也是有求必应，一一满足了大家的要求。

还有一次，剧团到河北武安演出，因为农村白天比较忙，所以，当地就要求红丽晚上演出。演出之前，团里按照常规点名开会，安排好之后，王红丽正想离开，有几个老头来到后台，说："我们要找你们王团长！"王红丽赶紧迎上前去。老人们高兴地说："今天我们总算见到真人了，但是，我们还有一点意见。你看，我们都是七八十岁的人了，为了看你的戏，专门雇了个面包车，跑了七八十里地。可是，没想到日场你不唱，晚上我们又不方便留在这里看，真是遗憾啊。"王红丽一听，赶紧把几位老人接到后台换装的地方，说："这样吧，老大爷，你们不是想听我唱吗？来来来，你们今天想听啥，随便点，我给你们清唱。”“我要听《风雨行宫》！”“我想听《三更生死缘》！”“我想听《铡刀下的红梅》！”就这样，王红丽一连唱了三段。老人们听完后激动地说：“想不到我们今天不仅见到你真人了，还近距离给我们唱了这么多段，真是死也瞑目了。”看着老人们喜悦满足的神情，王红丽只觉得眼睛里湿漉漉的。

那年秋天，剧团到延安演出，晚上演出完后，观众陆陆续续散去。卸完妆的王红丽发现有位老人一直在后台边上看着，就走过去询问：“老大爷，这么晚了，你为啥还不回去呀？”“我家离这儿百十里地，来趟不容易，想多看几场，就不回去了。”听说老大爷已经快 80 岁了，又没有地方住，王红丽赶紧招呼道：“大爷，我们住的都是大通铺，条件也不太好。要不这样，晚上我们团有专人看守舞台，你要是不嫌弃，我让他们给你腾个地儿，你就睡在这儿吧。”老人怎么也没想到会有这样的待遇，再三表示感谢。就这样，他一直跟着剧团，吃住了整整 5 天……

正是这一次次深入基层的演出，让王红丽深刻感受到观众对戏曲的渴望和热爱，对自己和小皇后豫剧团的关注和爱戴，这也使得她感受到了作为一名演员的幸福，这是她功成名就却依然眷恋舞台、常年深入基层的原因。“出门一身棉，回来一身单；过年不在家，在家不过年”，也成了小皇后人繁忙演艺生活的形象写照。

虽然在农村演戏，舞台演出条件远不及城市，但是，王红丽每到一地都要集合开会，叮嘱大家时刻把信誉、质量放在第一位，不能糊弄，因为观众是我们的衣食父母。她还要求大家每次走的时候，把场地打扫得干干净净，说是要学习当年红军的作风，毛主席之所以能带领队伍打胜仗，取得天下，赢得民心，就是因为有优良的作风和严明的纪律。

民营剧团要想吸引人，一是要为演职人员提供施展才华的机会，再就是要给予相应的待遇。更重要的是，王红丽始终坚持用感情留人，不仅关心年轻人艺术上的进步，还真心实意地帮助他们解决城市户口、婚事操办、孩子入学、家属安置等实际问题，像对待亲人一般，让他们真正把小皇后当成自己的家。正是这种友爱和谐及“台上一棵菜，台下一家人”的鱼水情感，使得剧团全体人员结成了一个命运共同体，使得小皇后豫剧团产生出强劲的凝聚力和战斗力。

作为以演出收入为唯一经济来源的民营剧团，戏价的高低和场次的多少，将和每个人的生活密切相关。尽管如此，剧团也没有把经济效益当成唯一的目标，戏

王红丽下乡演出时的盛景

价的定位可以灵活掌握，条件好的可以多一点，一般的可以少一点，有时候他们甚至分文不取，每年还经常开展一些公益演出活动。

1998 年夏，河南尉氏县四新乡郝寺村的村支书、村委会主任和具体管事的，想法儿打听到了王红丽的电话，专程两次到王红丽家洽谈，想邀请剧团去演戏。王素珍本来就是在开封长大的，心里自有一种亲切感，因此戏价说得很低，对方当时也没说什么，可是后来就再没有了下文。国庆节前后，恰逢剧团有几天不演出，返回郑州休息，王红丽才又想起这档子事，结果打电话一问，才知道演戏的钱需要老百姓每家拼凑，大家合计后，觉得还是负担不起。王红丽和父母商量了一下，觉得他们确实是诚心邀请，既然拿不出那点钱，那就干脆免费给他们演出。就这样，团里自己联系了车辆，利用空闲的 4 天时间，亲自上门为乡亲们送了 7 场戏。

到了那里，大家才确实感受到村里的贫困。因为演出免费，乡亲们激动得不敢相信，为了表达他们的热情与感激，村上把演员们都分到各家各户，很多乡亲把家里最好的房间腾出来，让主要演员住，早起还专门给他们准备了荷包蛋。由于剧团自己起火做饭，他们又是杀猪宰羊，又是送肉送菜包饺子，帮助做饭，但一到开饭时间，乡亲们就都悄悄离开了。

听说小皇后豫剧团来演出的消息，方圆百十里地甚至与之交界的山东的老百姓，都骑着自行车、开着拖拉机，纷纷赶来观看。一些离家远的，甚至一家几口就带着铺盖卷，住在这里，连看了几天的戏。台前空地上黑压压的满是观众，周围的树上、房上也都坐满了人……那情景让人不禁为之动容。那几天，村里就像过节一般喜庆热闹。演出结束，剧团临走时装车那天，很多村民扛着编织袋，自发地把自己家里的大豆、花生、红薯等送给剧团。演职员们坚决不要，可村民们围着车就是不让走，最后硬是把 19 袋花生装到了车上。临别，乡亲们拉着演员的手，眼含热泪，依依不舍。

进入新世纪，经过几年的拼搏，小皇后豫剧团的声名日渐扩大，在观众中也有了很大的影响力，团里效益也提高了不少。这时候，很多城市的发展已经有了相当规模，随着人们生活水平的提高，城市观众对戏曲的热情也开始逐步回升，河南各地尤其是省会的戏曲茶楼比较流行，生意很红火。2000 年春，红丽和父母开始商议，是否可以尝试着开辟一下城市的戏曲文化市场，寻求剧团多方面发展。

开拓城市市场，必须要有条件不错、交通便利的固定剧院。于是，王素珍夫妇找到位于花园路关虎屯的黄河影剧院，跟村委会协商租金、改造等有关事宜。手续办好之后，他们又专门聘请了专业团队，忙着设计装修，想按照当时北京老舍茶馆的路子走。于是，就将以前的破旧池座全部拆除，购买了一套全新的设施，将整个观众席设计成茶座的样式，又将舞台上的幕布、地毯、吊杆更换一新；就连剧院门面也做了新的设计装修，换成了富有特色和标志的戏曲脸谱，更名为河南小皇后大剧院。

当时，剧团演出的主要是《风雨行宫》《美女涅槃记》《三更生死缘》等几个看家戏以及《穆桂英挂帅》《泪血姑苏》《三哭殿》等传统戏。为了打开观众市场，剧团除了在门口设置票房卖票，还用广播宣传、散发传单，甚至招聘人员来推销票务。为了增强人气，还从省直剧团请了一些不错的演员，主要是满足后面点戏的要求。刚开始一两个月，观众很多，既有普通老百姓，也有比较有钱的老板，搞得还挺红火，营业额也算不错。但时间一长，大家就觉得很累，身体有些吃不消了。因为演职员们本来就比较辛苦，尤其是戏份较重的王红丽等主演，演完大戏，卸了妆还要等着戏迷、老板点戏，有时要熬到次日凌晨一两点，就感到不大适应。而且到后来，票也不大好推销了。由于观众数量有限，不能达到天天有戏，只凭借点戏这种方式，很难维持剧团日常运转，也和当初的目标不一致了。王素珍及时察觉到了其中的泡沫现象，觉得长期扎根一个地方，观众毕竟有限，要是长久这么开办下去，前景不容乐观，还有可能失去前期开拓的市场。因此半年之后，王红丽和父母就决定停止这种经营方式。

这次进军城市的短暂尝试和惨淡收场，带给王红丽很多思考，也让她找到了这种路子难以继续的多重因素。于是，她决定按照以前的发展思路，将剧团牢牢定位于“平民化”，以优秀的剧目、精湛的演出，积极占领广大农村市场，同时不放弃对城市的开拓。多年来，正是潜心扎下身子、深入民间服务的态度，与老百姓的鱼水情深，才让小皇后豫剧团美名远扬，树立起了良好的形象，不仅合同经常订得满满当当，且每到一处，都会吸引方圆数十里的观众。1996 年，河北武安的观众还自发组织了数十人参加的“红丽戏迷俱乐部”，现已发展成有数百人的“红丽戏迷协会”。

父亲王豫生经常教导红丽，一个艺术家成功与否，不要光看报纸上如何写你，电视上是否经常播放你的专题和剧目，关键要看老百姓喜不喜欢你的艺术，你在他们心里生根了没有。如果老百姓听说你的团来了，非常欢迎，又喜欢看你的戏，这才算是真正的成功。王红丽和她的小皇后豫剧团就已经达到了这个境界。

希腊神话中，无往不胜的巨人安泰俄斯的力量来自大地母亲，当他双脚离开地面，便会不堪一击。作为民营剧团的当家人，王红丽对此也是深有体会，她常说的一句话就是:“老百姓是我赖以生存的土地，是热爱艺术的人民群众造就了我的一切。”

第十一章 红梅又绽

正像余笑予导演所说，河南小皇后豫剧团虽然是个民营剧团，对待观众，始终坚持平民意识、平民风范、平民感情，但是坚决不往“草台班子”的路上走。在解决生计、生存问题的同时，追求艺术品位、艺术层次也是这个民营剧团不同于他人之处。《铡刀下的红梅》的推出，就集中体现了剧团的这个理念。

2001年，是中国共产党建党80周年的特别日子。小皇后豫剧团准备在这样一个有纪念意义的日子，排演出一台红色经典戏，为党的80华诞献礼。这个戏就是因为种种原因被搁浅的题材——刘胡兰。

早在10年前，导演余笑予就有给王红丽排演《刘胡兰》的设想，王红丽也是渴望多年，但20世纪50年代中期，中央歌剧舞剧院由方晓天主演的刘胡兰，已享誉全国，河南豫剧院三团演出的《刘胡兰》也是红遍中原。另外，还有舞剧、话剧、电影等不同艺术形式的演绎，可以说，人们对这个题材已经是再熟悉不过了。在市场经济迅猛发展、观众审美有了巨大变化的今天，再排这个老题材，能行吗？但是，这又是导演余笑予钟爱多年的题材，也是王红丽心里久放不下的一个情结，于是，2000年年底，经过商议，剧团再次决定将这一事情提上日程，名字就定为“铡刀下的红梅”。

如何从今天的角度来重新阐释这一题材，塑造一个不同以往的崭新的刘胡兰，余笑予、王豫生、王红丽有着自己独到的见解。他们认为，虽然时代前进了、生活变化了，尤其是在物质生活丰裕、道德开始滑坡的太平盛世，刘胡兰这样的革命先烈和英雄人物，更不能被大家遗忘，更应该得到最有力而充分的张扬。在接受河南媒体的采访时，余导这样说：过去的《刘胡兰》，大都是在“死的光荣”上不惜笔墨，给予了重点刻画，而对于“生的伟大”却惜墨如金。我们这次就是要用些儿童剧的规律，把刘胡兰从神龛上搬下来，让她恢复儿童本色，并且力求以新的艺术手法，使英雄形象更贴近生活，更贴近观众。可以说，我们的“红梅”与其他舞台剧的《刘胡兰》是一个题材两种版本，孰优孰劣无法简单去评价，因为阐释的重点不同，但就我个人的看法而言，还是放在“生的伟大”上更真实，更有看头，观众更容易接受。

这是继《风雨行宫》之后，编剧宋西庭、导演余笑予与小皇后豫剧团的再度携手。为了将基础工作做扎实，前期构思商定之后，编导等主创人员就开始了先期的案头工作。2001年5月初，编剧宋西庭便在余笑予导演对如何重塑刘胡兰舞台艺术形象的章节纲目总体陈述中开始了剧本创作。6月初，剧团将正在进行的演出停下，开始整体投入舞台排练。虽然排练时间很紧，但是10年的孕育思考，使得这个戏的排练几乎达到一种水到渠成、瓜熟蒂落的地步了。

剧中“儿童团”一场戏非常重要，也是该剧的一个亮点，需要20多个年龄适当的小演员。虽然临时借人是各团排演新戏的常规做法，但是，对于小皇后豫剧团来说，排这样的剧目不是为了争取一时荣誉，而是要精雕细刻，磨砺成团里的精品剧目和长期演出的看家戏；而且，从剧团的长远发展来看，也的确需要培养一批后备人才，以保证演员队伍的梯队建设。于是，当编导提出这一要求时，王红丽就决定再招进一批人。在此之前，武陟县戏校领导曾跟王红丽联系，想邀请她担任该校的名誉校长，于是双方一拍即合，事情洽谈得非常顺利。这次挑选的20余个孩子，都是来自条件相对较差的农村，刚刚学艺两年，年龄很小，一脸的纯真朴实，穿着也很土气，刚进团的时候，余导一看就笑了：“这些人往舞台上一站，不用化装，就是标准的儿童团团员。”

尽管对这个角色梦想多年，但是一旦真正开始进入创作，王红丽还是感受到了前所未有的压力。因为这个戏的独特定位和刻画角度，需要她把握好人物这个年龄段的身份特征，挖掘出其童心童趣，展现出这个15岁英雄从天真的小姑娘成长为坚贞不屈的共产党人的短暂而闪光的历程。从创作的角度如何选择切入点，成了摆在王红丽面前的第一道课题。“你要随着刘胡兰的年龄进入这个角色，从15岁、14岁，乃至抗日战争末期的十二三岁，要从‘小’字上切入人物。”导演的一番话，点亮了王红丽创作的航标。就这样，她从刘胡兰年龄这个角度进入角色体验，从生活出发，从人物出发，开始以这个年龄的我，寻找同奶奶、妹妹以及其他人相处的记忆感觉……

排演期间，恰逢酷暑，为了能将这部献礼作品及时推出，疲劳过度的余导先后两次住进医院，医院甚至下了病危通知。经过近一个月的艰苦排练，豫剧《铡刀下的红梅》终于在郑州黄河影剧院与广大观众见面了。独特的切入角度、新颖的艺术手法、精湛的艺术呈现，赢得了全场观众的热烈掌声。尤其是王红丽形神兼备、声情并茂的表演，成功地塑造出了纯真可爱、可亲可敬的少年英雄刘胡兰，给人耳目一新之感。戏剧评论家刘景亮这样赞誉王红丽的表演：扮演刘胡兰的王红丽，表演功力深厚，尽管她已是成年人，也没有扮过少年，但她把刘胡兰的少年心态体验得

●《铡刀下的红梅》剧照

深刻、把握得精准、表现得生动，把刘胡兰的英雄精神与其童真稚气非常和谐地统一起来，从而使得这一人物真实可信、可亲可敬、别具特色。当晚去观看演出的副省长李志斌、贾连朝，宣传部、文化厅领导和我省戏曲界有关专家、同行，都对剧目给予了充分肯定和热情赞扬。

为了给这出戏“会诊、把脉”，进一步加工提高，也为了向关注王红丽成长的专家们汇报新的成果，剧团赴京邀请赵寻、郭汉城、韩建民、张伟、姚欣、曲润海、霍大寿、萧曼、赵承燕、宋丹菊、姜志涛、黄维钧、安志强、朱文相等首都戏剧界14位专家来郑，和我省专家郭光宇、方可杰、刘景亮、罗云、谭静波等一起，在黄河剧院审看了《铡刀下的红梅》一剧，并于次日在易元大酒店进行了深入的座谈。

最初接到邀请的时候，很多专家并不看好，觉得在今天这个年代，再去触碰大家熟知的老题材，编导怎么搞？况且，王红丽时年已经30多岁，能演好这十几岁的

小姑娘吗？会不会太过成熟？抱着这样的疑问，大家走进了剧场，结果当然大大出乎他们的预料，黄维钧则用“喜出望外”来表达他的由衷赞赏。从第二天发言时的情绪看，这个戏带给他们的绝非一般意义上的激动和震撼。会上，专家们不吝溢美之词，盛赞这是一出别具一格、不可多得的好戏，也是他们看到的建党80周年献礼作品中最好的一部；同时对这个民营剧团的政治热情和艺术胆识表示敬佩，并对剧目提出了中肯的改进意见。

专家们一致认为，这出戏故事编织巧妙，导演手法新颖，舞台呈现别致，音乐丰厚流畅，表演准确生动，正是艺术创作诸方面的优秀，共同造就了这部戏的成功，是一部既能夺奖又能吃饭的好戏。尤其是对主人公的开掘、刻画，视角独具匠心，既展示了她令人敬仰的英雄壮举，又浓墨重彩地表现出英雄成长过程中纯真可爱甚至稚嫩的一面，显得丰满、立体。王红丽通过这一艺术形象，艺术上又有了新的飞跃，完全摆脱了以往表演的痕迹，显得清新自然，将刘胡兰的性格特点、少年情趣、英雄气概演绎得真实可信、感人至深，已经和人物融于一体，简直挑不出什么毛病来，这是一个演员成长为艺术家的重要标志。凭借这个角色的出色创造，王红丽完全有实力冲刺“二度梅”。《中国戏剧》副主编姜志涛称赞，由于编剧、导演、音乐、演员、舞美都是高手，所以感觉不出来这是一台第三场彩排的新戏，感觉是各方面都非常完整、非常成熟，而且有大剧院的风范。尤其是王红丽，原来我以为这么多年过去了，“小皇后”可能已经不再年轻，没想到她真的青春永驻，不但没老，反而更小了。她的表演天真可爱，毫不做作，跟这么满台小孩儿在一起演戏，丝毫不让人感到别扭，而且让人看不出来年龄，的的确确还原了刘胡兰15岁的本来面貌，让人感到非常可信。

演出现场强烈的观赏效果，诸多专家众口一词的赞扬，给了全剧组人员很大的信心和鼓励。之后，剧组在广泛吸收各方意见的基础上，又对全剧进行了精雕细刻的修改，并决定在新年期间进京演出，角逐“二度梅”。

由于前期排演停止演出多日，剧团收入受到影响，加上人员多、开销大，因此，大家还是决定一路演着进京。2001年年底，正当大家开始倒计时，准备举家团圆、迎接新年的时候，小皇后豫剧团再次挥师北上。

剧团到达北京的时候，正值隆冬，平日热闹的街上显得安静了不少。安顿好住处，大家顾不上休息，就开始忙着装台，安排相关事宜。由于第二天就要演出，为了保持足够的精力，大家早早就休息了。凌晨五六点，正当大家睡意正酣的时候，却被一阵阵悲戚的哭声惊醒了。上去一打听，才知道大家所住的地下室上面就是医院的太平间。

2002年1月14日、15日，正值大年初二、初三，在浓郁的节日气氛中，《铡刀下的红梅》在北京护国寺人民剧场与首都观众见面了。虽然室外寒风凛冽，但是剧场内灯火辉煌，掌声、喝彩声此起彼伏，气氛十分热烈。首都文艺界专家、学者和梅花奖、文华奖、“五个一工程”奖评委40多人和解放军三总部的6位将军应邀观看了演出；河南省文化厅副厅长杨丽萍、董文建等陪同观看。中央电视台戏曲频道对该剧进行了现场直播。

演出结束后，热情的观众欢呼不已，迟迟不愿离开，在大家的强烈要求下，主

●《铡刀下的红梅》中王红丽饰演刘胡兰

要演员又加演了5段清唱。专家评委们也上台接见剧组，对小皇后豫剧团的精彩演出给予赞赏。他们说，虽然天气寒冷，但小皇后豫剧团的精湛演出，给北京的戏剧舞台吹来了一阵清新的春风。这部戏排得很及时，很好看，希望有关部门号召大家都来看看，并且把这部戏在全国进行推广。尤其是王红丽塑造的这个刘胡兰，给观众带来了非同寻常的艺术震撼和感染，和几年前相比，其艺术水平又有了长足进步。著名作家魏巍说："以前我也曾多次看过演刘胡兰的戏。今天，河南小皇后豫剧团把这一人物再现于戏剧舞台，从生活化的角度重新塑造出平民英雄的成长历程，展示了少年英雄的伟大人格魅力，很新颖，很有现代气息，非常真实感人。我们现在就是需要多排多演《铡刀下的红梅》这样的革命现代戏，来教育年轻人热爱党，热爱祖国。"

17日上午，中国戏剧家协会专门组织了"河南小皇后豫剧团晋京演出座谈会"，来自文化部、中国剧协、中国戏剧学院、中国歌舞剧院、中国艺术研究院的20余位专家学者，对《铡刀下的红梅》进行了深入座谈，纷纷发表了自己的真知灼见。大家认为，该剧利用闪回的手法，从事件高潮写起，一开始就抓住了观众的心。尽管很多观众对刘胡兰有一定了解，就像去看一场已知结果的足球比赛录像，但是，强烈的观赏性、新颖的艺术处理和演员精彩的表现，还是深深吸引了大家。

中国剧协副主席、著名儿童剧表演艺术家、梅花奖评委方菊芬，对这个真实生动、鲜活丰满的刘胡兰非常赞赏，认为它是革命现实主义与浪漫主义比较完美的结合，很值得学习；称赞王红丽是一个优秀的表演艺术家。

梅花奖评委、戏剧理论家康式昭对王红丽塑造的刘胡兰及其显示出的深厚艺术功底赞赏不已，称其多才多艺、后生可畏、前途无量。他认为，这个戏之所以取得成功，是因为它找到了新的视角和切入点，不同于其他艺术门类的刘胡兰，具有自己独特的个性。

中国戏曲现代戏研究会副会长姚欣认为，《铡刀下的红梅》是近年来出现的难得的好戏，别具一格，出类拔萃，与近半个世纪涌现出的众多优秀现代戏相比，毫不逊色。王红丽塑造的这个刘胡兰形象，突出了时代特色和人物的独有个性，既有童真童趣，又显示出英雄气派，使人感到可爱、可亲、可信、可敬。小皇后豫剧团作为一个民营剧团，能沉下心来搞出这么优秀的红色经典，确实是全国少见。

原中国歌舞剧院副院长、著名导演卢森认为，这个刘胡兰形象不同以往，让人们在熟悉的故事和人物中找到了全新的感觉，尤其长辫子的设计，可谓神来之笔，不仅更加贴近人物，增强了少女的爱美之心，而且“剪辫子”一场尽情展示出祖孙二人相依为命的深情，同时很好地配合了人物的身段表演，实在是起到了一石多鸟的作用。王红丽的唱功十分扎实，唱腔优美动听，表演游刃有余，将刘胡兰纯真可爱的孩子气和视死如归的精神气概表现得极其准确恰当，这样的好演员很值得大家珍惜。

梅花奖评委会顾问、戏曲理论家郭汉城多年来一直见证着王红丽的成长。他说，从 1989 年第一次看王红丽主演的《秦雪梅》，10 多年间，她不断排演新戏，不断进步。从今天的《铡刀下的红梅》看，她的艺术又攀上了一个新的高度。正是这种永不停歇的追求精神和艺术信念，决定了她今天的成绩，也将决定她前途无量。

中国艺术研究院院长曲润海说，王红丽是民营剧团盛开的第一朵梅花，经过岁月锤炼，如今绽放得更加璀璨。她率领的小皇后豫剧团是体制改革的榜样，是一个值得大力肯定的实验基地，尤其在剧目建设上“继承传统和生产精品相结合”的做法，很值得提倡。

《中国戏剧》副主编姜志涛从五个方面做了点评：该剧很好地运用了意识流和闪回的艺术手法，角度很新；编、导、演不是直奔主题，而是着力于塑造艺术形象；全剧注意挖掘有情有趣的感人细节，增强了娱乐性、观赏性；小皇后豫剧团是一个能够生产精品的艺术表演团体；这个角色很好地展示了主演王红丽的实力和潜力，凭借此剧角逐“二度梅”，很有希望。

时任中国剧协秘书长、《中国戏剧》主编王蕴明说：这次看红丽的演出，我受到很大震动。红丽的艺术能在短短几年内进步如此之快，真是令人高兴。小皇后豫剧团这些年的发展成绩，证明了以王红丽团长为首的这个班子方向明，路子正，经营有方，既很好地服务了基层百姓，又在艺术创新上取得了很大成就，实属不易。从这个戏看，王红丽的艺术确实已经非常成熟，争夺“二度梅”很有实力，也祝愿王红丽马年好运，马到成功。

此外，刘厚生、曲六艺、安志强、周玉德、薛若琳等专家，也从不同角度对该剧做了评价剖析，对王红丽的艺术功力给予充分肯定，认为该剧不仅会成为中国戏曲现代戏的一个精品力作，也将成为王红丽艺术生涯中一个新的里程碑和标志性作品。

参加座谈会的还有《人民日报》《光明日报》《中国文化报》和中央电视台等众多媒体记者。下午，中央电视台《戏中有戏》栏目还为王红丽和小皇后豫剧团录制了专题。

除了汇报这部新剧，16 日至 18 日晚，王红丽又接连主演了抒情悲剧《泪血姑苏》、传统戏《五凤岭》和现代戏《花喜鹊》，展示出她驾驭不同行当、不同个性人物的深厚功力，中央电视台都进行了录像，首都主要媒体也发表了评论文章。20 日，《中国戏剧》杂志社再次特邀 11 位专家，以“沙龙”形式进行专题研讨，并在第三期开辟专栏，全文刊载发言纪要，对小皇后豫剧团的《铡刀下的红梅》给予大力宣传、中肯评价。

河南小皇后豫剧团在京引起的强烈反响，也吸引了更多人关注的目光。为了满足广大观众的要求，剧团决定延长展演时间，于 1 月 19 日、20 日应邀到中国人民解放军总装备部和老舍茶馆，分别上演了《铡刀下的红梅》《五凤岭》等备受大家欢迎的剧目。尤其在老舍茶馆的演出，全场爆满，中央人民广播电台《相约空中大

● 2003 年，河南电视台《梨园春》推出王红丽二度梅花奖个人戏曲艺术专场演出

舞台》栏目进行了现场直播。

此次《相约空中大舞台——豫剧演唱会》由中央人民广播电台和老舍茶馆共同举办，参加演唱会的系河南小皇后豫剧团的老中青三代演员，行当十分齐全，充分展示了剧团的阵容和实力。团长王红丽刚一出场，就赢得了大家的阵阵欢呼，而她细腻委婉、动人心弦的唱腔，更是将演唱会推向了高潮。在观众热烈的掌声中，王红丽 4 次返台演出才得以结束。

2003 年 3 月，第二十届中国戏剧梅花奖获奖名单揭晓，王红丽在竞争激烈的情况下全票通过，蟾宫折桂，荣膺“二度梅”榜首，成为河南戏曲界第一位获此殊荣的演员，也是全国戏剧界最年轻的获得两届梅花奖的演员。由于忙于演出，这次领奖，王红丽依然是只身前往，领奖前还是请别人帮忙照了张照片留念。

相对于之前的冷寂，王红丽这次获奖在河南引起了不小反响。5 月，河南电视台《梨园春》栏目还特别推出了王红丽荣获“二度梅”个人戏曲专场。晚会上，她一连演出了《五凤岭》《美女涅槃记》《风雨行宫》《铡刀下的红梅》等剧选场，省内文艺界专家、领导和很多戏曲界同行都前往现场观看，献上花束、花篮，向王红丽表示祝贺。这一刻，王红丽笑得格外开心……

除此之外，王红丽主演的《铡刀下的红梅》被评为“2006—2007年度国家舞台艺术精品”工程十大精品剧目。

第十二章 再踏征程

2010年6月23日，由文化部主办的首届全国民营艺术院团优秀剧目展演活动在北京长安大戏院拉开帷幕，河南小皇后豫剧团的《铡刀下的红梅》在开幕式上做了首场演出。文化部副部长王文章、艺术司司长董伟以及首都艺术界其他领导、专家、观众一起观看了演出。在接见剧组人员时，王文章副部长握着王红丽的手，激动地说，你现在已经成为大艺术家了，演出真是太精彩了，由衷地向你表示祝贺和感谢。他还说，民营剧团也能生产出艺术精品，小皇后豫剧团演出的《铡刀下的红梅》就达到了国家级的水平。国有院团能办到的事情，民营院团也是可以办到的。这个戏不仅可以成为时代精品，而且可以成为中国戏曲的优秀保留剧目长期演下去。

为了促进民营艺术院团更好地发展，展演期间，文化部还召开了民营艺术院团发展座谈会和展演剧目艺术评论座谈会。7月13日上午，首届全国民营艺术院团优秀剧目展演表彰大会在钓鱼台国宾馆召开，文化部部长蔡武出席大会并做了《促进民营艺术院团可持续健康发展》的重要讲话，大会还向参加本届展演的23个民营艺术院团颁发了纪念牌和荣誉证书。这些展演剧目除免去全部场租和获得60%的票房收入外，还从文化部获得了30万元人民币奖励。会上，王红丽作为民营院团的优秀代表，做了题为“坚持面向基层，传承民族文化”的发言，介绍了小皇后豫剧团成立17年来扎根基层、开拓市场、服务群众取得的成就及其经验。

2011年5月，经过十年磨砺，为小皇后赢得了众多荣誉的《铡刀下的红梅》，由八一电影制片厂拍摄成戏曲影片。2012年5月13日，电影《铡刀下的红梅》首映礼专场演出在河南电视台《梨园春》隆重举行。全国政协教科文体委员会副主任、中国文学艺术基金会理事长胡振民，省委常委、宣传部部长赵素萍，文化部艺术司司长董伟共同启动首映仪式的水晶球。14日，影片在郑州奥斯卡电影院线曼哈顿国际影城进行首映。虽然这部剧作观众已经相当熟悉，但是，很多人还是被演

● 2012年，电影《铡刀下的红梅》获得金鸡奖最佳戏曲片提名

员们的精彩演绎感动得泪流满面。伴随着耳熟能详的旋律，热烈的掌声在影院内一遍遍响起，现场热烈程度实属少见。同年9月，影片荣获中宣部第十二届精神文明建设“五个一工程”奖，并被国家广电总局推荐为向党的十八大重点献礼影片，也是26部献礼影片中唯一的戏曲影片。该片获得第二十八届中国电影“金鸡奖”最佳戏曲片提名。

2012年6月，中共中央政治局常委李长春，中宣部副部长、文化部部长蔡武，国家广播电影电视总局局长蔡赴朝，新华社社长李从军等一行来河南进行文艺院团改革工作调研，河南小皇后豫剧团19年来的成功之路引起了大家的关注。6月15日晚，李长春等怀着浓厚的兴趣，在黄河迎宾馆观看了豫剧《铡刀下的红梅》，省委书记卢展工、省长郭庚茂等陪同观看。

演出结束后，李长春在舞台与王红丽和全团演职人员合影留念，并发表热情讲话。他说：“原来我就听说小皇后豫剧团很有活力，贴近实际、贴近生活、贴近群众，弘扬主旋律，开发城乡市场，很受群众欢迎。这次来河南调研，有机会看一场你们演的剧目，感到名不虚传。这部戏我觉得是社会主义核心价值体系教育的好教材……希望你们能够排演更多群众喜闻乐见的精品剧目。”

蔡武部长说，这个戏主题好、艺术呈现好，是一个爱国主义、爱党教育的重要教材，演员们的表演值得称道。而且特别要说的就是，小皇后豫剧团是我们文化体制改革的产物，常年面向观众，面向市场，既使我们的豫剧艺术得到了传承弘扬，同时在弘扬爱国主义、倡导社会主义核心价值观方面发挥了重要作用。这部戏是国家舞台艺术精品工程获奖剧目，红丽也因为这个戏获得了二度梅花奖，像这样的优秀作品一定要在全国巡演，让更多人从艺术之美中受到教育和陶冶。希望你们再接再厉，成为我们戏曲改革、文化体制改革的一面旗帜，成为广大民营剧团的一个排头兵。

伴随着精品力作《铡刀下的红梅》掀起的艺术高潮和小皇后豫剧团的显赫声名，王红丽这个明星剧团的带头人也自然获得了社会各界的广泛关注，荣誉接踵而至。2004年，王红丽和豫剧大师常香玉、著名编导杨兰春、著名剧作家齐飞一起被省委宣传部、省文联授予河南省首批“德艺双馨艺术家”的光荣称号；2005年王红丽当选为第六届全国剧代会代表、中国戏剧家协会理事；2006年，王红丽当选为第八届全国文代会代表；2007年，王红丽当选为河南省文联委员、河南省政协委员、河南省剧协副主席，参加中国剧协组织的梅花奖艺术团，到台湾、香港、澳大利亚墨尔本等地演出；2008年，王红丽被省委、省政府评为河南省文化产业发展和文化体制改革先进个人、“河南省先进工作者”，同年被评为郑州市改革开放三十周年风云人物；2009年，王红丽被评为全国宣传文化系统文化名家暨“四个一批”人才、“河南省自主创新十大杰出青年”；2010年，王红丽被评为国务院有突出贡献的专家，享受国务院特殊津贴；2011年，王红丽被评为第三届全国“德艺双馨”中青年文艺工作者；2012年，王红丽荣获全国文化体制改革先进个人称号，在人民大会堂出席表彰大会，受到了胡锦涛总书记等政治局常委的亲切接见。此外，王红丽还多次应邀参加中宣部、文化部、中央电视台等主办的春节联欢晚会、元宵节晚会、中秋节晚会等重要演出。

尽管个人和剧团发展一路顺畅，王红丽始终没有停止对自己艺术上的要求。2004年，已经夺得“二度梅”的王红丽，又报考了中国戏曲学院的研究生。当时学院只给了河南一个名额，而报名竞争者众多，其中有不少省直院团很有名气的演员。首先是通过报送的作品录像，进行专业选拔，结果王红丽以优异的成绩稳居前列。

当接到中国戏曲学院复试的通知时，王红丽已经怀孕好几个月了。当时考试的日期定在7月份，正好是红丽的临产月。母亲王素珍见此情景，就劝说道："红丽，你都已经30多岁了，要个孩子也不容易。你现在也算是功成名就了，就放弃这次机会吧，毕竟年龄大了，若是有个什么闪失，你后悔都来不及。"

为了让母亲放心，红丽虽然表面上答应得很好，但是依旧偷偷在做准备，没有停止复习。快到考试的时候，红丽找个借口，瞒着母亲，让舅妈陪同一起上北京考试去了。当老师点到王红丽的名字，她扛着即将足月的身子站起来跟大家见面时，老师和同学们都惊讶得不得了，有的女人忍不住掉泪了，还有的跟领导说，就别让她考试了，万一出了啥事咋办，这个名额给她也是对的，作为二度梅花奖演员，她完全有资格上。学校领导也很关心，叮嘱红丽先联系好住院之事，以防万一。就这样，在北京备考的时间里，红丽由舅妈在身边照顾日常起居，自己每天就躲在房间里学习备考。由于文化课底子扎实，准备充分，红丽最终以优异的成绩考入中国戏曲学院第四届青年演员研究生班。从北京回郑州还不到7天，红丽就住院了，平安顺利地生下了孩子。孩子百天后，王红丽也到了入学时间，尽管依依不舍，也只好告别家人孩子，只身进京上学去了。

经过三年的深造积淀，王红丽不仅学习了京剧、昆曲等剧种的很多名剧，加强了戏曲理论知识，在大量的演出观摩中开阔了眼界，文化水平也有了很大提高。作为研究生班开办以来招收的唯一的民营剧团的演员，王红丽还走上了研究生班的讲台，向来自全国各地的戏剧拔尖人才、剧团团长讲了一堂剧团体制改革的特殊课，引起强烈反响。

正当王红丽以崭新的精神面貌和勇气，准备在艺术道路上再次寻求新的挑战和突破时，2008年，为王红丽成长和小皇后豫剧团的成立、发展倾注大量心血才情的父亲王豫生先生不幸病逝；两年后，王红丽艺术发展道路上的恩师、义父，助力小皇后走向辉煌的导演大家余笑予先生作古。两位父亲的离世，对王红丽不啻为两次沉重的打击。那段时间，她感觉自己就像是脊梁骨被抽去了一般，特别无助，好长时间，都无法从那种痛彻肺腑的悲戚伤情中摆脱出来。王红丽知道，从此以后，她再也不能只专注于自己的艺术，她必须学会独立成长。剧团的发展、剧目的生产，乃至几十口人的大小具体事宜，她都得去操心。只有把小皇后豫剧团搞得红红火火，才是对两位老人的最好怀念。

多年来，王红丽凭借《风雨行宫》《美女涅槃记》《五凤岭》《三更生死缘》《铡刀下的红梅》等众多优秀剧目，塑造出了一系列个性鲜明、光彩夺目的舞台形象，并由此形成了自己独特的艺术风格，真正成为广大观众心目中的"豫剧小皇后"。鉴于她的艺术成就和广泛影响，以及河南小皇后豫剧团的成功经营模式，2012 年 9 月 11 日，中国艺术研究院戏曲研究所在北京举办了"当代戏曲表演艺术家研究系列工程——王红丽表演艺术学术研讨会"。该工程旨在通过对活跃在戏曲舞台上卓有成就、富有影响的中青年演员的个案性研究，促进理论研究与舞台实践的结合与互动，推动表演艺术经验的总结和理论提升，从而更好地为戏曲艺术的发展、民族艺术的振兴做出应有的努力。该工程自启动以来，相继研讨了黄梅戏表演艺术家韩再芬、川剧表演艺术家沈铁梅、粤剧表演艺术家倪惠英等，王红丽则是河南戏曲演员中这项系列研究工程的第一个对象。

研讨会上，中国艺术研究院院长王文章首先做了重要讲话。他认为，王红丽 20 多年的舞台艺术实践及经验，值得我们从理论上加以研究和总结，她的高尚艺德也值得学习和发扬。王红丽是一位德艺双馨的艺术家，她不仅开拓了一条民营剧团良性发展的可持续道路，而且将精湛的艺术奉献给广大人民群众，这是她受到大家关注和老百姓欢迎的根本原因所在。季国平、郭汉城、刘厚生、曲润海、龚和德、王蕴明、仲呈祥、贾志刚、刘文峰、毛时安、谭志湘、胡芝凤、周汉萍、刘健伟、范咏戈等全国近 40 位领导、专家、学者，分别从不同角度对王红丽的作品以及艺术成就、表演特点进行总结评价。

2014 年 2 月 23 日，为庆祝小皇后豫剧团 20 年来取得的辉煌成就，河南电视台《梨园春》栏目特别推出了"凌寒傲雪绽红梅——河南小皇后豫剧团成立 20 周年专场晚会"。晚会上，王红丽演唱了《春秋配》《抬花轿》《贵妃醉酒》《铡刀下的红梅》《五凤岭》等精彩片段，白燕升、于魁智、李胜素等文艺界名流和好友纷纷前来祝贺，献上了精彩的节目。

尽管已经功成名就，但王红丽艺术追求的脚步并没有停下。2012 年年初，她又将目光瞄准一个戏曲舞台上颇为常见的题材——明代开国皇帝朱元璋之妻马秀英。《大明皇后》取材于民间流传的一段历史传奇：洪武二年元宵节，书生王庸逛灯

●《大明皇后》剧照

会时激愤时弊，纵笔疾书一谜底为“大脚皇后”的灯谜，被前来观灯的皇帝朱元璋发现并破解。朱元璋恼羞成怒，为捉拿题谜者，不惜牵连京城千百无辜书生。皇后马秀英得知此事，先是苦口相劝，继而佯病、赛球，终于凭借智慧和勇气，保全了明朝皇帝的政治英明，保全了王庸和广大无辜书生的性命，表现出一代贤后匡扶江山社稷、心存黎民百姓的大爱情怀和忧患责任。这个颇有趣味的历史故事不仅很接地气，而且包含着治国的大道理。它巧妙地将“为圣者讳”融入故事的内核，借古喻今、针砭时弊，呈现出一种大俗大雅、寓庄于谐的喜剧样式，既给人以思想震撼，又给人以艺术感染和深沉的思考。

由韩志君编导的新编豫剧历史戏曲片《大明皇后》，邀请王红丽领衔主演皇后马秀英，该片既注重题材开掘的深度和新意，又十分讲究人物形象的典型化创造。首度“试水”历史轻喜剧的王红丽，以青衣的端庄沉稳、花旦的俏丽泼辣、刀马旦的飒爽英气，将一位具有平民风范和大家气度的贤后刻画得鲜活、独特、传神，表现出她驾驭不同人物的艺术功力。此外，刘昌东、金不换、杨国民、王兴刚、葛桂璋、王献光等豫剧名家新秀的加盟，也使得影片精彩纷呈。

2013 年 3 月，该影片登陆全国电影院线后收获如潮赞誉，并于当年荣获第二十九届中国电影金鸡奖最佳戏曲片提名奖。经过市场的考验和反馈，王红丽最终下定决心，将其搬上戏曲舞台。2014 年 5 月 28 日、29 日，河南小皇后豫剧团全新编创的历史剧《大明皇后》，在北京解放军歌剧院精彩亮相，参加第四届全国地方戏优秀剧目展演（北方片），它的民间性和轻喜剧风格，使得该剧在大俗大雅中见情趣，一代皇后也具有了不同以往的特点。中国文艺评论家协会主席仲呈祥评价该剧“是一部借古喻今、观照现实、思想深刻、格调高雅、品质过硬的豫剧大作品”，赞誉王红丽“是一名技艺精湛、富于责任、锐意创新，有才气、有勇气、有胆气的梨园追梦人”。戏剧评论家刘彦君认为：王红丽找到了展现时代感和塑造独特“这一个”的道路，把一个性格鲜明、心地善良、深明大义的马秀英形象生动地展现在观众面前。在把皇后还原为普通人的表演中，她对角色内心情感与外部表现之间的反差，拿捏得十分准确、自然、流畅，没有露出一点表演痕迹。

5 月 30 日，“河南省艺术名家推介工程——豫剧名家王红丽表演艺术研讨会”在中国剧协隆重召开，中国文联原副主席、研究员仲呈祥，中国剧协分党组书记、驻会副主席季国平，文化部艺术司副司长吕育忠，中国剧协副秘书长崔伟，河南省文化艺术研究院院长、国家一级导演李利宏以及王蕴明、龚和德、徐培成等专家与会，结合 29 日观戏感受，悉心研讨了王红丽多年来不断追求探索的艺术之路和表演特色，同时对这位民营剧团带头人的成功经验进行了认真总结。尽管《大明皇后》的未来之路及影响还有待于实践的进一步检验，但是，我们从中可以看出王红丽不断寻求自我突破的勇气，也看到了她不断提升的广阔空间。

如今的小皇后豫剧团正在发展壮大，王红丽这枝在风雪中凌寒盛开的红梅，将会绽放得更加璀璨多姿。她的小皇后豫剧团在今后的岁月中，定会续写出更为绚丽的篇章。

往前走，不回头

——写在河南小皇后豫剧团成立二十周年之际

荆 桦

在戏剧演出不景气、一些专业艺术表演团体面临重重困难的严峻形势下，1994 年 2 月，一个朝气蓬勃、充满生机的民营艺术表演团体在河南省会郑州宣告成立。它就是闻名遐迩的“河南小皇后豫剧团”。这个剧团的团长兼领衔主演，是第十二届中国戏剧梅花奖获得者和 2003 年“二度梅”得主王红丽。

一、从 1994 年至今，小皇后豫剧团走过了 20 年的风雨历程

20 年是 7300 天。

20 年间，在王红丽团长的带领下，河南小皇后豫剧团排出大小剧目 20 多个，以年均 400 余场的演出，长年在豫、鲁、皖、晋、冀、陕等省的广大工矿、农村、城镇巡回，并多次晋京赴津以及到台湾、香港、澳大利亚等地参加重大赛事演出及展演活动。

20 年间，王红丽和小皇后豫剧团受到了中宣部、文化部的表彰，荣获“全国服

● 2014 年，小皇后豫剧团下乡演出，王红丽获赠锦旗

务农民服务基层文化工作特别贡献奖”。《人民日报》《光明日报》《河南日报》发表了《这样赢得了 3000 万观众》《平民皇后王红丽》《谁说女子不如男》等专题报道。

20 年间，王红丽在艺术之路上取得了长足的进步：她成长为国家一级演员、中国戏剧家协会理事、河南省戏剧家协会副主席、中宣部宣传文化系统“四个一批”人才、享受国务院特殊津贴专家、全国第三届“德艺双馨”中青年艺术家、河南省政协委员，毕业于中国戏曲学院研究生班。

20 年间，王红丽获得了一系列荣誉：

1988 年，以主演《司文郎》一剧获得河南省第三届戏剧大赛表演一等奖，同年获首届“香玉杯”艺术奖。

1994 年，她以《风雨行宫》的演出，获河南省第五届戏剧大赛表演一等奖，第二年获第十二届“中国戏剧梅花奖”。

1995年，她演唱的MTV《抬花轿》获中央电视台“花城杯”中国音乐电视大奖赛金奖，同年获文化部主办的“金三角”戏曲交流大赛优秀表演奖。

1996年，获河南省人民政府第二届文学艺术优秀成果青年人才鼓励奖。

1997年，获首届“中国豫剧节”优秀表演奖。

2002年，获河南省第九届戏剧大赛表演一等奖。

2003年，主演《铡刀下的红梅》，荣膺“中国戏剧梅花奖”二度梅。同年，获中宣部“五个一工程”奖。

2004年，被河南省委宣传部、省文联授予“德艺双馨艺术家”的光荣称号。

2007年，她主演的《铡刀下的红梅》入选“2006—2007年度国家舞台艺术精品工程”十大精品剧目。

2008年，被河南省人民政府授予“河南省先进工作者”光荣称号，并被评为“郑州改革开放三十周年风云人物”。

2009年，被评为“河南省自主创新十大杰出青年”。其间，曾两度当选为全国文代会代表、三次当选为全国剧代会代表。

二、王红丽非同寻常的奋斗精神，20年来获得的荣誉和奖励，在目前民营剧团界极为罕见

生活中的王红丽，中等个头，披肩秀发，圆圆的脸上镶嵌着一对甜甜的酒窝，弯弯的秀眉下有双会说话的大眼睛，质朴、真诚，又透着灵气。平日里衣着简朴，言语和善，与舞台上激情充沛、光彩照人的她判若两人。

她12岁那年考入洛阳戏曲学校，经过5年的刻苦学习，1985年从戏校毕业分配到河南省豫剧二团时，刚刚17岁。老师们慧眼识珠，看出她是一棵有希望的好苗子，便精心栽培，重点施教。在二团这块戏曲艺术的肥田沃土中，红丽学得认真，练得刻苦，博采众长，刻意求新，进步很快。使红丽崭露头角的，是经过改编的豫剧传统戏《春秋配》，她扮演唱做并重的一号人物姜秋莲。此剧最为吃功的是“路遇”一场。为了表现环境的险恶、疾风暴雨中行路的艰难，剧中运用了“串翻身”“双腿跪滑”“小跳步”后接“卧鱼”等高难度动作。唱腔中，红丽吸收了祥符调的明丽委

婉，融入了常派唱腔的豪迈奔放，准确、生动地塑造出了姜秋莲的艺术形象。

接着，王红丽演出了阎派名剧《秦雪梅》。在随阎立品学习的过程中，她用心观看老师的演出，仔细揣摩秦雪梅在几个重要场次的情感变化。“吊孝”一场是全剧的高潮。红丽在如泣如诉的演唱中，声腔时而如缕缕游丝，若断若续；时而如仲夏惊雷，穿石裂帛。朗读祭文需要演员在口白方面具有非凡的功力，红丽经过多次演练实践，终于把握住了文言体祭文的韵律特征，读得疾徐有致，抑扬分明，不仅传递出秦雪梅对爱情的忠贞不二，也表现出了这一古代淑女的才情。

为了参加河南省第二届戏剧大赛，河南省豫剧二团决定排演新编《聊斋》戏《司文郎》。剧中深刻揭露了封建科举制度造成的人间悲剧，具有强烈的讽喻性和警世作用。故事发生在阴阳两界这一特定的环境之中，主要人物忽人忽鬼，忽女忽男，整个舞台处在真、假、虚、实相互交替的变化之中，表现了一个普通而离奇、严肃而荒诞的传奇故事。王红丽接受了扮演女主角胡银儿的任务。这个角色既要女扮，又要男扮，要以闺门旦、小生、青衣三种行当出现。排戏时，正值三伏酷暑，红丽克服剧团在基层流动演出时间紧迫及环境简陋的不利因素，白天排戏，晚上坚持演出，利用一切时间身穿练功服，足蹬厚底靴，学身段，跑圆场，练“走边”，戏还没有排到一个月，她的体重由原来的 110 斤下降到 90 多斤。经过《司文郎》的排练与演出，王红丽的技艺取得了明显进步，出现了新的突破。

自王红丽主演《春秋配》起，她随团从河南演到安徽，从四川唱到江苏，一时，报刊上文章迭出，赞语纷陈，还有一个单位送给王红丽一面大锦旗，上面直书“赠给豫剧小皇后”七个金光闪闪的大字。

1989 年，河南省豫剧二团参加全国第二届艺术节到京津演出，《文艺报》以“河南豫剧小皇后王红丽”为题发表评论文章，这就是她的剧团名为“小皇后”的起因。这一年，王红丽年仅 22 岁，已经声名鹊起。

三、崭露头角的王红丽不负众望，仍然刻苦学习，奋力攀登

此后，她又主演了《泪血太行》《僧尼浪漫曲》《一品夫人》等很有分量的大戏，成为河南省豫剧二团的台柱。

●《风雨行宫》剧照，王红丽饰演金桂

然而，戏剧事业处于低谷的困境促使不少剧团进行谋求生存的探索。1991 年，由于种种原因，王红丽没有参加重新组合的河南省豫剧二团，她在母亲退休后开办的烤鸭店中卖起了烤鸭。许多前辈和师长得知后，热诚地对红丽进行开导，他们用戏剧界的行话说："兴人家不用，不兴你不动；兴人家不看，不兴你不练!这就是修养。"非常关心王红丽，并在艺术上对她做出重要帮助的余笑予先生从武汉打来电话，断然要求王红丽立刻离开烤鸭店，把自己关进房里练声、练戏、练身段，读书、写字、长修养；希望她在前进的道路上受得住挫折，经得住考验，机遇一定会有，要善于耐心等待。这使王红丽认识到，振兴戏曲，弘扬民族文化，是人民群众的需要，是时代赋予戏曲工作者的使命，自己风华正茂，更是责无旁贷。她立即开始练功练唱，读书学习，运动减肥，为重新登台演戏做好准备。

王红丽的机遇来到了，这是党的改革开放政策带来的良机。河南文化主管部门的领导和戏剧界、新闻界的朋友们，也给予了大力支持。文化市场管理办公室以最快的速度审查批准了小皇后豫剧团的建团报告，给他们颁发了省级社会文化团体演出证书。

艺术骨干和优秀剧目是剧团兴旺发达的关键。剧团开始筹建，他们首先聘请几位有较高艺术水平，从剧团退休或停薪留职的人员作为小皇后豫剧团的主力；又从农村招收具有一定演唱才能的青少年，作为培训学员；并特地从武汉请来著名导演余笑予先生。在1993年滴水成冰的腊月天，他们把剧团拉到新乡市，开始了紧张的封闭式训练。

余笑予先生反复斟酌，针对剧团的实际情况，为他们挑选了两个新剧本：一个是悲剧《风雨行宫》，一个是喜剧《美女涅槃记》，都由王红丽饰演一号人物。剧场没有暖气，睡在舞台上的演职员们就多借被褥；剧场放映电影每晚10点多才能散场，他们就在午夜11点开始排戏，凌晨3点过后休息。就是这样，只用了22天，两出大戏排成了，其间，还恢复重排了两出叫座的老戏。

1994年2月，小皇后豫剧团在郑州举行了剧团正式成立的新闻发布会，随之开始公演，而且一炮打响!

小皇后豫剧团有明确的办团宗旨，即坚持“二为”方向和“双百”方针，弘扬优秀民族文化，培养优秀艺术人才，创作高新剧目，发展豫剧事业。他们不要国家一分钱，实行民办民营，走“自主经营，自负盈亏，自我发展，自我约束”的路子。

小皇后豫剧团从建团之日起，就提出了“改革兴团”的方针和“以质量取胜，靠好戏赢人”的战略思想。剧团实行全员聘任合同制，剧团有招聘、解聘权，职工有应聘、拒聘、辞聘权，选择是双向和自愿的。在管理上，实行经理责任制，艺术创作室对艺术生产进行决策和管理，团长负责分工实施。在分配上，根据演职员艺术水平高低、贡献大小、剧团收入情况，合理拉开档次，从而激发了演职员提高自身素质和参与演出的积极性，从根本上打破了“大锅饭”给剧团带来的种种弊病，使这个新型的艺术表演团体充满活力。

四、一个戏曲艺术表演团体一旦投入市场，自负盈亏，首先面临的就是生计问题

20年来，以王红丽为首的小皇后豫剧团，面对光怪陆离、变化万千的市场经济环境，既要谋划扩大经济收入的举措，又要注重在艺术特色上体现出自己的平民风格。他们在排练、演出、经营诸方面，始终坚持面向大众的平民意识，坚持把几百

年来人民大众喜闻乐见的民间艺术，通过认真继承和精心的再创造，呈现给广大观众。20 年的实践，使他们体会到，坚持自负盈亏和平民艺术，绝非易事，需要付出极其艰辛的代价。从建团开始至今的 7000 多个日日夜夜，小皇后豫剧团基本上是在辗转奔波的巡回演出和严格紧张的集训排练中度过的。除了农历年关之前的十几天时间，全年几乎没有星期天和节假日。他们到过城镇厂矿，也到过人烟稀少的穷乡僻壤，王红丽主演的场次在三分之二以上。为了生存和发展，他们经历的辛苦难以尽言，但是他们从辛苦中品出的甘甜更能让人沉醉。一次，他们连夜赶到焦作市方庄煤矿为工人演出，卸台装车，又卸车装台，直到夜半三更才抻铺休息，人人累得筋疲力尽，一个“苦”字哪能描绘出个中滋味!可是，第二天上午，当演员们在大街上发现许多人穿着印有“小皇后的戏演绝了”字样的文化衫往来行走时，全团演职员好像喝了冰糖水，心里真有说不出的甘甜!

在 20 年的风雨历程中，小皇后豫剧团铸造了一支虔心敬业能打硬仗的队伍。尽管他们只是一个民营剧团，但也不乏在高级戏剧赛事中一展自己带有泥土芳香风采的勇气。他们忘不了 1994 年 11 月那激动人心的晋京汇报演出。那时建团不久，小皇后豫剧团带着一路风尘，从外地一站一站演到北京，向第十二届梅花奖冲刺。王红丽主演的清装戏《风雨行宫》，引起了观众们的浓厚兴趣，演出过程中，剧场内响起的阵阵掌声，领导接见、专家座谈的热情鼓励和谆谆教诲，使全团演职员心头上涌出的苦水顿时化成甘霖，疲惫不堪的身躯立刻充满了力量。凭借在此剧中的精彩表演，王红丽摘取了梅花奖桂冠。1995 年 5 月，他们参加了文化部举办的晋、陕、豫“金三角”交流演出，还是由于经费的原因，他们又是一站一站地演戏进入太原，住进价格最低廉的小旅馆，连说明书也是团里自己打印出来的。但在演出中，小皇后豫剧团靠着常年演出磨砺出的锋芒，靠着“台上一棵菜，台下一家人”的紧密合作，真实地、质朴地展示了自己，受到与会领导分外的关注和鼓励，获得了优秀演出奖、优秀编剧奖、优秀导演奖、优秀音乐设计奖、优秀表演奖等五个奖项，被山西同行们赞誉为“山西搭台，河南唱戏”的盛事。1996 年 5 月，小皇后豫剧团应邀参加中国艺术研究院在石家庄举办的“东方戏剧展暨国际学术研讨会”。除了国外的几个艺术团体和东道主河北省组织的 3 台节目，国内参加的有北方昆剧院、安徽省黄梅戏剧院、湖南省湘剧院和山西省晋剧院等名牌院团，唯独小皇后豫剧团

●《铡刀下的红梅》剧照

是一家民办剧团。人家是专车往返，阵容齐整，前呼后拥；而他们却是从头天晚上的演出点武安县农村连夜卸台装车，第二天清晨 5 点多才匆匆赶到冀中重镇石家庄。一张张荡满灰尘的面孔，一捆捆沾满泥土的行李——当演职员们拖着疲惫的步伐提着箱具行囊走进那高雅的艺术殿堂时，真像大观园里进来的刘姥姥。在一边演出一边有人生病的情况下，他们硬是以全场 29 次掌声的强烈效果演完了《风雨行宫》。

五、坚持创新，永不停步，是小皇后豫剧团的办团宗旨和追求目标

创作、排演大型革命故事剧《铡刀下的红梅》，就生动地说明了这一点。豫剧《铡刀下的红梅》首演于 2001 年，这是王红丽和小皇后豫剧团为庆祝中国共产党

建党 80 周年精心打造的一出新戏。此剧在河南、北京上演，一炮打响，产生了轰动效应。

由宋西庭编剧、余笑予执导、王红丽主演的豫剧《铡刀下的红梅》，塑造了一个有别于以往歌剧、话剧、戏曲、电影艺术的“刘胡兰”。该剧的结构不同，切入点不同，语言、音乐不同。它闪回的艺术手法、大写意的笔触，更为贴近生活，更加注重人物行为的合理性与真实性，描绘了少年刘胡兰从一个天真可爱的小姑娘，成长为坚贞不屈的革命英雄的短暂而光辉的生命历程。它生动的故事情节，精彩的演员表演，大义凛然、惊心动魄的戏剧情势，新颖的导演手法，快捷的戏剧节奏，相对适应了当代观众的欣赏要求。该剧的音乐创作，注重开掘豫剧传统音乐的优势，汲取兄弟剧种有益的音乐元素，主调音乐清晰，音乐个性突出，固本求新，结构完整，对全剧人物的塑造以及气氛的烘托，起到了重要作用。该剧的震撼力和感染力，完全符合“以优秀的作品鼓舞人”的健康进步的艺术标准。

2001 年 9 月上旬，首都戏剧界的领导和专家 10 余人，专程到郑州观看了《铡刀下的红梅》，并对此进行了座谈。专家们认为，这是他们在各地看过的向建党 80 周年献礼剧目中最好的一台戏。《铡刀下的红梅》从一度到二度创作，采取了“优化组合”“强强联手”的办法，编剧、导演、舞美、演员多是经验丰富的名家，出手不凡。刘胡兰的扮演者王红丽，勤奋刻苦，努力进取，塑造出了一个血肉丰满、令人可信的刘胡兰的艺术形象。他们认为，小皇后豫剧团不拿国家一分钱经费，常年为老百姓演戏，不断进行艺术生产，这种革新精神应该充分肯定。

2012 年，《铡刀下的红梅》由八一电影制片厂拍摄成电影，在国内外产生了广泛影响。

20 年的风雨，使王红丽经受磨炼，从思想到艺术都趋于成熟。20 年的拼搏，使小皇后豫剧团从初创、巩固走向发展，并且积累了丰富的经验，已在社会上产生广泛的影响，在戏剧界占有了自己的位置。

如今，戏剧事业仍面临重重困难，但这并不能阻止已经历 20 年风雨洗礼的王红丽满怀信心地向前走，不回头。他们要通过全团的努力，把小皇后豫剧团打造成“百年老店”、百年剧团、百年品牌。他们已在郑州购置了十几亩土地，决定投入巨资建设 27 层的“小皇后”文化大厦，其中包括小皇后大剧院、电影院、戏曲培训中心、河南戏曲博物馆等文化设施。他们计划在3—5年时间内再排1—2部大戏,将其打造成思想性、艺术性俱佳的精品力作,争取冲刺"梅花大奖"。另外,他们将继续和八一电影制片厂合作,把《风雨行宫》《泪血姑苏》《五凤岭》等王红丽演出的代表剧目拍摄成戏曲电影,并在电视艺术创作方面进行尝试,为祖国文化的大发展、大繁荣,为建设中原经济区,做出应有的贡献。

“为老百姓演最好的戏”

——在王红丽表演艺术学术研讨会上的发言

王文章

今天，我们在中国艺术研究院举办当代戏曲表演艺术家研究系列工程之一——王红丽表演艺术学术研讨会。戏曲界、文化界著名的前辈理论家、评论家(刘)厚生老师、郭(汉城)老等都来参加，说明大家对王红丽的表演艺术研究的关注，对王红丽创作成绩的肯定。我想，以王红丽作为当代戏曲表演艺术家进行个案研究很有意义，因为她以舞台表演艺术的创造和戏曲表演艺术团体的经营管理引人注目。她20多年的舞台艺术实践及经验，值得我们从理论上加以研究和总结；她的高尚艺德值得学习，她带领民营艺术表演团体在改革中开拓进取的精神值得发扬。

改革开放新时期以来，一批艺术家纷纷创办民营艺术团体为公众演出，但基本上都没能坚持下来，王红丽创办的小皇后豫剧团不仅坚持了下来，而且是一直在走这条路，并使这条路越走越宽。不仅戏曲界和普通观众肯定王红丽同志的成绩，李长春等中央领导同志也对她做出的成绩表示肯定。李长春同志赴河南调研，在对王红丽同志创办的小皇后豫剧团调研后，要求文艺界学习王红丽同志一心奉献人民群众的这种艺术精神，学习王红丽的小皇后豫剧团在新时期所采用的符合社会主义市场经济体制要求的、灵活的艺术表演团体运行的体制、机制。王红丽创办小皇后豫剧团的探索很有启示意义，它说明了在我们这个时代，我们所建立的很多艺术表演团体，不是只有国家所有，甚至直接经营这一条路，也不是只有靠事业体制来发展这一条路，还有艺术家自主办团、自主经营、自我发展、自负盈亏、自我约束的民营院团发展这一条路。这条路子王红丽走出来了，为我们提供了一个成功的范例。现在我们国家办的艺术院团有 2600 多个，目前这些院团正在进行体制、机制方面的改革。除此之外，还要加大力量发展社会办的艺术表演院团，只有这样才能满足人民群众对舞台表演欣赏的需求。现在国有艺术院团全年演出场次、全国人均每年能看到的国有艺术院团的演出是非常少的，远远不能适应广大人民群众艺术欣赏的需求。我们必须加大民营艺术表演团体的创办力度。同时我们还要看到，现有的一些民营艺术表演团体，很少能够像王红丽这样探索出越走越宽、成绩越来越显著的经营之路。从民营艺术表演团体经营方面来说，王红丽和她的小皇后豫剧团示范、启示的意义是非常重要的，也是非常重大的。

王红丽同志不仅走了一条民营艺术表演团体发展的道路，她和她的小皇后豫剧团还具有很高的艺术水准。坚持"为老百姓演最好的戏"，这是她受到广大观众欢迎的根本原因所在。不管是什么样的体制、什么样的机制经营剧团，老百姓看戏就是要看好戏，看优秀的演出。这一点，王红丽为观众做到了，她为公众奉献了一流的表演剧目。她的《铡刀下的红梅》，有很多人说好，很有必要看。当时我想，一个民营剧团演的戏再好，也不会达到国家级艺术院团的舞台艺术水准。但是看过之后，我真是感到震惊。一个民营艺术表演团体演的《铡刀下的红梅》，可以说在舞台艺术上达到了国家级艺术院团的水准，演出了我们戏曲院团最好的艺术水平。这个剧目，编剧、导演、作曲、舞美等各方面，都很讲究，它是一个很完整的艺术整体。其中王红丽的表演最为突出，她对人物内心情感的体验丰富而又准确，通过一系列唱念做打的精彩表演，成功塑造出刘胡兰的舞台形象。她的表演具有鲜明的豫剧剧种艺术个性，同时还有一种自然而质朴的民间性，让观众看了感觉很亲切，这是很了不起的。塑造大家熟知的刘胡兰这个革命英雄人物的题材很难处理，但王红丽演出了有自己表演特色的刘胡兰，并且得到观众的认可和肯定，这说明王红丽艺术造诣是深厚的。我想王红丽和她的小皇后豫剧团能够一直经营下来且不断取得新的发展，就是因为她把具有最好艺术水准的表演奉献给观众，观众从内心喜爱她的表演。很多民营艺术表演院团不能持久地发展，有多种原因，其中一个重要的原因就是艺术表演不能一直保持较高的水准。王红丽突破了这个瓶颈。

王红丽有很高尚的艺德。王红丽同志是把她的心奉献给广大的观众，特别是基层的老百姓。她是全心全意为基层老百姓服务。在一些基层的演出，她是公益性不收费用的，这是很了不起的。小皇后豫剧团作为一个民营艺术表演团体，为了生存，它要经营，要开拓市场，要演“糊口戏”，但同时它又不只为赚钱而演出，不忘为普及戏曲和为困难的基层特殊群体观众进行公益性演出，把经营与公益结合得非常好。

我们国有艺术表演团体，一年能演 300 多场的不多。王红丽 20 年来演了 7000 场，每年平均要演 300 多场，这是很了不起的。她之所以这么受观众欢迎，之所以在社会上有这么大的影响，是因为她不间断地为观众、为老百姓演出。我们以前的艺术家，演出场次都是很多的，如梅兰芳曾连续演出过 172 场，所以他能够成为大家，自创一派。流派的形成，是在艺术家的舞台演出与观众的现场交流中逐渐形成的，艺术家与观众共同创造了流派。演出少，怎么会产生流派?我们地方戏曲发展的希望，就在王红丽同志这样一批优秀的中青年演员身上。

王红丽是非常值得我们尊重的一位德艺双馨的艺术家，她开拓了一条民营院团发展的道路，她把最好的戏曲艺术奉献给人民群众，她以高尚的艺德引领民营院团建设。总结王红丽的艺术创作经验，特别是小皇后豫剧团改革发展的道路，还有很重要的一条是党委、政府部门的支持、扶持，王红丽和她的小皇后豫剧团的发展，得益于河南省委、省政府和文化主管部门的指导和政策方面的有力支持。这一条值得专门总结，这一方面的经验值得推广。

最后，我祝愿王红丽同志在今后的艺术道路上不断地探索，小皇后豫剧团持续地发展!

我看王红丽和她的小皇后豫剧团

郭汉城

今天来参加这个研讨会我非常高兴，因为好长时间没有看到王红丽还有这些老同志了。我同红丽是熟的，我看过她很多戏，可以说，我是她的一个老观众。同时，我们也是忘年交。我觉得王红丽虽然年纪小，可是志气大。为什么这么说呢？在戏曲改革过程中，体制改革是一个很重要的内容，关涉戏曲如何发展这样一个重要的部分。我们在改革开放以后，号召剧团往民营发展，发展民营剧团。王红丽同志的剧团是最早把自己的国营剧团改变成民营剧团的，这是一个很了不起的事情。我说她人小志向大，在这一点上就很充分地表现出来了。那个时候我听说王红丽的剧团要改成民营剧团，很赞成，那时，我还给她写过一篇《戏曲改革的弄潮儿》的文章，我说王红丽是戏曲改革的弄潮儿。

为什么这么说？因为要做这件事情，并不是很容易的，要有远见卓识。要知道，我们这个剧团必须走民间职业剧团的路子，这是改革开放的大浪潮推动我们戏曲要发展，要改革。王红丽同志认识到了这个事情，来进行改革，创建民营剧团，她就站在了时代的风口浪尖上。为什么说风口浪尖？因为它有很多困难，不是说改就改的，有很多未知数。我们能不能改好？能不能做好这个事情？不是我们做了就行，有很多困难的。王红丽从那时开始，一直到现在还坚持这条路，而且这条路越走越宽，证明她的预见是对的。他们在这个过程里面克服了很多困难，所以这个路子走宽了。他们靠这个形式，把剧团、把艺术与人民联系起来了，这是民营剧团最大的好处。我们老坐在机关里面，老蹲在城市里面，我们的艺术与人民的距离越来越大，这是我们的艺术不能发展的原因。国营剧团有很多好处，但这一条，比起民营剧团来就差远了。说她是跟着时代潮流在前面，就是这个道理，她与人民结合，有了市场，有了竞争力，推动了艺术的发展。所以，我当时很赞成红丽同志的做法，觉得她人小，但是志气不小，我们年纪大的不一定有她的志气。这是第一点。

第二点，王红丽同志他们的小皇后豫剧团，最重要的一环，就是狠抓剧目，提高艺术质量。这一条保证了他们能走出自己的路来。我记得他们的剧团改民营剧团以后第一次到北京来，是1994年，第一次来就带来了两个大型戏，一个是《风雨行宫》，一个是《美女涅槃记》。第二次来，又带来了《铡刀下的红梅》。王红丽他们在抓剧目的时候，不仅抓了新戏，而且抓了很多老剧目的加工、提高，这样既有加工的老戏，又有创作的新戏，这些戏都有相当的质量。抓住了这一条，就站稳了脚跟。他们不搞那种迎合观众、迎合低级趣味的戏，走的是出人出戏的正路，这一条很好。我觉得搞民营剧团，如果不抓住"狠抓剧目"这一条，是走不下去的。可能某一个阶段很红火，但是过一段时间，他们就落下去了。王红丽为什么能够坚持？就是因为有了好剧目。真正是为了人民要改这个体制，不是为了挣钱，不是为了时髦，而是为了把好的艺术、新的艺术送给老百姓，特别是《铡刀下的红梅》，我个人特别欣赏。抓这个戏还要有点勇气，因为原来就有《刘胡兰》这出戏，而王红丽不满足于此，与时俱进。时代发展了，戏也要提高。在继承原有《刘胡兰》的基础上，把人物塑造得更人性化一些，更孩子化一些，等等，所以那个老戏人家喜欢，新戏也有很多群众喜欢，这是很不容易的。这个戏非常成功。只这一点，就说明王红丽同志很不简单。

第三点，小皇后豫剧团走这条道路以后，有个最突出的特点，就是全团的团结合作。大家都认定这条道路，有困难共同克服，这个是最重要的。因为我看了很多剧团，开始的时候搞一阵子，也是出戏、出人，但是到了一定的时候，慢慢散了，坚

● 王红丽和戏剧大家郭汉城先生合影

持不下去了。为什么呢？因为他们内部的问题很多，大家都不认真去做。我认为小皇后豫剧团这条路走下来，而且现在还在继续发展，与领导有很大的关系。王红丽同志负责领导这个剧团，善于团结关心爱护他们剧团的演员、职员，关心演员同志艺术水平的提高，倾听他们的声音，关心他们生活的改善，把他们的积极性都调动起来，这样才能够把剧团办好。她不但自己刻苦，而且很公平，团结大家，真正把自己的心扑在这个事情上。所以，一个领导的作风是很重要的。小皇后豫剧团能"台上一棵菜，台下一家人"，这个就是他们的精神。

所以，我想，这三点是王红丽他们搞民营剧团非常重要的经验。希望小皇后豫剧团不要满足，社会、国家还在发展，剧团还要跟着时代走，还要注重艺术提高。从1994年开始到现在将近20年了，把20年走的道路总结出来：为什么你们站住了？你们都是怎么克服那些困难的？你们是怎么抓的戏？等等。要好好总结出来，进行推广。民营剧团推广好的经验是很重要的，因为民营剧团不好搞，搞不好就失败了，要有很好的条件，要有很好的经验。不赞成一窝蜂地搞民营，我们要认定民营这条路是好的，但不是一下子都变了，不能像过去那样一下子全国都搞，这样的话很多剧团都要散。所以要把这些经验总结出来，发表出去，让大家知道民营应该这么办，这样才能把由国营到民营这条路发展得更好、更稳当。不仅是一家剧团做了，将来我们全国很多很多剧团都要走这个路子，我们不能让它自己死，而是要帮助它，让它好好走民营这条道路，好好与人民结合。

我相信，戏曲绝对不会灭亡。它有几千年文化的联系，不是那么容易割断的。但是要真正做得好，就要真心地为人民服务，三心二意、半心半意是搞不好的。小皇后豫剧团取得这么大的成就，我很高兴，表示祝贺的同时，也提出一些要求，希望小皇后豫剧团今后越来越好!

王红丽表演艺术漫谈

刘厚生

今天这个会，我觉得很重要。戏研所已经做过几次这种活动——为一个著名演员组织的系列活动，这是很有价值的。因为我们现在确实是有那么多的好演员，应该很好地总结他们的经验。今天谈王红丽同志是很合适、很有意义的。

王红丽的成就，第一位当然还是表演。她是一个大演员，是一个非常优秀的有代表性的大演员。我很惭愧，看她的戏不多，但是她的几个代表作都看到了。豫剧本身就是中国的一个很大、很古老的剧种，是一个很有根底的、饱含深厚传统的大剧种。这样的一个剧种，出现一个优秀的演员不容易，因为剧种大就说明优秀的前辈演员多，老前辈成就高，一个青年演员能够从这里面出来，很不容易。而红丽同志，正是通过多年的努力，靠自己的奋斗、自己的表演，取得现在的成就，真的很不容易。她在表演上，就我所看到的这几个戏来说，真正称得上是现实主义的表演艺术家。她演的几个角色，据我所看的，特别像《风雨行宫》《铡刀下的红梅》这样的几出戏，特色主要是她在用很大的力量刻画人物的性格。她不是在舞台上突出地表现演员自己，而是在刻画人物的性格，刻画剧作所呈现的生活环境，在那个环境里

王红丽和戏剧大师刘厚生夫妇合影

面的一个人，她的性格、她的感情。她在刻画人物性格上下了很大的功夫，而表现出来的一个特点就是感情充沛。她的许多细节表演感情都是非常充沛的，但这个充沛不过火，非常恰当，这在表演艺术上是一个很突出的成就。还有一个情况应该提到，红丽和她的剧团在演出剧目中，有传统戏，有新编古代戏，有现代戏，不仅体现了三并举的原则，对培养演员的表演能力也大有作用。这是一点。

再一点，今天好几位同志都谈到了她是民间剧团的一个代表。我觉得刚才郭老说得很好。我再补充一点。我们现在提倡国家剧团、公办剧团转企，这个事情有很多问题。我觉得红丽的剧团取得的经验可以告诉我们，一个剧团真正成为一个企业，能够自己维持，那需要许多条件。第一，要有优秀剧目，即使是“吃饭戏”也不能是庸俗的，社会效益还是第一位；第二，要有不止一个优秀的演员和其他主创人员；第三，要有很好的经营，同时还要有大家的团结。我特别想强调大家的团结。红丽的剧团，做到了以人为本。在这个剧团里面，她是核心、主要的演员，但是，她很好地团结了编导，团结了所有的主创人员。从余笑予这样的名导开始，能够把那些优秀的编导团结在一起，发挥一个集体的艺术主干的力量，这点就很不容易。再一方面，我看到她现在在培养继承人、培养青年。红丽虽然还是个青年演员，但实际上她已经是一个很成熟的演员了。这个时候她已经注意到在自己的剧团里面培养一批青年。自己还是一个青年，就开始着手培养年轻人，希望年轻人里边再出第二个王红丽、第三个王红丽，把我们剧团的人的作用一代一代传下去。这做得很好，是很值得总结的。

第三点，从红丽在艺术上、在剧团工作的表现，乃至于她现在办公司、做企业这些方面来看，红丽还应该是一个豫剧的事业家，不仅仅是一个单纯的演员。她的工作、她的事业，是为整个豫剧、为中国这么重要的一个剧种来培养下一代人才。

最后，我希望红丽同志作为一个豫剧大演员，在自己还正处在艺术成长期的时候再创造几个自己的代表作，以推进豫剧艺术的发展繁荣，丰富和提高豫剧艺术。我认为原创的新戏是重要的，但整理传统剧目同样很重要。豫剧是一个传统非常深厚的剧种，很多好的老戏都可以进一步整理加工提高，这方面还是应该继续做的。

当代豫剧表演艺术的杰出代表

季国平

今天是个喜庆的日子，诸多的领导和专家前来参加王红丽表演艺术研讨会。刚才文章部长一番讲话，对王红丽表演艺术做了充分的肯定，对我也很有启发。在这里，我谨代表中国戏剧家协会对王红丽、对小皇后豫剧团所取得的成就，对今天如此高规格地召开研讨会表示衷心的祝贺！同时，就红丽本人的艺术成就和带领民营剧团勇闯市场这两个方面，也简单讲几句。

王红丽是当代豫剧表演艺术的杰出代表。红丽现在还很年轻，当年她 20 岁不到就已经在豫剧界崭露头角，28 岁时就荣获中国戏剧梅花奖，她二度荣获中国戏剧梅花奖时也才 36 岁，在豫剧界她是第一位“二度梅”获得者。红丽有着深厚的豫剧艺术的传承，这与她的家庭有着很大的关系。同时，我也发现，她不满足于已有的成就，她追求着自我的不断超越；她重视传承，更重视传承基础上的自觉创造。可贵的是，她的自我超越和自觉创造，附丽和体现在她的诸多优秀新创剧目上。这一点非常重要，就像今天我们提到“四大名旦”，就联想到谁有什么代表作一样，红丽已经创作出自己的代表作，《铡刀下的红梅》正是其中的佼佼者。这个作品已经演了11年了，如果说11年前的王红丽比现在更年轻，演出少女的刘胡兰年龄上能帮上她的忙，那么，现在的红丽已经年过40岁，在最近的演出中，我们看到她表演的刘胡兰依然是那么生动，那么准确，那么感人，而且比过去更有魅力！这的确很不容易。这就是王红丽表演艺术的魅力，王红丽的魅力！她的《铡刀下的红梅》，荣获了2006—2007年度国家舞台艺术精品工程十大精品剧目第二名、中宣部第九届“五个一工程”优秀作品奖，在有关领导同志的关心和中国文学艺术基金会、中国剧协的资助下，该剧已经拍成了戏曲电影，能让更多的大观众和小朋友看到这出优秀的剧目，真是可喜可贺!

当然，红丽的成就并不仅是《铡刀下的红梅》。从艺20多年来，她每年为观众演出那么多的场次，有那么广的观众覆盖面，这是很不简单的。她的小皇后豫剧团有着大量的优秀保留剧目，也成为这个剧团为民演戏的立身之本。这些保留剧目既有传统戏如《秦雪梅》等，也有他们自己的新创剧目如《铡刀下的红梅》，深受老百姓的喜爱，也得到了演出市场的检验，这一点非常了不起。作为杰出的艺术家，一定要有自己的代表作。表演艺术的传承、创新和发展，是体现在具体的优秀剧目之上的，从这些剧目可以看到表演艺术家是怎么传承的，是如何创新的，又是如何与时代接轨、引起当代观众共鸣的。我们当下也有一些很顶尖的艺术家，缺少深受观众欢迎、能够广泛传播的代表作，那他们最多只是晚会演唱家。王红丽生长于艺术家庭，自幼在父母熏陶下，对豫剧艺术产生了浓厚的兴趣。她学陈素真和阎立品两大流派，当年著名剧作家马少波先生看过她的演出后题诗夸赞道：“阎韵陈姿两派兼，借得金玉三分憨。”但我昨晚观看红丽主演的《铡刀下的红梅》，从红丽的演唱中也能听到有常香玉大师的韵味。这并不奇怪，红丽的母亲就是常香玉大师的弟子。可见，红丽在艺术创作上是博采众长，不拘一家，为我所用，勇于创新，在传承前辈大师艺术的基础上，积极探求适合自己的声腔艺术。今天，专家们为王红丽表演艺术召开专题研讨会，去探讨她所走过的艺术传承创新之路，对她表演艺术的成就做一个阶段性的总结，确实很有意义，这对于当今年轻演员的成长也是很有借鉴价值的。

王红丽还是当今民营剧团的风云人物。从1994年10万元起家，成立小皇后豫剧团，红丽担任团长，发展到今天已经快20个年头了，他们在“改革兴团，以质量取胜，靠好戏赢得市场”的经营思路指导下，在各方面的帮助关心下，引进竞争机制，勇闯演出市场，已经赢得了一片艳阳天。改革开放30年，给了王红丽一个广阔的舞台，而红丽也为剧团的改革转制做出了成绩，成为了榜样。从红丽小皇后剧团民营20年的经历看，她始终把握着出人出戏这个核心和为民演戏的宗旨，她以自己的实践，体现出了戏剧院团改革的成果。当下的文化改革已经进入深水区，我们要清醒地认识到，戏剧院团的改革只是手段，目的是通过院团的转制去解放艺术创造力，为人民创作更多更好的优秀剧目，让百姓有看到好戏的机会。如果说改革转制后的剧团出不了人和戏，那么你的改革就是失败的、无意义的。戏剧还有一个走市场的问题。在我看来，最重要的就是要给老百姓演戏，让老百姓看到好戏，而不只是剧团赚了多少钱。显然，戏剧走市场的核心是“还戏于民”，满足百姓的精神需求。红丽的“小皇后”一年能演三四百场，近20年来已经演了7000多场，观众3000多万人次，“小皇后”已经成为老百姓心中看戏的一个响当当的品牌，这才是最大的效益。王红丽靠演戏可能并不能挣到多少钱，但因为她的影响力，很多的企业家愿意赞助她，让她去办这个事业，为百姓演戏，老百姓喜欢，市场就回报她，也就有政府和观众愿意为她买单。在改革转制的当下，王红丽“小皇后”的民营之路也是值得认真总结的。

最后，我再一次地祝贺红丽！我也寄希望于红丽，在今后的艺术发展道路上，无论是剧目创作还是民营之路，越走越宽广。

民间走出的戏曲红梅

刘 祯

对于剧团来说，能立得住的首要条件是要有好戏，和这个首要条件一样重要的是，要有好演员。1994年就成立的河南小皇后豫剧团，是全国首家省级民营剧团，这个剧团不仅有好戏，还有好演员，一改人们对民营剧团都是草台班子的印象，代表剧目很有些国家精品的气概，而主要演员也具有国家级专家的水准，其代表人物王红丽曾两度获得中国戏剧梅花奖。这个剧团的新编革命故事剧《铡刀下的红梅》，荣获中宣部第九届“五个一工程”优秀作品奖，并获2006—2007年度国家舞台艺术精品工程十大精品剧目第二名，而《司文郎》《春秋配》《秦雪梅》《风雨行宫》《美女涅槃记》等剧目也深受海内外观众欢迎。在戏曲观众越来越寥落的情况下，河南小皇后豫剧团自1994年成立以来，排演了26台自创剧目和传统戏，在豫、晋、冀、鲁、皖、陕、苏、粤等省的广大农村、城市社区和基层工矿企业巡回演出7000余场，观众多达3000万人次。

作为河南小皇后豫剧团团长兼主演的王红丽，出身于豫剧演员家庭，自幼受家庭影响，对豫剧表演艺术有着极强的领悟力和表演天赋。出道以来，不仅经过专业的训练，更在基层风里来雨里去的一场场演出中，提高并完善自己的表演功夫，成长为一个荣获了各种国家级荣誉的优秀演员，并形成了自己的表演艺术风格。王红丽扮相俊美、唱念俱佳、文武皆能，她嗓音圆润，演唱优美高亢，表演风格脆爽与柔媚兼备，舞台经验丰富。她的戏多数表演上乘，服装与舞美讲究，超出了一般民营剧团的水平，这样的特点在她的《铡刀下的红梅》《司文郎》《风雨行宫》等剧中表现尤为突出。

以王红丽的代表剧目《铡刀下的红梅》为例，这是一部以解放战争中牺牲的革命烈士刘胡兰的事迹为故事蓝本的剧目。因为题材的特殊性，编剧在塑造刘胡兰形象时，以表现刘胡兰果决的革命意志、活泼刚强的女儿态、大义凛然的牺牲精神为主。而王红丽在表演时将刘胡兰的刚毅与小儿女的娇憨表现得淋漓尽致，一个充满青春气息的女革命者的形象被丰满地呈现于舞台之上。此剧获奖，是当之无愧的。从创作上来讲，这出戏在秉承延安以来的革命文艺精神上可谓达到了一个高峰，无论从编剧故事的精良，导演呈现的饱满立体，还是从演员表演的活灵活现来看，《铡刀下的红梅》已经达到了相当的高度，对于推进革命文艺的创作是有贡献的。如果跳出革命文艺的创作视角的话，这出戏也给我们提供了很多话题。比如，英雄人物塑造与当下社会接受的问题。当下的中国社会，已经不是五六十年前封闭狭隘、可以随便以革命的名义处置别人的时代了，现代的中国社会是一个全面发展并与国际接轨，人民的文化素质正在逐步提高，物质越来越丰富，社会越来越开放，互联网便捷，海内外交流频繁，繁荣开放的社会。但随着社会的开放，各种问题也接踵而至：商品经济泛滥带来的是金钱成为衡量一切的标准，实用主义大行其道带来的是理想道德的沦丧，社会黑暗现象沉渣泛起造成的是社会人心的混乱。这一切使得理想主义越来越成为难以企及的社会梦想。

《铡刀下的红梅》中的刘胡兰就成了一个理想的高标，一个愿为还未成功的事业献身、牺牲的典型。刘胡兰是英雄，而豫剧《铡刀下的红梅》在表现这个英雄形象时，所采用的艺术手段主要还是秉承延安以来的新文艺，艺术手法圆熟精美，但给人的感觉还是革命时期的成果。对于当下的艺术界来说，表现英雄人物是一种理想，也是对物欲横流的时代风气的一种反拨，但怎样表现英雄人物，使舞台或荧屏上的英雄与当下的观众距离更近，则是需要艺术家多动脑筋的一件事。《铡刀下的

《风雨行宫》剧照

红梅》所塑造的刘胡兰形象，早就摆脱了“文革”文艺假大空式的人物模式，而是充满革命同志式的人性、人情美，是一出对革命文艺有发展的好戏，但总体上这出戏没有跳出革命浪漫主义的套路。要知道，我们现今的观众是在满布麦当劳、肯德基、港台便利店的环境中生活的，人们的劳动关系也由过去多数归属于国家集体而变成个人与私企的聘用关系，人们对于革命与英雄的看法也越来越多元、越来越复杂。这就对我们的艺术家提出了新的挑战，即还是要创作出能够与我们时代的基本氛围更加和谐，也更容易进入人心的英雄形象来。但不管怎样说，王红丽的表演还是非常有特色的，无论是表演还是演唱都很成熟熨帖。从这个角度看，演员的表演风格实际上是与编导的风格联系在一起的。在《铡刀下的红梅》中，王红丽的表演与演唱是高亢优美与活泼开朗并重，这与编导赋予刘胡兰的性格特征是一致的。

而在《风雨行宫》中，王红丽的表演风格是婉约凄美的，将一个为封建王权牺牲的汉家姑娘一生的命运呈现于舞台上，令人扼腕。《风雨行宫》所表现的是清王朝的宫闱故事。清康熙年间，在皇家的一次狩猎过程中，行宫种菜女仆金桂偶遇皇四阿哥胤禛得子。三阿哥胤祉为争皇权设计审母残子，致使金桂疯癫。胤禛继承皇位后，金桂所生皇子弘历成人，以真情唤醒金桂。本可以夫妻母子团圆的金桂，在皇权、王位的重压下，不得不以清醒的神志继续疯癫生涯。金桂在这出戏里是一个受害者形象，被损害被逼迫，受尽折磨，最后以疯癫收场。所以，编导赋予这个角色凄美的形象。王红丽在表演时，也一改早期的脆爽风格，一转而为柔婉凄美，在表演与演唱上是有突破的。这出戏实际上表达的是民间对于皇权、对于宫闱的看法，也是长期封建社会给人们的教训。这出戏演出后很受观众欢迎，她也因此获得中国戏剧“梅花奖”。

王红丽的作品，不论是新创还是改编整理，不论是表现历史还是反映现代生活，都有很强的传奇性和戏剧性，叙述一个曲折离奇而又引人入胜的故事，大有“非奇不传”之势。究其原因，这既是中国戏曲的传统叙事表现特点，也是彼时王红丽面对市场、面对观众的必然选择，《司文郎》《三更生死缘》《美女涅槃记》《泪血姑苏》《五凤岭》等亦莫不如此。在一个个曲折婉转的故事背后，反映的是美和丑、善与恶、正义与邪恶的较量、斗争，尽管力量对比悬殊，最终都是美善与正义一方取得胜利。她的这些戏里，有着显著的思想与道德的彰显意味，是非感鲜明，爱憎分明。这是王红丽作品的显著标志。值得注意的是，不论她的作品是古代题材还是现代内容，她的价值立场毫无疑问都是民间的，这使她的戏、戏里的人物能够与她所服务的百姓保持最为紧密的情感和思想维系，这就不难理解何以她的戏能够拥有那么广大的观众，观众那么喜爱她的戏及她的戏里所着意刻画的那些栩栩如生的女主人公。

当然，最根本的是王红丽所率领的虽然是一个民营剧团，但剧目和演出都是一流的，不同于一般走向市场后只注重经济回报、冲州撞府的那些草台班子，剧目质量和演出质量于她都是第一要紧的。她希望自己演出的剧目能够成为保留剧目，不是凑场子的重复和统计，而是熠熠生辉的舞台再现。我们相信《铡刀下的红梅》演出1000多场，她每一场演出的落泪都因为这种演出是全心全意的付出，甚至是在燃烧自己的生命。从她对剧目的选择和剧中女主人公的塑造，能够看出她艺术上的追求和品位。有些剧目来自传统戏，但我们总觉得还是很不同，这种不同就在于它有了王红丽的浸入和理解，赋予这些人物以王红丽的解读，从而再度焕发生机。《秦雪梅》中的秦雪梅、《三更生死缘》中的卫玉莲、《五凤岭》中的吴凤英等皆如此。甚至可以认为，这些演了多年的传统戏，一经王红丽装扮，立刻鲜活灵动起来。这与王红丽艺术精湛、走向成熟有关，而我们也更愿意相信这与她的认真和投入难分难解。她是把豫剧表演、把艺术与自己年轻的生命相融的人。她给我们的感动是舞台的、艺术的，也是现实生活的，这就是王红丽！

《铡刀下的红梅》已演出 1800 多场，《风雨行宫》演出 3000 多场，说明小皇后豫剧团是经过广大观众检验的优秀剧团，王红丽是经过广大观众检验的优秀演员。在戏曲生存不易、演出生态越来越艰难的当下，这样的演出场次还是说明了这些戏的受欢迎程度，说明小皇后豫剧团是扎根于民间的，是真正从民间走出的戏曲红梅。

豫剧的新一代领军人物——王红丽

张关正

我与王红丽相识已有10年了，那是因为办第四届中国京剧优秀青年演员研究生班(简称“青研班”)。我是班主任,她是河南省推荐报考此班的学生。同时推荐的还有河南另外两位优秀豫剧青年演员,红丽因突出的成就与潜质,获得了这个宝贵的名额,成为第四届“青研班”唯一的豫剧研究生。从此,我们有了密切的接触。这10年来,我不断得到有关王红丽的喜讯,看到她扎扎实实、一步一个脚印地创造了一个个骄人的佳绩。这不,刚刚又喜闻由她策划并担当主演的电影《铡刀下的红梅》获得了2012年度中宣部颁发的“五个一工程”奖,她个人也被评上了全国文化体制改革先进个人。王红丽又走在了前头,不愧是当代豫剧艺术的领军人物,在当今文化体制改革的大潮中,当上了“排头兵”。

“领军人物”是我们“青研班”培养优秀青年演员的目标。何为领军人物？怎样才能成为真正的领军人物？一个领军人物必须具备哪些基本条件？这些是值得我们认真思考的。我们不妨以王红丽为例,来做一些有益的探讨。

由原中央政治局委员、中央书记处书记、中宣部部长丁关根同志倡导并直接指导的中国京剧优秀青年演员研究生班，从20世纪90年代创办以来，至今已培养了五届共179名优秀的青年戏曲演员。从办班之始，就明确了这个班培养的是德艺双馨、有学有术、善继承、勇创新、跨世纪的新一代戏曲艺术的领军人物。换言之，领军人物是具有引领作用、具有统领实力的优秀人物、尖端人才。也可以说，领军人物要达到这样的标准：说起这个人物，就能想到他从事的剧种、行当、流派，反之，说起某个剧种、某个行当、某个流派就能想到这个人。只有具有这样的实力、水平与公信力、影响力的人才称得起是领军人物。历史证明：一个剧种、一个行当、一个流派如果缺乏这样的领军人物，就预示着有了断档、衰亡、失传的危机。从这个意义上讲，培养新一代各个戏曲剧种的领军人物，对我国优秀民族文化的传承、对戏曲艺术的振兴与持续发展具有重大的历史意义。

王红丽出身于一个豫剧演员家庭，是出生于“文革”中，成长于改革开放新时期的新一代青年豫剧表演艺术家。她自小受到家庭的熏陶，受到一生从事豫剧艺术的父母的影响，受到河南省这块肥沃的豫剧艺术土地的滋养，使王红丽对豫剧艺术有着与生俱来的喜爱情感，并具有一个优秀豫剧演员必备的天赋与悟性。

她在洛阳戏校受到严格、系统的训练，受到了诸多豫剧前辈、名家的亲传亲授，为她以后在豫剧表演艺术道路上的发展打下了坚实、良好的基础，她以优异的成绩分配到具有光荣传统的河南省豫剧二团，成为一名真正的豫剧演员。常年的舞台实践使王红丽逐渐成熟、成长起来。在全面扎实继承传统的基础上，在经过10余年丰富的积累后，雏燕要腾飞了，终于在1995年，王红丽以新编戏《风雨行宫》夺得了中国戏剧表演的最高奖——梅花奖。她终于如愿以偿，跨入了优秀青年演员的行列，为她今后更大的发展奠定了良好的基础。

一个好演员，甚至一个青年表演艺术家，不一定都能成为一个剧种、一个行当、一个流派的领军人物。但是，一个领军人物首先必须是一个好演员、一个表演艺术家。对于王红丽来讲，2003年当她摘得“二度梅”后，她也面临这样一个抉择：如何继续前进，登上更高的一个层次、一个台阶？

一个好演员与一个领军人物的区别，又在什么地方呢？我想，一个好演员，有良好的演员天赋：一副好嗓子，一副好扮相，一个好身材，能够受到严格、系统的训练，打下扎实的专业基础，能够得到名师的指点，加上自身的勤学苦练；能够得到较为充分的实践机会与展示平台，一般来讲，就具备了成为一个好演员的基本条件。但是要实现从一个好演员向领军人物的飞跃，绝非每个好演员都能完成的，只有为数不多的好演员才能完成这一艰难的蜕变与涅槃。这里，关键在于意识的转变与培养。

我们来看看王红丽是怎样通过读“青研班”得以完成由一个好演员，向一个领军人物的蜕变的！

王红丽是在摘取了“二度梅”后考入“青研班”的，这就意味着，王红丽在进入“青研班”学习时，在艺术上已取得了相当可观的成绩，已站在了一个青年艺术家的制高点上。是三年“青研班”的学习，使王红丽又向前跨越了一大步，登上了一个更高的台阶，开始了向一个领军人物的飞跃。

我清楚地记得10年前她在报考“青研班”时与我交谈的情景。那时的王红丽，在艺术上由于《铡刀下的红梅》的成功创演，已被内外行所公认，特别是她作为全国著名的民营剧团小皇后豫剧团的领头人，为全国人民所熟知。要说对于一个已有了相当知名度的三十几岁的青年艺术家，已经算得上是功成名就了，今后的路该怎么走呢？此时就看出了一个领军人物所必须具备的素质了。她毅然选择了读研、深造，因为她并不满足于已取得的这点成绩，她想得更多、更深、更远。

对于一个民营剧团的团长兼领衔主演来讲，剧团的生存完全要靠演出挣钱来维持，不像别的国营剧团的主演，可以抽出相当的时间来进行集中的深造与充电。王红丽出于对豫剧艺术持续发展的长远考虑，毅然决然地争取到进第四届“青研班”学习的机会，就说明她有更深层次的思考。因为她从前三届“青研班”成功办班的经验与成果中了解到，这个班不同于一般的专业培训班，仅仅是学点戏、练练功，“青研班”是全方位的提高。她了解到，这个班培养的是一代承上启下的领军人物。她是带着进一步打磨已经成功推出的《铡刀下的红梅》的重任来上学的，也是带着如何在文化体制改革的大潮中进一步完善自己已迈出的走自给自足、自主独立的民营剧团模式的问题来深造的。所以她考上“青研班”后，一方面如饥似渴地在专业上向京剧及其他剧种的老艺术家学习，吸收、充实自己的豫剧表演技巧，同时，利用在京的机会听取大量的高水平的专题讲座来提高自己的理论水平，更新观念，开拓视野。王红丽在毕业论文中说：在《铡刀下的红梅》的创作演出实践中，

《铡刀下的红梅》中王红丽饰演刘胡兰

我常常思考这样一个问题：中国戏曲艺术究竟谁主沉浮？是演员，是观众？是演戏的群体，是看戏的群体？还是二者之间？我在揣度，为什么过去老百姓把观看演出这一文化活动，比喻成"唱戏的是疯子，看戏的是傻子"？不得了啊，观众能让演员成为疯子，演员能让观众如痴如狂，这里面蕴含着多大的学问啊！王红丽正是带着这样的思考，在中国戏曲学院读完了三年研究生的课程。在继续全面提高自己的演技、艺术水平，继续细磨、精排《铡刀下的红梅》这一力作的同时，她更通过理论的学习与思考，来寻求以上这些问题的答案。也正是这三年高层次的"青研班"的学习与陶冶，才使王红丽这样一位原来把主要精力放在自身专业水平的提高、个人艺术前途的发展方面的优秀青年豫剧演员，有了更高的思想境界，有了更开阔的视野，对事业前途有了更深一层的思考。用她毕业论文的题目来诠释，那就是，王红丽努力地"在继承民族戏曲传统中求索"。她从总结《铡刀下的红梅》的创作体会、经验着手，去求索什么是豫剧艺术的优秀传统，从而加深了自己对豫剧传统文化的认识。她既认识到继承豫剧传统是改革和发展豫剧的基础，要承担发展豫剧事业的历史使命，就必须认真学习传统、掌握传统、研究传统，不仅对它的渊源、沿革和发展有所认知，而且要对它的流派、行当、表演、声腔乃至板式结构做认真的学习和研究，同时她也清醒地看到，时代在前进，人们的审美心理需求也日趋多元化。在现代戏曲舞台上，声光电等科技手段的发挥和应用，在表现语汇上对外来文化因素的学习和借鉴，为古老的戏曲艺术增添了时代的光彩，丰富了表现手段，扩展了审美层面，促进了民族戏曲的繁荣和发展。

正是“青研班”科学、系统的学习、研究，才使她更加坚定了自己在艺术上坚持继承基础上突破、发展的正确方向；在剧团的生存、发展上，坚持扎根基层，密切保持豫剧艺术与群众水乳交融、骨肉相连的“革新”本质，服务基层、服务农村的民营剧团经营模式。如她在毕业论文的结束语中所说：看看亿万农民的文化需求状况，看看这么多平民百姓喜爱我们的演出，看看我们民族文化遗产的宝贵价值，看看还有这么多致力于继承、发展豫剧艺术的伙伴们，我将永不言退！我宁愿永远做一名平民百姓喜爱的平民演员，将我的欢乐与痛苦，将我的爱和怨，将我的汗水和泪水，挥洒在深入基层、深入农村的辗转巡回中，挥洒在散发着泥土芳香的田间地头。

今日的王红丽，已无可争辩地成了当代中国豫剧艺术的领军人物。从王红丽的身上，我们可以看到：要成为一名被广大群众认可的领军人物，首先在艺术上要有优越的天赋与悟性，有扎实的功底，有名师的传承，有刻苦钻研的精神，有丰富的实践积累，有自己的代表作品。其次在思想观念上，要有远大的志向，要有勇于承担历史传承重任的担当精神，要有敢闯、敢突破的勇气与魄力，同时还需要有自觉的市场、经营意识与一定的管理能力。所以说，一个优秀的演员，未必能成为一位真正的领军人物。这恰恰是我们创办的“青研班”这一高端人才培养模式与普通的本科培养模式的根本区别所在，这一点甚至连现有的普通的硕士研究生培养模式也无法比拟。正是通过三年研究生的培养与深造，才使王红丽百尺竿头更进一步，完成了由一位优秀的青年豫剧演员向当代豫剧领军人物蜕变的飞跃！

人民艺术家王红丽精湛艺术与修养初探

徐培成

王红丽创办的河南小皇后豫剧团，已经成为老百姓心中响当当的戏曲品牌、金字招牌。建团20多年来，小皇后豫剧团长期深入基层，服务农村，年平均演出300多场，足迹遍及豫、鲁、皖、苏、晋、冀、鄂等省的村镇工矿，乃至台湾、香港和澳大利亚，巡演8000余场。小皇后豫剧团先后获得中宣部、文化部、中国剧协、河南省各项艺术赛事的奖项80多项。团长王红丽本人获得两届中国戏剧梅花奖，被中宣部、文化部命名为全国第三届"德艺双馨"中青年艺术家、全国宣传文化系统"四个一批"人才，是享受国务院特殊津贴专家。20多年来王红丽带领小皇后豫剧团坚持演出，服务于广大人民群众，把最好的高质量的剧目奉献给全社会，赢得了无上的荣誉，她也登上了中国艺术最高领奖台，成为当今全国声名大振的民营剧团领军人。

鉴于王红丽的艺术成就、表演上的独特风格和河南小皇后豫剧团经营模式及在观众中的广泛影响，2012年9月11日，时任文化部副部长、中国艺术研究院院长的王文章亲自参加，著名戏曲理论家、评论家郭汉城、刘厚生、曲润海、王蕴明、

● 王红丽获得第二十届中国戏剧梅花奖("二度梅")

季国平等近40位专家学者在中国艺术研究院为王红丽专门举办了表演艺术学术研讨会。会上王文章同志明确指出:"王红丽同志不仅走了一条民营艺术表演团体发展的道路,她和她的小皇后豫剧团还具有很高的艺术水准。坚持'为老百姓演最好的戏',这是她受到广大观众欢迎的根本原因所在。不管是什么样的体制、什么样的机制经营剧团,老百姓看戏就是要看好戏,看优秀的演出。这一点,王红丽为观众做到了,她为公众奉献了一流的表演剧目。"王红丽率领她创办的小皇后豫剧团开创了自己的一片天和地。我心中的"天",就是中国共产党所代表的各级领导,我心中的"地"就是广大人民群众,因为"天"是我们的引领者、支持者,"地"是我们服务的直接对象,更是民营剧团的衣食父母,在一定意义上说是所有剧团服务的根本任务与宗旨。就王红丽创办的小皇后豫剧团的作用、意义、影响、价值方面,各级领导和众多专家都给予了高度的赞誉和研究,对她所主演的剧目也给予了全面的肯定与评介。今天我仅就王红丽本人高超的表演艺术谈一谈我的学习体会。

一、独具风采的演唱技巧成就了小皇后王红丽

唱腔艺术即演唱技巧,位居梨园行“四功五法”的第一位。唱戏唱戏,首先是唱,足见唱好戏是戏曲演员的第一要项。历史上众多戏曲艺术大师所创的流派艺术风格绝大多数是由唱腔艺术的独特技巧、韵味和他们独创的脍炙人口的唱段流传下来的(以表演为主的大师们则以他们创作表演的剧目和技巧而流传)。王红丽是丽质天生,她得天独厚的条件源自梨园世家,父亲是著名的豫剧作曲家,母亲是豫剧大师常香玉的入室弟子。从小她就耳濡目染,饱受了父母及老一辈艺术家们的熏陶和深刻影响。戏校毕业后她 18 岁就挑梁唱大戏。最难能可贵的是豫剧六大流派大师,即常香玉、陈素真、马金凤、阎立品、崔兰田、桑振君的戏她都学过、演过,有的戏一演就是几百场,可以说王红丽的艺术成长之路是一个幸运宠儿之路。她既得真传又得到充分的舞台实践机会,在实践后又重新回炉再学习。如此反复实践,反复学习,她 20 多岁时就在全家鼎力支持下,树起了王红丽领衔主演的大旗, 成立了全国第一个自负盈亏、自己演戏自己挣钱养活自己的省级民营剧团——河南小皇后豫剧团。而且这是在 1994 年,正是戏曲艺术处于低谷、面临重大挑战的时刻,王红丽凭什么有这么大的胆子? 凭她对自己充满自信的精湛的演唱艺术! 看王红丽演出、听她的演唱你可以不用看字幕(而且在广大的农村天地演出野台子戏也打不了字幕),她把每一个字都清清楚楚地送进你的耳朵里。在唱功这一要领里,首先讲的就是“字儿”。字正腔才圆,字不正与字不清是演唱的第一大忌。王红丽练字的功夫可以说深得幼功之力。戏班里常讲“字是骨头腔是肉”。红丽特别注重吐字清楚的要领:字头、字腹、字尾的启齿归音。梨园行里所强调的“千斤白话四两唱”,主旨亦是讲吐字清楚至关重要。王红丽深厚的吐字基本功就是基于掌握了演唱中“字是骨头”的第一要领。在此基础上,她在演唱行腔时充分施展了“腔是肉”的独特功力。听她的演唱,高腔清脆明亮似穿云破雾,气贯长虹,酣畅淋漓又花腔迭出,高而华丽俏美、响而悠扬曼妙,令人情不自禁拍手叫好。特别应该强调的是,王红丽不单把豫剧六大流派的演唱技巧学好用好,她更把其他剧种

的“哦”音，即美声与民族唱法中女高音的“花腔”技巧用到了自己的演唱中，这个高音中“耍花腔”技巧真是被红丽用到了极致。唱中音时，红丽气定神闲，注重行腔中的圆润悦耳又巧妙顿挫搭配，既错落有致又美声美韵，美不胜收。唱低音时，红丽气息饱满，于浑厚中诉委婉，于粗放中见小巧。她的演唱是放中有收、收中有放，刚柔相济、收放自如。在娴熟运用“哦、嗖、颤、抖、飘、砸、柔、滑”的演唱技巧上，她特别注重节奏的控制把握，突出抑扬顿挫的对比反差，使得唱腔之美沁人心肺、余音绕梁、独辟蹊径。王红丽的演唱功力之所以精湛，还在于她在演唱中突出了“情”字。以情带声，声情并茂，这是老师们一教戏就要求的最高境界。梨园行中强调的“字儿、气儿、情、味儿”，就是讲情是唱腔的灵魂，情到味儿出、情到味儿才足，这是梨园行中既熟知又最难完成的大课题。王红丽做到了，而且是十分优秀地做到了。她主演的《铡刀下的红梅》中的刘胡兰、《大明皇后》中的马皇后等众多剧目一系列人物的演唱，都是突出了以情带声，既有慷慨激越，又有娓娓道来；既有撕心裂肺，又有如泣如诉。真个是慢板情不断、快板字不乱。她用情唱出了人物情感，她用情唱哭了自己，也唱哭了观众。要说王红丽唱得好，就是她准确地把握住了剧中人物的情，又用自己苦练的博采众家之长的高超技巧唱出了人物的情。是她的真情感动了大家，也是把自己的报恩之情奉献给了亲人、老师、同行以及千千万万喜爱戏曲艺术的人民群众。

今天，我们研究王红丽的成功成名之路首先要注重研究她的演唱艺术，也可说是她苦学苦练、博采众家之长的技艺高超的演唱艺术成就了今天的王红丽。

二、勤学苦练、文化修养、坚强自信，是王红丽成大器的成功秘诀

王红丽年龄不大，但在艺术上可是一个集青衣、花衫、花旦、刀马旦等众多行当于一身，古装戏、现代戏均有成就的拔尖人才。成就源于什么？源于她几十年如一日的勤奋好学、刻苦磨炼。为了学戏唱好戏，她起五更流汗流泪乃至流血地练功不止。梨园行里的规律证实了一条真理：只有超常的付出，才有超常的收获。老一辈艺术家常说：“不受苦中苦，难做人上人。”“台上一分钟，台下十年功。”佛家说：“舍得舍得，不舍不得。”王红丽舍弃了经商挣钱的机遇，舍弃了对孩子的疼爱，舍

弃了国营事业单位的铁饭碗,刻苦地学戏、唱戏、演戏。这仅仅是她学练本身艺术专长的一个方面。我们还应该分析:王红丽演戏演人物,演传统戏、新编历史戏与现代戏的每一个人物,为什么那么惟妙惟肖、栩栩如生,那么鲜活生动震撼人心?就以《铡刀下的红梅》中的少年英雄刘胡兰与新编历史剧《大明皇后》中的马皇后来比较:这两个人物一个15岁,一个年近50岁。王红丽把少年英雄刘胡兰演得天真活泼、纯洁质朴,又机智勇敢无比坚强,面对死亡面不改色心不跳,慷慨激昂斥顽敌,用生命成就了"生的伟大,死的光荣"的英雄形象;而在新编历史剧《大明皇后》马皇后这一人物的塑造中,她把关注民间疾苦、疼爱亲人百姓、爱惜国家人才、辅助皇帝丈夫、充满家国情怀、睿智多谋的马皇后演得既落落大方,又朴实风趣,可敬可爱。这个成功的超越,真是太难了。这不仅是由于两个人物差异大,更是因为年代、年龄和戏曲演员行当差异大。刘胡兰是小花旦行当,而马皇后是大青衣加泼辣旦的行当,这个自我超越与挑战的难度可想而知。但是,王红丽成功地完成了这个高难度的自我超越,这不能不说是一个奇迹。我今天不评价这个奇迹的本身,而是要研究探求这个奇迹是怎样产生的,也就是研究王红丽创造奇迹的背后是什么来支撑的。我们都承认戏曲演员首要的是用"四功五法"即"唱、念、做、打,手、眼、身、法、步"的技巧来表现人物,但要塑造好人物,可不是单纯的技术活儿了。塑造人物,这是要靠文化修养来统领的。王红丽虽然没上过太多的学,但是她特别注重"世事洞明皆学问,人情练达即文章"的社会生活大学的感悟。后来她又考上了中戏研究生班,又去上海戏剧学院大师讲课的研修班学习。她挤时间、见缝插针的强烈的求学愿望,正是她强化自己文化修养的见证。这恰恰是王红丽修身、齐家、治学、敬艺、超越自我的成功秘诀,也是她带团、治团,率领民营剧团多排好戏、多演好戏,面向群众走向辉煌的内在功力。历代艺术大师都有着深厚的人文修养。王红丽能不断地挑战、超越自我,正是她高度重视文化修养的必然成果。

分析王红丽艺术成功的秘诀,就清晰明了地看到一个艺术家的成就,是精湛艺术与高深文化修养集聚而成的。这也正是王红丽在舞台上演得那么得心应手、自信从容,唱得那么荡气回肠、感人至深,人物塑造得那么真实可爱可敬的根基所在。由此可见,文化修养对于演员太重要了,对院团长也太重要了,对剧团排演好戏、保证高质量太重要了。因为有高深的文化修养才能选择好戏的题材,才能深入开掘戏的思想内涵，才能把艺术本身的观赏价值、审美价值同剧中蕴含的哲理思想教育价值与功能完美地结合起来。由此看来，王红丽之所以成功，“小皇后”之所以成为响当当的金字招牌，正像王文章部长所讲的“王红丽坚持为老百姓演最好的戏”的根基，就在于王红丽既有精湛的表演艺术，又有高深的文化修养，真是德艺双馨的人民艺术家。

王红丽和小皇后豫剧团创造了太多的成绩与奇迹，要学习总结她的成名成功之路，就应该从她苦学技艺、加强文化修养做起。我坚信正在高峰期的王红丽一定会有更大的超越，会有更好的戏奉献给全社会。20 多年来的实践证明，王红丽是真正的人民艺术家。

论王红丽的表演艺术特点及其他

李志远

19 岁时，她因出演陈素真的代表剧目《春秋配》而被观众誉为“豫剧小皇后”；28 岁那年，她以主演《风雨行宫》而摘得第十二届中国戏剧梅花奖；8 年之后，凭借《铡刀下的红梅》再次成功摘得中国戏剧梅花奖，成为河南豫剧界首位“二度梅”得主。这样的成绩，无疑证明了她在戏曲表演上的独特之处、过人之长。建团 20 年来，她带领小皇后豫剧团辗转全国各地，斩获省级以上的各类奖项和奖励 80 余次，将这个民营剧团经营得风生水起，成为全国民营剧团的一面旗帜。王红丽个人及其剧团的成功，在当今演艺团体转制的时刻，无疑具有较大的学习研讨意义。

1995 年，尽管《风雨行宫》为王红丽赢得了梅花奖的殊荣，但还没有引起学术上的广泛重视；而当她再次排演《铡刀下的红梅》后，情形则大不相同，可以说是叫好之声不绝，研讨之文多有。因为这是一部颇显王红丽功力的红色经典剧作；因为以刘胡兰为主题的艺术作品，先前已经有歌剧、晋剧、舞剧乃至电视剧、电影等许多作品，并且豫剧早已有一部誉满中原、广为人知的《刘胡兰》。面对强手如林、佳作当前的局面，王红丽的《铡刀下的红梅》不仅在编剧、导演、音乐、表演等方面颇

●《铡刀下的红梅》剧照

为出色，而且在艺术形式、表演技艺、舞台呈现上，都有着别的作品难以替代的特点和优势。

《铡刀下的红梅》之所以能取得观众的认可与学人的关注，与导演余笑予抱病倾力创作有关，与作曲家王豫生那美妙动人的音乐有关，更与王红丽那情真意切的表演密切相关。如果没有王红丽对导演意图的正确解读，没有对音乐表情达意的拿捏到位，《铡刀下的红梅》中的刘胡兰就难以如此鲜活、真实、平凡而高大。可以说，王红丽在《铡刀下的红梅》中的表演，充分体现出了她的表演艺术特点：情真与化用。

对于戏曲表演，京剧大师梅兰芳比较推崇这样一句话"装谁像谁"，就是说演员一定要是所扮演的剧中人，要从内在情感上与饰演的对象一致，所流露出来的情感要让观众感到就应该是剧中人所具有的、必须如此的，而不能仅具其貌而无其神。对于演员的"情真"表演，明人袁于令也曾有过论述，他说："以剧场假而情真，不知当场者有情人也，顾曲者尤属有情人也，即从旁之堵墙而观听者，若童子，若瞽叟，若村媪，无非有情人也。倘演者不真，则观者之精神不动。"显然，王红丽在《铡刀下的红梅》中的表演，是充分运用了真情的。她曾在一次访谈中说："大庙那场戏，可以说我演了1000多场，没一场不流泪的，因为一到那个规定情景，情绪一上来，泪珠肯定就落了下来。很多人认为，戏曲表演是程式化的，演员演戏可以不走心，这其实是不对的。不管是戏曲，还是话剧、影视表演，好的演员都是走心的，从内到外发出来的东西才最感人。”王红丽就是用心来演戏的好演员，因为她假戏“真”做，观众才把假戏当“真”，从而得到审美的熏陶。众多评论家皆认为，王红丽饰演的刘胡兰，无论是在奶奶面前的撒娇，受到特务蒙骗后的哭泣检讨与带领儿童团员一起踩发卡，还是与阴险的特派员巧于周旋，都显得那么生动逼真，觉得此时此刻的刘胡兰就应该是那个样子。

王红丽出生于梨园世家，父亲王豫生是著名豫剧作曲家，母亲王素珍是常香玉大师的弟子，曾成功主演过众多优秀传统剧目。可以说，王红丽对于戏曲传统技巧手段掌握得足够扎实娴熟，但是，她并没有仅靠这些传统表演技巧，而是把别的好东西拿来为己所用，有了她自己的创作特色。这一点，其实她很早就懂得并在自己的表演中应用了，著名戏剧评论家马少波评论她“阎韵陈姿两派兼，借得金玉三分憨”，就是赞誉她善于化用不同流派的特点。具体到《铡刀下的红梅》来说，她就借鉴化用了其他的艺术技巧，如在叙事结构上，化用电影蒙太奇的手法，以“闪回”的方式把本不能直接衔接的故事情节巧妙地连贯起来，使得剧情进展更加自如流畅，为成功塑造具有普通女孩和英雄人物双重性格特点的刘胡兰形象提供了充足的时空；再如该剧的音乐，既有传统豫剧的旋律，同时又融入了民歌、京剧，甚至一丝评剧的东西，王红丽将这些元素化用融合得特别好，她就是要用其他的艺术特色来丰富自己的表演，来变革、创新豫剧艺术。当然，她的这些借鉴，都是在保证了豫剧味道的前提下，不留痕迹地巧妙应用到了表演中，从而让自己的表演更显得真实可信。

王红丽的表演，非常注重“情真”与“化用”。就其关系来说，“化用”是手段，“情真”是目的，“化用”是为了更好地达到“情真”的目的，同时“化用”也是“情真”的保证。

对戏曲表演有着独到见解的王红丽，必然在表演上有自己的独到之处。但是，她没有为自己在表演上所取得的成就冲昏头脑，她在对戏曲人物持有一片真情的同时，依然对她的观众保有无限真情，认为“戏比天大，戏是我们的天，那么观众就是我们的地，是我们的衣食父母，没有地托着你是不行的”。小皇后豫剧团成立以来，一直活跃在最基层，演出超过了 8000 场，观众 3000 多万人次，早在 2003 年就受到中宣部和文化部的联合表彰，荣获了“全国服务基层、服务农村文化工作”特别贡献奖。另外一个事情也许更能说明王红丽对观众的真情，那就是 1998 年豫东尉氏县郝寺村的群众想看戏，但又没有办法凑够请剧团的钱。王红丽得知后，就主动提出无偿为他们演出，共演出了 4 天 7 场大戏。如果不是心中装着老百姓，一个曾获得“梅花奖”的知名演员，一个靠演戏挣钱维持剧团生存发展的民营剧团，是不可能如此做的。

如今，王红丽带领着她的小皇后豫剧团走在所有民营剧团的前列，而且还筹划建立了王红丽文化艺术发展有限公司。目前，她正在联系剧作家为她量身创作新的戏曲作品，并计划在三至五年的时间内，能够再排演出一两部融思想性、艺术性、观赏性为一体的、全国叫得响的精品力作，同时希望借之向中国戏剧梅花奖发起冲击。这是她的梦想，同时也是理想。这位嗓音甜润、文武皆能的王红丽，还将携带多少优秀作品几度嗅得“梅花”香呢？

从豫剧电影《铡刀下的红梅》看王红丽的演唱特点

周景春

豫剧电影《铡刀下的红梅》是由河南小皇后豫剧团为建党九十周年鼎力打造的优秀电影，河南第一个“二度梅”得主王红丽领衔主演。王红丽以其出色的表演天赋、深厚的唱功、扎实的表演，从新的角度给大家展现了刘胡兰的少年英雄形象。王红丽的音域宽广，声音的表现力很强，可谓豪放婉约兼备、豁达柔美并存。本文以影片中刘胡兰的唱腔为切入点，从中国民族声乐发声的角度探讨王红丽的演唱特点。

一、演唱方法科学，集众家所长

中国音乐学院金铁霖教授总结中国民族声乐发声的要诀：声、情、字、味。声，即持久轻松的声音控制力。情，指声情并茂。字，咬字清晰准确。味，歌唱的风格和个性。从《铡刀下的红梅》中刘胡兰的唱腔可深刻地感受到，王红丽的演唱完全具备上述的要求。她的演唱清纯质朴，激情满怀，吐字清晰，韵味独特。其演唱有深气息的支持，头腔共鸣、胸腔共鸣结合，真假声混合恰当，高音不挤、不炸、不噪，低音不压、不白、不虚，高、中、低音都可以很好地统一，过渡自然。而且经过家庭环境的熏陶，加上自己在音乐方面的灵气，王红丽将中国民族声乐的发声方法和传统豫剧的演唱方法完美结合起来。

经过请教得知，王红丽在戏校学习时，刚好河南大学的一位声乐教师去教声乐。这位老师教给大家美声的发声，在当时的戏校引起较大的轰动，有人支持，也有人反对。支持者认为将科学的发声融进戏曲发声，会把戏唱得更好。反对者认为美声唱的很靠后，唱出来都没有戏味了。王红丽坚持很认真地学习和揣摩美声的发声，把气息问题和演唱通道问题解决了，为她今后的艺术道路打下了坚实的基础。

王红丽出生于梨园世家，受家庭环境的熏陶，传统豫剧演唱音色的明亮、集中等特点对她有根深蒂固的影响。王红丽曾得到陈素真、阎立品、常香玉等名师的指点，她演唱各派的经典剧目，都可以抓住各流派的要诀。她演《春秋配》，唱得颇像陈素真老师，故得“豫剧小皇后”的美名；她演《秦雪梅吊孝》，也能将阎立品演唱的细腻性把握得很好。她将各位前辈的演唱要点熟记于心，并通过自己的思考与实践，将各流派的精华消化吸收，融入自己的演唱中。豫剧各流派的演唱特点，加上美声的科学发声基础，造就了王红丽独特的演唱风格。

从《铡刀下的红梅》中刘胡兰的唱腔，可以听出陈派的婉约、含蓄，也可以听出阎派的细腻、柔美，还可以听出常派的豪放、大气。比如，在刘胡兰深情地演唱“玉嫂拉我手，村长抚我头”时，在刘胡兰跟奶奶告别、回忆奶奶养育刘胡兰姐妹的艰辛及向奶奶交代事情时，都可以找到陈派的痕迹，也可以听出阎派的特点；在讲述一枚铜板交党费的故事的结尾“献给伟大的母亲”等处，又有明显的常派风格。

王红丽在科学发声的基础上，集众家之长于一身，又不拘泥于某一流派，形成自己独特的演唱风格，声音通透大方，激情四射，明亮圆润。她演绎的少女刘胡兰，童真中不失稳重大气。在表现人物时，将陈派的婉约、阎派的柔美及常派的豪放恰当地融入剧情，将刘胡兰这个英雄人物演绎得出神入化。

二、灵活调整音色，符合人物特征

刘胡兰是个 15 岁的少女，所以王红丽在演唱时，在深气息的支持下，运用小支点，声音位置更靠前靠上，音色非常明亮通透、清脆甜美，表现出小姑娘的清纯稚气。在拍摄电影《铡刀下的红梅》时，王红丽已过不惑之年，但是在科学发声和集多家演唱精华的基础上，结合刘胡兰的年龄特点，调整演唱的状态，灵活转换音色，出色地表现了刘胡兰在不同的场合不同的性格特征。

剧中刘胡兰的情绪有多种变化，例如在跟儿童团团员在一起时，团长派头十足；在奶奶、村长和顾县长面前时，俏皮而可爱，大多时候显出孩子气；在大难临头时，却冷静沉着，勇于舍己为人；而在阴险狡诈的敌人面前，却又勇敢机智，顽强不屈。王红丽结合不同的场合，在演唱中运用不同的音色，淋漓尽致地表现出刘胡兰丰满的人物性格特征。

表现刘胡兰跟顾县长讲述她拿珍藏的一枚铜板交党费的故事时，大多使用头腔共鸣，用又细又亮的透明音色，表现刘胡兰的活泼机智；而在中低音区模仿老村长的语气时，则更多使用胸腔共鸣，运用宽厚的音色演唱，表现出小姑娘的聪明灵巧与俏皮可爱；而在刘胡兰遭受非人的折磨、揭示刘胡兰内心情感的一段演唱中，王红丽运用叙述的语气结合头腔共鸣和胸腔共鸣，用自然明亮的音色进行演唱。结尾处，表现刘胡兰视死如归的英勇革命气概时，王红丽又运用了花腔的技巧，更多使用头腔共鸣，音色更加明亮。

在与特派员的对唱中，王红丽的演唱具有浓郁的阎派风格。头腔共鸣运用更多，在深气息和高位置的前提下，演唱声音十分集中，音色更细更亮更清纯，甚至有些稚气。少女的稚嫩朴实与敌人的成熟老练形成鲜明的对比，也体现出刘胡兰在风雪中经受严寒的折磨，但意志坚强的勇敢形象。

奶奶生气要剪她的辫子时，刘胡兰对奶奶的一段唱腔中，主要也是运用头腔共鸣，阎派温柔的风格也很明显。同时，王红丽紧紧抓住孩子爱撒娇的性格特征，以细腻精致的音色将刘胡兰的机灵、可爱表现得一览无余。

刘胡兰在庙里对奶奶唱的一段中，王红丽运用婉约温柔的音色、严肃庄重的语气体现出刘胡兰孝敬、懂事的人物性格特征。

王红丽紧紧抓住人物的性格特征，在不同的场合灵活变换音色特点，运用自己的演唱完美地刻画出一个栩栩如生的少女英雄——刘胡兰伟大丰满的艺术形象。

三、情感把握到位，感染力极强

以情带声，声情并茂，是歌唱演员应该做到的，也是对戏曲演员的要求，王红丽在声情并茂方面可谓天生的高手。王红丽从小唱戏就会用情，加上善于思考，精于揣摩，在舞台上她总能很准确地把握住人物的情感，与观众交流。所以她的演唱具有很强的感染力，容易引起观众的共鸣。欢快的唱段，她可以唱得人心花怒放；悲伤的唱段，她可以唱得人泣不成声。

豫剧电影《铡刀下的红梅》中，刘胡兰的情感体现有多种变化，有时俏皮可爱，有时严肃认真，有时稳重懂事，有时视死如归。王红丽在排练中不厌其烦地对人物情感进行精雕细琢，紧紧抓住人物的心理特征，非常到位地把握住刘胡兰的情感特征，深深地感染着观众。

"风抽大庙门颤抖"一段唱腔，前面表现刘胡兰亲眼看见玉嫂和村长被敌人迫害致死，心如刀割，悲痛难忍，无限深情地回忆先烈对自己的爱护后，情感转为悲愤，唱词"他们暴尸村口寒风抽，乡亲们吞泪心如揪"，是对情感的深层揭示。这几句的演唱，王红丽将声音控制得细若游丝，但完全放在气息上，语气无比沉重，换气口都结合着抽泣声，听者不由得揪心屏气去捕捉她要表达的内容。"忍见那腥风血雨洗云周"一句哭出来，压抑的情感终于释放出来，倾泻而出，催人泪下。紧拉慢唱的部分，"遥望西山盼战友……胡兰紧跟英灵后，粉身碎骨不低头"，一字一音，每个字都用了字头喷口，慷慨激昂，听者都能真切感受到其情感的真挚与激动人心。

而在对顾县长讲述那枚铜板的故事时，王红丽轻松活泼、游刃有余的演唱，使听众为刘胡兰的可爱认真而开心和感动。特别是最后一句"献给伟大的母亲"用常派的风格结尾，有气势，有激情，使人情绪激动，精神振奋。

临刑前，刘胡兰对奶奶的一段倾诉是本剧中刘胡兰最长的一段独唱，也是本

●《铡刀下的红梅》剧照

剧的核心唱段，长近 17 分钟，情感表现难度非常大，也最能抓住听众的心，感染听众。

这个唱段可分四个感情层次：第一层是刘胡兰回忆奶奶拉扯两姐妹的艰辛历程。王红丽将无限的深情和激情融入演唱之中，如泣如诉，娓娓道来。“……俺姐妹穿上它雪地里追着闹，我的好奶奶，你站在墙角笑着把俺瞧……”“笑”字中有对笑声的模仿，但笑里带着哭，因为奶奶穿着不能防寒的旧棉袄。用自己心疼奶奶的哭模仿奶奶的笑，充分表现出刘胡兰对奶奶爱自己和妹妹所受到的感动……这种感动之情渗透到每位观众的内心深处，使人禁不住心酸落泪。第二层从回忆回到现实，奶奶激励刘胡兰参加儿童团。其中“你为儿担惊受怕不睡觉，你为儿等门听户熬通宵”，王红丽深情地运用河南坠子的说唱音调讲述出来，给人熟悉而又亲切温暖的感受。“儿在九泉下祝愿好奶奶福大寿高”，是将哭声与演唱糅在一起，声中有情，情随声走，感人肺腑。第三层拜托奶奶三桩大事，其用情之深足以使全场戏迷为之抽泣。王红丽用说唱的语气讲故事一般，感情真挚地表达出刘胡兰临刑前向奶奶交代后事的情景。时而说悄悄话一样，交代奶奶，时而将声音完全释放出来，情感对比鲜明，观众的情感随着其演唱波浪般起伏。第四层刘胡兰向奶奶表达慷慨就义的决心,“……你让我含笑赴九泉,壮志迎朝阳”。最后一句借鉴了男声红脸的唱腔旋律,新颖、豪放、大气,情绪高昂,使人热血沸腾,激奋不已。

总之,通过分析豫剧电影《铡刀下的红梅》中刘胡兰的部分唱腔可了解到,王红丽的演唱发声科学,韵味十足,集众家之长于一身,将陈派、阎派、常派的演唱特点融入自己的演唱中,具有独特的风格。在深厚演唱基本功的基础上,王红丽灵活变换音色,塑造出 15 岁的刘胡兰在不同的场合下不同的性格面貌。王红丽的演唱声情并茂,情感把握到位,细致入微,具有很强的感染力,真不愧为二度获得戏曲梅花奖的优秀演员!希望王红丽的艺术之路越走越宽。

《大明皇后》的追求

刘彦君

我挺喜欢《大明皇后》这部作品，喜欢它的民间性，喜欢它的轻喜剧风格，也喜欢它在剧本、表演和导演等方面的创造性发挥。

大脚，历来是人们对朱元璋皇后马秀英的民间认定。这位兼农妇与皇后身份于一身的女性，辅佐丈夫打江山、坐江山的事迹传说，都凝结在她的这个特点上。豫剧《大明皇后》就是以这样的民间传说为基础，塑造了一位体恤民情、深明大义的皇后形象。

故事选取的发生时间是洪武二年，恰恰是朱元璋登基不久，最需要建立权威和尊严的时段。而不谙世事的穷苦书生王庸逛元宵灯会时，偶遇善拍马屁而谋得高位的同学潘俊臣，又碰上举着一双大鞋前往京城找皇后姑妈要官做的高才，一时激愤，纵笔疾书谜底为“大脚皇后”的一条灯谜以示戏谑，谁知被前来观灯的皇帝朱元璋破解，朱元璋恼羞成怒，为捉拿灯谜题写者不惜关押京城千百书生。皇后马秀英得知此事后，先是苦口相劝，继而佯病、赛球，终于凭借智慧和勇气，保全了王庸和千百书生的性命，也保全了明朝皇帝的英名。

从上述剧情设计可以看出，剧作的创新之处首先在于从旧题材中挖出了新立意。脚大的女人，在中国数千年男权社会一统天下的传统意识中是丑陋的，是可以被随意休弃的。从丑陋的大脚，最容易直接引出的就是“糟糠之妻不下堂”的寓意，因为“富易妻，贵易交”也是传统，而且是千百年来各个戏曲剧种演绎的传统，故事开始时也看似沿着这个方向行进，半途却拐了一个弯，虽然还是以脚大做文章，却没有沿袭传统的嫌妻、休妻与否的故事，来赞美皇帝不忘根本的美德，而是别开生面，以“审脚”为契机，审出了人性层面的刚直、阿谀和软弱，审出了国家到底应该用什么样的人才能国泰民安的问题。应该说，这种意义超越了道德层面，而与现代意味接上轨了。

作品的深度还在于，在剧中皇后以柔软的姿态进行的这场与最高权力的斗争中，伴随着几乎所有人的卷入与参与，剧作逐渐偏离了表层的问题，而往人的内心深处游走，向着人与权力更为复杂的关系游走，从宋濂、潘俊臣等数个高官，到书生王庸，再到皇帝的亲戚高才对皇后的脚到底是大还是小的不同判断中，不难看出赵高“指鹿为马”的“历史可能性和逻辑正确性”在我们这个社会绵延不断的原因。这也许才是皇后最终说服并战胜了皇帝的魅力所在。

剧作者有着娴熟的编剧技巧，传奇性的结构设计很见功力。一开场就把“大脚”这个悬念，惊雷闪电般地推到了观众面前，确立了明快的节奏基调。秀才公开戏谑皇后大脚，关乎皇家尊严，皇帝发怒，又关乎千百书生的性命。故事如何发展，如何结局，让人牵肠挂肚。而戏剧性就此铺展，关键之处反复渲染，把文章做足。精心建构的“绝食”“打马球”“审脚”三个跌宕，使剧情的发展摇曳生姿，充满看点，而悬念持续到结尾处，马秀英如何规劝皇帝丈夫成为了最后一道风景线，牢牢吸引住了观众的眼球。“文如看山喜不平”，戏也是如此。

而人物和人物关系的多棱角、多色调设置，也是剧作家铺垫的戏剧性基础。大明开国皇帝朱元璋和皇后马秀英，皆是农家出身，虽然位及人君、帝后，但骨子里仍脱不净农民纯朴的本色，这正是人们想看的“戏”——身份与出身之间的巨大差异，使他们的矛盾设置、解决的过程充满传奇性。一会儿是皇帝威严辩论，一会儿又成了农家夫妻之间的撒娇斗嘴。而皇帝与皇后的冲突中不仅有对立，而且有交融的因素，交融的基础则在于对刚奠定了基业的大明江山共同的热爱。编剧

王红丽在《大明皇后》剧中饰演皇后马秀英

正是在这样的选择和表达中，营造出了戏剧性，与观众迅速实现了理解和情感认同。

当然，表演者如何演绎角色，如何获得观众喜爱，在舞台艺术中更为重要。可喜的是表演者王红丽在塑造马秀英的过程中，没有脱离剧本规定的人物性格，同时，在准确理解和把握剧本、人物的基础上，扩大了自己的想象与视野，感情表达细腻，转换自如，控制得当，张弛有度，分寸把握得十分准确，找到了展现时代感和塑造独特“这一个”的道路，把一个性格鲜明、心地善良、深明大义的马秀英完美形象推到观众面前。

正如观众们所说，该剧最大看点是，做了几十年农妇的马秀英刚刚成了皇后，难免有点转不过弯，还是经常以一个农妇的身份说话办事。包元宵，穿布鞋，穿粗布衣……王红丽在把皇后还原为普通人的表演中，对内心情感与外部表现之间的反差，拿捏得十分准确、自然、流畅，没有露出一点表演痕迹。

当然，表演的难点在于，如何处理她与朱元璋之间的关系。她是朱元璋的结发妻子，是陪同朱元璋风里雨里打下江山的女人。她本来可以口无遮拦地批评皇帝的错误，但是她没有。丈夫毕竟是一国之君，“伴君如伴虎”的历史教训在民间传说、野史、戏曲中比比皆是，她不会不知。任何一种轻举妄动，都会影响夫妻感情，甚至招致杀身大祸。因而，如何隐忍、内敛、温婉、有节制地规劝丈夫，既使他意识到自己不对，又不能让他丢了面子，就成为表演难题。王红丽凭借自己出众的演唱功力、灵活多变的表演技巧和准确把握、掌控程式的艺术能力，以及富有爆发力的情感表达语汇，处处发力而又显得处处无力，低眉顺眼的姿态内含寸步不让的坚持，层次分明地予以了表现。

最为重要的是，王红丽在表演中没有被豫剧传统行当固定了自己，而是遵循表演创作规律，走内心，重体验，注重戏剧情境的变化，并据此梳理出了清晰的心理变化和发展脉络，于优美的身段和道白中追求节奏变化和点睛的戏眼。如她在“绝食”“打马球”“审脚”三个重点场次中的动作表演，或柔弱无力，或英姿飒爽，或大气磅礴，融诸行当的程式语汇于一身，青衣、花旦、刀马旦交替轮换、诸功齐备，尤其是多个唱段高亢激越、声情并茂、朗朗上口，成为全剧华彩之笔，能量强劲，余味深长，爆发出了惊人的艺术创造力。

导演的二度创作功不可没。整体感和韵律感支撑起了整部作品，明显提高了作品的可看性。精心设计的场面构图，灵活多变的舞台调度，使作品显得动感十足。开场时对于红灯笼、凤阳花鼓等因素的运用，一下子奠定了剧作的轻喜剧风格，皇后绝食后，导演对御食坊众多大小官员惊慌失措的舞蹈化动作设计，使从前毫无特色的龙套表演也构成了观众喜闻乐见的视觉形象。“打马球”一场的舞台处理，“审脚”一场的空间组合，都是既符合人物个性，又前后呼应的有机场面构成。

值得一提的是导演对本剧主旨举重若轻的强调。剧作的点睛之笔出现在结尾。皇后规劝、惩戒皇帝自身要持身以正的那段唱词“若人前喜弄角徵羽，有人听闻心悦怡。若无人理会琴和曲，便琴者自隐曲自息”，把皇后内心的混沌整理出了秩序，成为她一系列动作的动机阐释，也成为了作品想要表达的“宏大叙事”，但导演却为演员设计了几乎没有伴奏的轻音，使这一段演唱在一种细腻、柔弱、毫无喧宾夺主之意的个人化表达状态中，达到了一种“四两拨千斤”和“此时无声胜有声”的特殊效果，增强了作品的感染力，给人们留下了经久不息的回味。应该说，这种处理都是颇具匠心的。

光阴荏苒，你是我们不变的传奇

湘 南

她，一个当代豫剧界的神话。

我们共同深爱的——王红丽。

太多的第一次给了你：

第一次听到你的名字，

第一次在《梨园春》上看见你天使般的面庞，

第一次被你甜美纯净的戏曲深深吸引，

第一次每天不断重复听着你的戏曲，

第一次所有上网只是为了知道你的消息，

第一次因为你，我学会了坚强、独立、成长，

第一次因为有你，我爱上了豫剧。

迷人的眼睛，甜美的笑容，纯净的心灵，动听的声音，一个为戏而存在的豫剧艺术家——王红丽。

我爱她，因为卫玉莲、因为刘胡兰、因为金桂、因为王怜娟、因为周凤莲，因为一切她所塑造出的人物。

戏里：我为卫玉莲蓦然回首的嫣然一笑、娇媚百生而心动，我为刘胡兰的坚贞不屈、英勇献身所震撼，我为周凤莲的曼妙舞姿、柔情似水所吸引，我为金桂勇求真爱的义无反顾、坚韧无比而拍案叫绝，我为姜秋莲和李春华的历经磨难终成眷属而泪流满面，我为王怜娟的满身落寂、临终遗恨而心碎肠断……

戏外：我们见证了一个名为王红丽的豫剧演员的美丽人生。

她的声音永远是那么纯净自然，没有一丝杂质，有的只是自己内心那份最真实的情感的流露！同时又能温暖人心。对她而言，豫剧就是她的一切，更是她的使命！也可以这样说：她是为戏曲而存在的！在这条道路上，她承受了太多她本不该承受的，但是不管有多难她从未放弃过！虽然曾经有过阴霾，有过离开，但是那些都只是为了今日的辉煌！人生的路上不可能是一帆风顺的，人人都有脆弱的时候，在她人生最低谷的那段时间，她经历了太多的痛苦与绝望，她决定选择离开，重新思考自己的人生，思索以后的路要怎么走！最后，历经几年的时间她重新绽放在属于她的舞台上。看到今天的她，我们心里真的很高兴！

她演绎生涯20多年独领风骚，岁月如何匆匆，却带不走她的风华绝代。

她是一个好演员，工作认真，演唱投入，无数部经典戏剧足以证明。

她柔中带刚，勇往直前。

她面对挫折，迎难而上，从不放弃。

她很幸福，有着家喻户晓的名气。

她用她的温柔善良，证明了她的内在美。

她用她的细心努力，证明了她的超强能力。

她以一个真实的自己证明了完美，成为豫剧界的一个传奇。

时钟一分一秒地转动着，年年岁岁，岁岁年年，她演唱的那些经典看了一遍又一遍，之所以能从小学到现在，是因为我用心地去看了、爱了、记住了。这些年，一天天都是那么美好。这些年，她的身影是我们的一切。然而，留不住时光，这些年来我们长大了，对她的爱却永远不会搁浅，我们的臂膀将变成羽毛，幻化成守护她一生的羽翼；我们的眼睛将变成水晶，凝结成围绕她一世的屏障，与她一起共享这世间豫剧的美好。

从开始喜欢她到现在，这中间，整整10年。

这一路走来，我被她的坚强、她的努力感动着，有时候也会因为她说的一句话而感动落泪，所以此生能遇见她，王红丽，真的是很幸运，也很幸福。

这些年，她走遍了大江南北，每一个地方都有她演唱的声音，每一个城市都有她微笑的样子，每一个地方都有一群始终爱她的戏迷。这些年，她的表演会让多少人泪如涌泉；她的美丽，让星光和花儿都变得黯淡；她用善良描绘出一幅最美的画卷；她回头一笑，似乎比梨花带雨更甘甜；她的戏，最能打动人心的地方是能让你产生共鸣，让你的感情随着她的戏曲得以释放。她那略带磁性和忧伤的嗓音，有时淡如清茶让人放松，让你远离世间嘈杂喧哗，心灵得以洗涤；有时如陈年美酒，曲声委婉却又欲断不断，让人回味无穷，温柔又优雅，忧伤又充满希冀。清晰又朦胧的独特声音，久听不厌。她的声音就是春花秋月，就是暮鼓晨钟，就是天籁之声。这样的声音，可以陪我们一直到老。

她的每一部戏都代表一个故事，一种心情，一份感动！更值得我们用一生去品味和珍藏。

她就是我们人生前进的动力，我们彼此在戏曲的世界里找寻着最真的那份感动。

王红丽，今生今世，你是我们唯一的传奇。今生能够成为你的戏迷，是我们前世的缘分，今生的幸福。

《铡刀下的红梅》面面观

——河南小皇后豫剧团《铡刀下的红梅》座谈会纪要

时间：2001年9月5日上午9时

地点：易元大酒店

主持人：荆桦（省剧协原副主席、河南小皇后豫剧团顾问）

与会者：北京客人——

赵寻（中国剧协顾问、戏剧家）

郭汉城（中国剧协顾问、戏剧家）

韩建民（中国艺术研究院）

张伟（中国评剧院总导演、戏剧家）

姚欣（文化部艺术局原局长、戏剧家）

曲润海（中国艺术研究院党委书记、院长，剧作家）

霍大寿（中国剧协艺委会主任、戏剧家）

萧曼（中国戏剧翻译家）

赵承燕（中国剧协组联部主任、戏剧活动家）

宋丹菊（中国戏曲学院教授、京剧艺术家）

姜志涛（《中国戏剧》副主编、戏剧家）

黄维钧（《中国戏剧》编审、戏剧评论家）

安志强（《中国戏剧》副主编、著名戏剧音乐家、评论家）

朱文相（中国戏曲学院院长、教授）

本省客人——

郭光宇(河南剧协副主席、河南省计生学院院长、著名戏剧硕士)

方可杰(河南省艺术研究所所长、音乐家)

刘景亮(河南省艺术研究所研究员、著名戏剧评论家)

罗云（国家一级导演）

侯耀宗(河南省艺术研究所书记、戏剧评论家)

赵明甫(台湾知名人士、戏剧活动家)

杨守林(河南省艺术研究所研究员、剧作家)

谭静波(河南省艺术研究所副所长、戏剧评论家)

王希玲(郑州市政协副主席、著名豫剧表演艺术家)

张淑芬(市艺术研究院书记)

剧组成员——

宋西庭（湖北省艺术研究所一级编剧）

王豫生（河南小皇后豫剧团艺术总监、著名豫剧音乐家）

王红丽（河南小皇后豫剧团团长、国家一级演员、中国戏剧梅花奖获得者、剧中刘胡兰扮演者）

王素珍（河南小皇后豫剧团经理）

王红艳（河南小皇后豫剧团副团长）

张家训（副团长、剧中石大川扮演者）

王燕（演员队长、剧中奶奶扮演者）

李宝才（演员队长、剧中更伯扮演者）

陈兰英（王红丽的入室弟子、剧中爱兰子扮演者）

牛小伟（司鼓、乐队队长）

代铁六(板胡、乐队队员)

全团演职员

(主持人分别介绍过参加会议的各方人士后，简单扼要地介绍了小皇后豫剧团的情况,剧团艺术总监王豫生和团长王红丽致简短欢迎词之后,发言开始)

赵寻：看了这个戏呀,很兴奋。这个戏很好,政治性、艺术性都是有相当水平的。这种戏呀,很难演。它是一个很严肃的主题,牵涉到真人真事,牵涉到一个很有名的革命先烈的故事。昨天看这个戏,解决了我的两个问题,原来觉得,它是一个严肃的题材,怎么会还有戏剧性呢?昨天我看得很有兴趣。原来的《刘胡兰》我看过多少次,那些戏看上去还是很多故事写进去了,也蛮严肃的,但是,它的戏剧性还不足,感人之处还不够。第二个问题呢,就是解决了我对剧团的认识和了解。那些个国家剧团嘛,就是吃皇粮的,他们排这样的戏有经济来源还可以,而你们是民营,靠演出挣钱吃饭的,你们居然排这样的戏,而且排得这样好。虽然不远千里而来,我觉得值,我的这两个问题都解决啦。这个小皇后豫剧团很好,很争气。一般的团哪,想拿这样题材的戏来挣钱是不可能的。它就是写刘胡兰,它就是政治性很强、主题很严肃的一个戏。现在你们的这个戏就能让观众看下去,不光是在思想上、政治上给人以教育,艺术上的感染力也很强。我昨天看了这个戏,觉着比原来这样的戏有提高,它很感染人。大概这个跟豫剧,跟小皇后王红丽的唱、表演都有关系。你就是不管它的政治内容性啊,你就是看这个觉得也是个精品,也是一个艺术品,它给你一种艺术享受。所以我们的戏要不就是很有政治内容、很有思想内容,但是很不容易感染人,艺术性很差,说教太多了一点。而你们的这个戏,它就在“情”字上下功夫很深,很会发挥“情”的作用,是在很感动人的情绪底下,把思想内容、政治内容让观众都接受了。刘胡兰这样伟大的人格,这样感人的事迹,这样崇高的节操,不靠你去说怎么样怎么样,而是通过艺术的手段让人们感动,让人们接受,然后你感觉到这个政治内容很重要。这个戏的好处在于这样的一个政治性很强的戏,有很高的艺术价值。写戏、排戏、演戏的同志们都取得了成功。像这样的戏,我们要多一些就好了。

这个戏,也是一个很不好演的戏,这样一个题材,这样一个别人演过很多的刘

●《铡刀下的红梅》剧照

胡兰，写这样一个十五六岁的女孩，她有多少经历，她最重要的就是英勇就义。怎样写成一个大戏，而且能够写得很好，从编剧到演出都是很困难的。但昨天从编剧到演出都很好。这比我们平常那个专找戏的戏还要感动人，因为它这个内容太深刻了。它最重要的一个地方就是一个严肃的政治性很强的戏，而很有内容，很有情，就是以情感人的。戏靠什么吸引人呢？你光是运用一点戏剧的小技巧，那不行。它真正感动人、深入人心的地方还是它的情。昨天那个戏就是有情，有丰富的情感内容。刘胡兰不是一个政治性的、概念化的人物，她是一个真实生动的，而且还带点孩子气的女孩。我觉得红丽演得很好。这个戏里头她真的是个孩子，儿童团的团长，不是一个成年人，按现在来说入党是不够条件的。在写她的情感方面，有跟她奶奶的情，跟她妹妹的情，跟其他群众的情，一切从情感方面，一个一个地写她的内心世界。她那么一个十五六岁的孩子，就是一股热爱乡土、热爱国家的真心实意的情。刘胡兰牺牲的时候我也在山西，那时我在隰县，离文水有百多里地，我在抗日演剧队（赵老谈起了他们如何和刘胡兰一样被捕，阎锡山的部队如何杀害他们的战友，他们又是如何被营救的，等等）那个时期也是我们接受考验的时期，是我们亲身的感受啊，所以今天我一看哪，特别让我情绪激动。真是这样啊！为什么我这样感动呢，因为这正是我们亲历的事。那个时候晋西是很贫困的，连小米都没有，平常就是抓一把喂牲口的黑豆吃，非常苦的。（赵老又介绍了晋西一带的情况和刘胡兰的家境）刘胡兰的感情质朴，对部队、对家人、对乡亲和对孩子们都是最纯朴最深切的感情，我觉得这个戏演得好、写得好的地方，就是它一直围绕着人写，写人的感情。刘胡兰是个人，她是个小姑娘，有时候还不大懂事，还有点孩子气，但她能够成为我们的少年英雄，而我们今天十五六岁的小姑娘还在妈妈怀里撒娇啊。那个时候，在那样严酷的斗争环境中，我们的民族、我们的人民是坚强的，中华民族不会亡，我们抗战八年打败了日本人，三年打败了国民党，靠什么？靠民族的精神，靠人民的力量。从刘胡兰的身上，从这样一个小姑娘身上就可以看出来。刘胡兰这个戏，你说它有多少可写，它就是反映了我们爱国、爱乡这样一种强烈的感情。刘胡兰团结了一批小孩子，在那里干革命，这种气魄，这种感情，让人为之感动。我说比过去的戏写得好，就是它从感情基础上充分地发挥了。过去是故事交代得多一些，对人物和感情的描写少一些，这个戏呀，重写以后这方面注意了，加强了。为什么一个十五六岁的孩子能这样做呢？这个戏着重地描写了她的成长历程。她在儿童团里，在妇救会里，写她接受的教育，这是一个活生生的刘胡兰，是非常感人的刘胡兰。这个戏之所以好，在于不是说教式地讲刘胡兰多么重要，而是着力写了刘胡兰的爱国、爱乡和她对八路军、对党、对奶奶、对妹妹、对乡亲的那种感情，那种崇高的爱、那种纯朴的爱、那种执着的爱。这和说教不同。这个戏抓住了刘胡兰生命最闪光的地方。这就是我们民族的精神，我们戏里正是要表达这种精神。这个戏好就好在它没有在就义时去表现那个血淋淋的东西，而是表现了她从容就义的感情，那种高尚的爱国主义的感情，结束时的那个少年英雄塑像表现得也很好。

这个戏成功的一点，就是它在写人，写刘胡兰这个人。写刘胡兰这个人，一个十五六岁的孩子，不仅仅写了她是一个从容就义的烈士，写了她有勇气，还有孩子气，有志气，有稚气，这样才是一个生动的人。王红丽演得也很好。有的刘胡兰我看演的就是个英雄，但没看出一个十五六岁孩子那种真实生动的、稚嫩的、纯朴的感情。这些，你们写了，还写了对她的尊敬，过去的戏里对烈士的尊敬也有，但是烈士的感情跟我们的感情沟通却没有。这个戏是写了一个烈士，当然是一个壮烈的悲剧，它又有很多逗趣的地方，包括她的相亲什么的，在这样一个严肃的悲剧中调剂得很好，因为很多喜剧的细节恰当地调入，让人在看戏的时候不至于很沉闷，比如这个小女婿相亲吧，就很有意思，而且从这一方面也表现了刘胡兰的个性。

总的来讲，这个戏是成功的。它成功的地方主要是写人物，写这个人物英勇就义的伟大精神。同时这个戏的成功在于它不光是写刘胡兰壮烈牺牲的感情，还写了她与家人、同志、同伴、乡亲等各个方面的感情，这些感情都从它的细节上一一地表现出来了。

红丽的表演，我觉得是绝了。的确演得好，很成功，我是服了。

这个戏，从编剧到导演到演员，包括我们的学员都很好。要是你们到北京去演，我还要看的。我觉得，你们这个戏一定会受到北京观众的欢迎。你们这个戏这么好看，到北京去演出一定会成功的。

姚欣：小皇后豫剧团又成功地演了一个好戏，我向你们祝贺。关于这个戏，我想说以下几点：

第一，这个戏，成功地塑造了刘胡兰这个英雄形象。大家都晓得，这种英雄人物很难写好，但是这个戏写得很好。这么一个20世纪50年代家喻户晓的英雄，可能现在有些人对她的事迹已经不大清楚了。在庆祝建党八十周年时，重新把这个题材搞出戏来，广泛地演出，是很有意义的。

第二，这个戏，从策划到编剧上由刘胡兰已经被捕、在跟敌人做斗争这个地方切入，从这个地方来开场，然后用闪回，这个写法是成功的。因为刘胡兰从50年代的歌剧，一直到前几年山西歌舞团搞的舞剧《傲雪花红》，都是顺着生活写的，早先在解放区跟八路军关系怎么样，后来怎么样，国民党还乡团回来以后怎样被捕，被捕了以后怎样叫她说出什么来，结果她不说，顺着这个生活这么写，这么写一个十五六岁的孩子，往前推三五年，那就纯粹是个小孩，没戏。开场以后没矛盾，没冲突，没悬念，抓不住人。你们这样的结构，就回避了原来的那种结构，从已经被敌人抓了切入，在与敌人做斗争的过程中，一下就让这个矛盾双方斗起来了，就看下边怎么办，所以从这一点切入就有戏，就坐得下去，就看得下去。中间，她同国民党的斗争，跟家人、跟亲属、跟村里的关系，两次闪回就交代出来了。

第三，这个戏，注意了在党的教育下有坚定跟党走的信念，同时还有稚气、带有少年特点地去刻画刘胡兰这个人物，这个戏里边有很多这样的表现，包括敌人问她多大了，你14岁吧，她说：不对，15岁。这些都是少年的特点。再一个跟她妹妹站岗放哨，有关发卡那些个地方。她这样一个儿童团长给妹妹买一个发卡，首先自己戴，说我戴一会儿吧，我戴一会儿吧，很有儿童特点。还有跟奶奶那段戏也是这样。现在14岁可以入共青团，当时她那个岁数正是儿童和少年交接的年龄，非常有少年特点。抓住了这一点，这个戏是很成功的。

第四，这个戏写得比较巧。我认为，在结构上，在艺术表现上，在戏剧结构的巧妙上，这个要比另外一些刘胡兰的戏搞得好一些。总体上说，这个戏很成功。

曲润海：昨天看《铡刀下的红梅》时我吃了一惊。怎么一开始就铡起来了？当时我就想，这戏怎么往下演呢？我看过山西等地演出的《刘胡兰》，包括河南原来的豫剧《刘胡兰》都是按顺序下来的。越往后看，越觉得这个戏还是很有办法的，它后头用闪幻的回忆，切入过去的事情，一段是顾县长，一段是儿童团，一段是奶奶，解决了好多问题。还有刘胡兰始终留着那个长辫子，刘胡兰原来的形象不是长辫子。奶奶开始舍不得这条辫子，最后奶奶给她处理了。这当然是虚构的。这个戏呢，是在真人真事基础上加以虚构的，大的不能瞎编，但是情节的转变还是可以的，作为艺术创作还是应该的。比如，这个戏把死人写活，刘胡兰牺牲时其实奶奶这个人已经死了，顾县长也已经牺牲了，这个戏里面还让他们活着，这是为了表现刘胡兰，这是可以的，因为奶奶就是那么个好奶奶，顾县长就是一个很年轻又非常好的县长。特别到最后同奶奶的那个唱段，表现得很充分，非常动人。

关于刘胡兰，说她"生的伟大，死的光荣"，一个说她生在一个伟大的时代，即从抗日战争到解放战争。这样一个时代造就了刘胡兰。没有这个时代，就没有刘胡兰这个英雄人物。没有这个时代，就没有云周西村这么一个从太行攀越到延安的必经之地,就不能塑造出这么一批英雄人物来。时代造英雄,这是一个根本的问题。再者是说,刘胡兰生长在一个伟大的群体当中。她的身边,比她老的,比她小的,跟她同辈的,有好多英雄人物。因为在这个戏里头不能多写,只能写这么几个。因此,就是这些人物互相影响、互相教育,那些革命者,特别是革命烈士的英雄气概,培育了刘胡兰的品格。她走的烈士的路子,真的是足踏着烈士的血迹前进。在她的眼前,连续铡死了六个。被打死的还不止这六个。因此在这个关头,刘胡兰才能讲出来"怕死不当共产党"。刘胡兰很少讲什么话。当然戏里面不讲就不行了。必须得把那"生的伟大"展现出来。因此,我以为编剧、导演的构思、策划,都是非常独到的,使得这个戏就不一般了,不再是平铺直叙了。

这个戏,总的来说很动人、很感人,能够让人坐得住。而紧紧抓住观众的戏,就是好戏。另外,有几个地方是否应该再琢磨一下？比如剧名,究竟是"铡刀前的红梅"好呢,还是"铡刀下的红梅"好？我觉着"前"比"下"好些……

我想这个戏呀,就是要弄成一个非常有特色的、很独特的豫剧小皇后的"刘胡兰"。我再次祝贺你们这一台创作班子和这一台演员,祝贺独特的创作和精彩的表演!

霍大寿:建党八十周年,在我们的戏剧舞台上,广大的共产党员和人民群众都非常希望看到这样的弘扬主旋律的剧作。八十周年在北京的舞台上,也有许多好戏,在戏曲现代戏方面我们也看到了很多好的戏,好多的描写革命历史题材的,昨天我们看的这个《铡刀下的红梅》这个戏,应该说在这样一批剧目中是属于第一流的。我们有很多大的剧院,也演出了很多这样的革命历史题材的戏,但是不见得比小皇后豫剧团演得好。虽然说小皇后豫剧团是个基层的民营剧团,但它是优化组合,用现在的语言说它是强强联手。编剧、导演、主演、音乐创作,都是第一流的,所以质量非常高。我特别欣赏,因为《刘胡兰》这个戏,是一个过去大家常演的老戏,刘胡兰 1947 年牺牲,也就是 1948 年、1949 年,这个戏就出来了。我第一次看歌剧《刘胡兰》,是 1949 年第四野战军文工团演的,那是非常激动人心的。当时的四野文工团,就是现在的广州军区战士歌舞团,它的实力非常雄厚,在野战军文工团中也是最强的。所以《刘胡兰》这个戏,以它的非常深刻的思想性和艺术性激励了好

● 《铡刀下的红梅》剧照

几代年轻人。新中国成立初期，有好多青年人参加革命跟党走，也是受了像《白毛女》《刘胡兰》这样的戏的影响的，我也是其中一个。我16岁时看的《刘胡兰》，后来我就参加革命工作了，也是受这样的革命文艺的影响。所以说，不可忽视这样的文艺作品对人的思想的影响。尽管有人不重视这个问题，认为一定要搞别的什么东西，而不一定搞这样的政治题材的戏；尽管有人对这个主旋律有好多说法，对这个"五个一工程"的评选有些闲话，我觉着这是不正确的，既然共产党掌权，那就要搞这样的戏。

再者，我得说，我非常佩服咱们这个剧组，佩服小皇后豫剧团能够把这个戏提高到一个新的台阶，这个戏是一种新的创作。江泽民同志在"七一"讲话中一再说创新的问题，创新是我们这个民族的灵魂。那么，对我们戏曲工作者来说，创新也是我们戏曲的灵魂。没有创新，就没有我们戏曲工作的今天。包括戏剧历史上的四大名旦，没有创新也就没有四大名旦。我觉得，王红丽也是靠创新打出天下的。当然她对传统豫剧很熟悉，王豫生同志对豫剧音乐是非常精通的专家，他对传统的豫剧音乐掌握得非常好，但是他不局限于传统的豫剧音乐，他是在豫剧音乐上寻求新的发展，所以他能赢得新的观众。基于此，王红丽继承她父亲的音乐素质，所以她在艺术上能够打开新的局面。

这个戏，我是同意这种改的方式的。一下子把刘胡兰所处的严酷的阶级斗争的环境展现给了观众，把刘胡兰一下子放在这个生死攸关的时刻，所以能够很快地吸引观众关心刘胡兰的命运，从而入戏。这个切入点是非常好的。后来的几个闪回，当然也可能存在一般的观众不习惯这种欣赏，但是从剧作者和这个剧组的匠心来讲，也就是希望把这个戏紧扣在那种非常紧张的环境中来表演。观众可以通过闪回了解在一种什么样的特定情况下她是那样子，她原来又是怎么样的，所以这样的闪回非常好。这个戏呀，它既表现了刘胡兰的刚烈性格，又表现了刘胡兰这样一个十五六岁的女孩子那种花季少女的可爱性格，这一点写得深，所以很感人。我们过去的刘胡兰出来就是非常严肃的，动作也就像塑像塑的那样，老是那个样子。那时候，那样也是对的。但是对于艺术形象来说它就不太真了，就缺少人性化的东西。再一个就是，当时的电影演员、歌剧演员，都没有戏曲演员这方面形体身段的功力，王红丽有戏曲的身段功夫——花旦动作、青衣动作，这样就展现了一个真正全面的刘胡兰。刘胡兰对自己的亲人，对这个村里的老乡，那是柔情似水的。但对敌人，那是非常坚强的。说实话，这是一个真正刘胡兰的典型形象。这一点上不管是剧作、导演还是王红丽的表演，表现得都很好。这要比过去演的刘胡兰前进了一大步。正是因为这个人物表现得有血有肉，所以她的死才能够唤起人们更大的同情，才能打动观众。

对于王红丽的表演，我是非常满意的。因为她过去演的是《风雨行宫》啊，还有《美女涅槃记》啊，多半演的是这一类戏，还有就是演传统戏，走的是花旦、青衣、闺门旦的路子。这个是现代的剧目，但她演得非常得心应手。当年刘长瑜演李铁梅的时候，一开始是非常困难的，她一出来的时候就像小花旦一样，所以当时周总理就批评她，说长瑜啊，你怎么把铁梅演成小花旦了，刘长瑜通过努力解决了这个问题。现在看王红丽，我不知道你演没演过现代戏，在这个戏里演得那么自然，简直挑不出什么毛病来，这是很可喜的。这说明王红丽在艺术上是成熟的。有好多表演得非常好，比如辫子的问题。这个辫子的虚构是非常好的。同奶奶对话的一场戏是非常精彩的一场戏。刘胡兰对生活的热爱，对生活的追求，使得她要求奶奶为她剪辫子，让奶奶为她整装，自己要像战士那样上刑场，像这样的戏，境界很高，又很有人情味，很感人。这种对艺术的追求，对艺术的雕琢，对人物思想的挖掘，是非常成功的。这里头很有戏，也正因为有戏，所以它非常地感人。其他的许多方面，都有这样的效果。再就是，这个戏的音乐设计是非常精彩的。从《风雨行宫》到《美女涅槃记》，再到现在这个戏，王红丽在音乐上都有她独特的风格和魅力。这个，跟王豫生同志在音乐方面的造诣是分不开的。我对音乐不是很内行，但是我感觉到在这个戏里头，除豫剧传统的韵味外，还汲取了很多其他的音乐，如山西的音乐因素。见奶奶那一场，王红丽在处理她的唱腔时，开始就告诉奶奶这是多么恶劣的环境、多么残酷的环境，她的那种声腔处理得很好，用嗓方法也不同一般。那些跟奶奶的大段的唱和激情的表演，我觉得既有传统的韵味，又有现代感。这个我觉得是特别应该肯定的。

我这个发言既是我的意见，也是我老伴的意见，因为我们昨天看过戏之后就在屋里座谈过了，所以既代表我的意见，又代表她的意见。她说我们中国的现代戏过去总是注重于宣传，而昨天晚上这个戏不光是宣传，更重要的是它本身是一个艺术品，或者说已经达到一个艺术品的高度了。这个戏呀，就是小皇后豫剧团最近的艺术创造的新成就。我们祝贺小皇后豫剧团的成功！

荆桦：刚才各位专家的发言都很精辟。我很不礼貌地提示一下，现在是差两分11点，我们还想听到更多专家的宝贵意见，诸位的发言最好能够控制在10到15分钟。谢谢大家！

安志强：我觉得这个戏呀，不同凡响。它远远超出我的期望值。说实在的，我最近看的为建党八十周年献礼的节目不少，这个戏是最好的。挺不简单，我很佩服这个剧团。这么一个自负盈亏、不拿国家一分钱的民营剧团，竟然能够排出精品，它完全有可能也需要成为一个典型。从编剧到导演到表演，以及各个方面，它都有可圈可点之处。所以这个戏我看得很兴奋。他们很成功地借助了许多外来艺术因素，去丰富戏曲的写意手法。很重要的就是闪回，这个闪回切转都是影视的东西，一般说把这些东西拿到舞台上来是要很慎重的，搞不好容易弄巧成拙。但是这个戏，用得非常好。这种闪回处理，我觉得它是成功地借用了影视剧的一些艺术手法。还有声光电的一些运用，包括最后那个铡刀下，它不表现那个铡刀，而是用两道红绸，这都是现代化的技术，就是说它很成功地借鉴了外来艺术的因素，融入在戏曲当中，丰富了戏曲的结构，使得戏曲的写意更加现代化，更加符合现代人的审美情趣。

另外，是关于写戏的所谓老实。我觉得做人是应该老实的，可是写戏千万不能“老实”。这个所谓的不老实，其意不是它的随意性，而是说它的虚构。刚才曲院长说了，刘胡兰在牺牲时奶奶已经死了，剧本里她又活了，为什么？它就是用来很好地衬托这个十五六岁的小姑娘刘胡兰的，用老来衬托小，用成熟来衬托不成熟。它这里不是随意的，而是有匠心的，有艺术创意的。一开始不是有这样的唱词：“儿童团也是干革命，干革命就是党的人！”她要交党费，那时她对党的组织原则还不大了解，最后她在牺牲前说：我活着要像共产党员那样去活，死也要像共产党员那样去死！那么，她的整个成长的经历就展现在舞台上了。所以，我觉得这个戏它是集中笔墨在描述、描绘刘胡兰在牺牲的前夕这种经历的变化过程。这是剧作的高明之处。它省略了很多过程，省略了很多过程当中的细节。它用了很多我们所陌生的细节。我们很熟悉刘胡兰，大义凛然，生的伟大，死的光荣，但是它创造出了很多陌生东西，这些陌生的东西不是捏造，实际上它是在深入开掘这个十五六岁儿童的心理。辫子、铜板，这个铜板是“铜板虽薄重千斤”啊，是吧？还有这个发卡，这都是很小的细节，这是我们不熟悉的，我们没见过的，我们陌生的情节，但是这些陌生的情节帮助我们走进了刘胡兰的心里。我觉得这个戏的高明之处就在这里。就是说，它更细致了，它营造很多细节是为了丰富刘胡兰的形象，使这个刘胡兰的形象活灵灵地展示在我们的面前。因此，我们看了这个戏就更加体会到“生的伟大，死的光荣”这八个字的分量。我觉得这个戏，是非常值得玩味的戏。它是个艺术品。艺术品不是说教式的宣传，而艺术就是最好的宣传。

我还想说一下这个戏的音乐。豫生同志在这个戏中的唱腔设计，我很佩服，这个戏里头有些唱腔可能会流传下去。它有几段唱词相当好。比如说，“铜板虽薄重千斤”这段唱词，刘胡兰在风口上唱的那段“俺是个儿童团员……”，还有她对奶奶唱的那段“胡兰子惹你生气太不该”，以及牺牲前唱的“咱们祖孙有泪不能在敌人的面前抛”那段，都可能传下去。它好在什么地方？它注重了豫剧的本体，虽然它有好多吸收，比如说“交城的山交城的水”，有吸取了京剧的地方，但是它豫剧的本体没有变，它的强烈的节奏感，豫剧的那种特别甜蜜的家乡味儿，那种家乡的甜味，让人非常陶醉。我感到这个唱腔的创作是下了一番苦功的。

我再谈红丽几句。这个红丽呀，是个非常好的演员，很有潜力的演员，《风雨行宫》的时候，给我们的印象是相当深的。这一次时隔七八年吧，她的进步特快，我觉得她在演人物这方面能更注重人物内心的刻画，在这方面她展示得更准确了。如果说过去她是嗓子很亮，很年轻，用唱来取胜，那么现在不仅是唱，表现得更全面了。过去我老觉得她演戏特投入，该哭就哭，哭得泪人似的，所以我就担心她的嗓子。你现在的嗓音可不如以前了，可能是劳累了吧。（王红丽插话：这一段排演太劳累，也有病，正在治疗）是的，这个劳累没有办法，你现在是担纲，团里头要靠你领。但是也要注意调剂，注意休息。唱腔中有些轻声气声的运用，不知是逼出来的，还是有意识的。（王红丽解释：轻声气声是有意的）好，但愿是有意识的。希望你有意识地找一些方法。另外你的哭，你的情感的宣泄，我在台下很受感动，有时是你的一个眼神，你的一句腔调，勾起了我的酸楚，于是我落泪了。我相信红丽会在艺术实践中不断成长，会更加成熟。最后，我要向红丽表示祝贺，向全体参演人员表示祝贺，向所有创作人员表示祝贺！

朱文相：看了一台好戏，很兴奋。祝贺剧团演出成功！我相信各位到北京去演出，同样能引起轰动，一举成功的。前边很多专家都谈得很好，很全面。我只谈几点想法。

我觉得这个戏好啊！它是全面的好。这个全面的含意，除刚才各位说的编导演音美这些外，我觉得这个戏是既能参加会演夺奖，又能吃饭的。这是非常要紧的。这民营剧团排个戏，上边文华奖、“五个一”全得了，下边营业不了，老百姓不看，卖不出票去，这没法弄，是吧？说它好，有几个层次：第一，领导看着好，能给你奖。第二，专家捧场。第三，老戏迷看着过瘾。第四，一般青年观众、普通观众他买票。能够做到这四方面都满意，这就是民营剧团排戏的一个方向。这个戏能做到四好，能够对几个方面都争取到，所以我说你们这个戏非常全面。现在有的排戏是拿钱堆，一个戏成百万、上千万元地往里投，人海战术加钱海战术，那个布景能上一百多

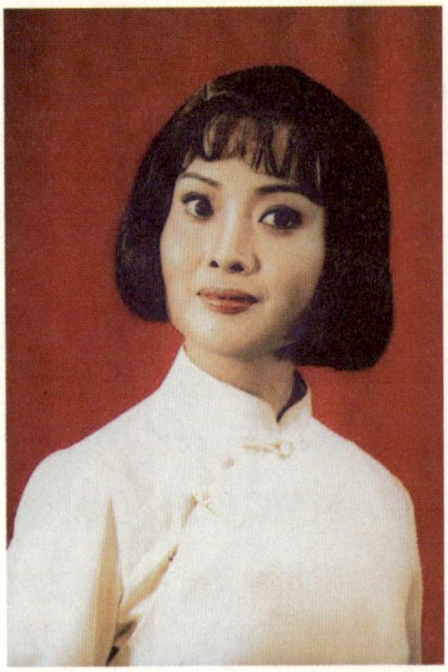

●《铡刀下的红梅》中王红丽饰演刘胡兰

人，那个布景是一台一台又一台，北京排一个戏，那指挥一天要一万元，一场戏就要一万元。一个乐队加上去，整个26万元。然后作曲多少钱，布景多少钱，所以这1000多万元大部分让乐队和舞美拿走了，结果演员那儿最惨，还吃方便面，你说你要给演员多发点钱，天天排到夜里12点他也给你好好干。问题就是你到底钱往哪儿投，值得研究。戏曲的中心仍然是表演。导演是火车头，是主导，咱们是以演员的表演为中心的艺术。钱应该投到这儿。

这个戏，很好听。现在还有好多戏呀，内容挺好，但是唱腔不好。包括咱们京剧的《骆驼祥子》，表演非常成功，但是没有一段唱能够流传下来的。这个问题值得研究。豫剧是以唱为主的剧种，所以希望能把唱搞好。这一次，王豫生老师搞的唱腔，我是非常欣赏的。他虽然吸收了许多新东西，但是它化成了豫剧，你听着还是豫剧味儿，所以说它曲子好。这个戏词也好，宋西庭先生写得非常有情趣，非常生动，按照阿甲先生的话说就叫“理达情融，词浅意深”，你做到词浅意深、理达情融，才能写出好戏来。所以刘吉典先生老是说，我们的唱腔设计不好，你瞧这词儿，它能写出好腔来吗？所以说，两者结合还是要紧的。

另外，这个戏很好看。过去排《刘胡兰》都是一团正气，正义凛然，可敬而不可亲。现在看这个刘胡兰，是可敬又可亲。这一点我觉得很好，她是有多侧面的。这个人物的成长过程有了，而且把这个人物性格的多侧面也写出来了。再就是有情。她和奶奶、妹妹之间的感情交流，两位演员演得非常好，她们红花绿叶配得非常好，非常有趣。余导演把刘胡兰的那个小姑爷调理得很有情趣，相亲这一场戏很有情趣。这一点，也是这个戏好的地方。戏，没有绝对的悲剧，它都是悲中有喜、喜中有悲，所以说搞戏得会调剂，这是符合咱们中国人的审美趣味的。再一个是有味儿，就是说有回味。比如说辫子那个细节，能从头贯穿到尾，它让你感到一个人的成长过程。她原来舍不得剪这个辫子，但她为了革命最后还是要牺牲自己的一切。辫子的细节，把她跟特派员之间的斗争，和顾县长的关系，和奶奶的关系都串联了起来。这些地方做得很好，很有意味，很能够让人寻味。

黄维钧：想说的话很多，不过我也不能超过规定的时间啊。来之前，荆桦告诉我说你来了不会失望的，昨天我看了以后是喜出望外。刚才诸位发言讲的，都是由衷之言，也是我心里要说的话。建党八十周年的戏呢，我也看过很多，觉得这个戏是佼佼者。

第一点，我要讲讲咱们小皇后豫剧团的剧目问题。一般民间职业剧团很少排新戏，它受很多条件的制约。这个剧团却排了好多新戏，而且这些新戏还能够保留下来。特别是这一次，他们排出了这样题材的新戏，这是非常可贵的。正因为它是民间职业剧团，它要排新戏，它不会仅仅为了去得奖，起个宣传效果，它必须能够长期演下去，成为保留剧目。他们新创剧目很多，我没有统计过，恐怕是全国民办剧团中创新剧目最多的吧。我问过王豫生总监，那个《风雨行宫》已经演了1000多场，其他剧目最少的也演了100多场。这一点，是非常可敬的。他们搞的新戏，基本上是要求做到思想性和观赏性统一的。这一点，往往也是很难做到的，可他们就做得很好。因为他们是民间职业剧团，他们必须这样做，他们不可能投入很多钱去拿了这个奖就再也不说事了。由于这种经营观念、创新精神，他们可以说是我们民间职业剧团的旗帜。他们的这个文化层次，他们的戏剧观念，他们的剧团管理，应该很好地总结。总之，像他们这样的剧团在全国也是很少的。

第二点，我觉得这个戏非常好，是全方位的好。编导演、音乐、舞美，各个方面都很好，当然我们也可以提一些小意见，挑一些小毛病，但是我要说总体上都是好的。这个戏要比搞一个新的什么戏难得多，这个戏写了一个非常可信的少年英雄。它用两条线交织的办法，一条线是历史的，一条线是现在的，两条线巧妙地交织起来。这样的戏，它的内涵就丰富了，信息量就增加了，富有创新性。

另一点，它对人物的刻画是发挥和利用了戏曲的强项的。这个戏，在余笑予同志排的戏里也是成绩很突出的一个，不管是在追求上，在风格上，在情感上、创新上、内容上、形式上，都相当精妙，相当细腻。

另外这个戏非常大气，一般的省一级的剧团达不到这个水平。

关于王红丽，以前夺梅花奖的时候看过她几个戏，但是看过这个戏以后，我确实感到有新的发现。我发现她有很好的创造人物、刻画人物、塑造形象的功力。她不仅是基本功夫好、嗓子好、会唱，而且她在刻画人物、对人物感情的处理方面掌握得很好，在许多细腻的地方她处理得很好，很有爆发力。大家知道，在儿童剧里头，少女是最难演的。往往是过于做作，让人看了别扭，可是王红丽对刘胡兰这个人物的表演和体现，非常自然，非常真切，包括许多细小的动作处理。一个成年演员表现这个少女，是那样准确地找到感觉，说明这个演员在表演的控制力上和塑造人物的功力上，都是很不一般的。我认为将来这个戏不仅可以作为正常的剧目参加各种活动，也可以作为儿童剧来演出，来扩大这个戏的影响，有机会可以参加少年儿童剧全国性的评奖，一定会得到好评的。因为现在看在全国儿童剧里还没有这方面题材，而且演得又这么好。

姜志涛：跟刚才发言的各位老师感觉一样，的确是看了一台好戏，而且和刚才黄主编说的那样，大家并不是为了替主人说好话，而确实是发自内心地来评论这台戏，是由衷的赞誉。我这人挺保守的，一听是演原来人家炒过的，我就有点打问号，听说红丽要演刘胡兰就觉得难说，但是看过戏后，感觉确实是好啊！关于刘胡兰，虽然我们看过京剧、看过话剧、看过歌剧、看过电影，都是这个题材，而且刘胡兰的故事家喻户晓，我们都太熟悉了，但看完你们的演出之后，绝对是不一样的。从戏剧结构到戏剧手法都特新颖，非常不一般。就说那个闪回吧，或者叫意识流，很得体，很不一般。再一个不同于一般的是，它还原了十五六岁的刘胡兰的本来面貌。以往的戏，都把她写得太高、太大、太正了，要知道她毕竟是个十五六岁的小姑娘啊！但是这个戏还原了她的本来面貌，她的那些个童趣，她的那种可爱，不但有观赏性，而且符合那个历史的真实。说句笑话，原来我以为豫剧小皇后王红丽长老了，没想到她真的青春永驻，不但没老，又小了，表演得非常天真可爱，而且毫不做作。她跟满台小孩在一起，根本看不出来。她跟那个小女婿在一块的对口戏，一点也不让人感到别扭。这个戏，的的确确还原了刘胡兰十五六岁的本来面貌，它让人感到非常可信。另外老黄和我的共识就是，这个戏开辟了儿童戏剧观众的大市场。《一二三，起步走》这个获了文华大奖的戏，在十年前叫《小城故事》，后来改成《一二三，起步走》。它当年就是为了争取儿童观众，争取让公安局、教育局下红头文件，让儿童来看。它越演越火，越演越红。昨天我看有许多像中学生的观众，他们看了很受鼓舞，很受感动，这说明这个戏满足了他们的需求，你们这个戏绝对具备征服少年儿童观众的条件。无形中，你们又开辟了城市这个大市场。我和老黄都意识到了这一点。我以为当时你们就有这个想法呢。

再一个就是，由于编剧、导演、音乐、演员、舞美都是高手，所以感觉不出来这是一台第三场彩排的新戏，给我的感觉是各方面都非常完整、非常成熟，而且有大剧院的风范。在舞台处理上，特别像儿童团那些戏，场面非常好看。演员表演那个成熟啊，真让人感觉不出是一个刚排出还未上演的新戏。这个，演员和导演都是功不可没的。像刘胡兰和奶奶的那段戏，按理说这是最一般的办法，韩英临死之前也是把她妈叫来，李玉和临死之前也是把他妈叫来，但是这个戏的处理方法绝对不一样。她上来之后奶奶哽咽着要哭，又硬撑着不愿出声，你看那个效果，观众哗哗地直鼓掌，所以说它在情节上虽然一样，可在处理上绝对不一样，让人感觉不到有任何雷同的意味，而感到非常有新意，非常细腻，就是这些细腻的东西加在一起，看着这戏才非常完整。老黄和刚才几个同志都说是精品，我觉得这个戏的确具备了精品的雏形，具备了精品的基础。

王红丽的表演，刚才大家都肯定了，我就不多说了。她是第一次演儿童剧，和那么多小孩在一起你不感觉她是一个成熟的女性，而感觉她就是一个天真的小姑娘。这个表演，真是不得了。

我也提几点参考意见。一个是闪回的那些地方很好，就是后来还是要把握她是一个未成年的少年这个基点，不要有郭兰英她们演的那个歌剧的影响，不要给人所谓的高大全形象的感觉。另外，刘胡兰犯错误，把发卡摔了，让孩子们踩几脚我感到不舒服。第三点，是关于宣誓，那个打更的领着宣誓，感觉有点不太合理。总的来讲，这是一台非常好的戏。

我再顺便说一句，刚才大家都提到小皇后豫剧团，应该说，从它建团初始，到它后来成长发展，我们都非常关注。它一开始就轰动了京城，所以大家都非常关心王红丽，关心这个团。刚才王总监和王团长这父女俩谈起这8年，眼泪马上就下来了，而且强忍泪水。他们虽然没有说，我们完全感觉到了这个8年的辛酸艰难啊，就光是一年演出三四百场戏，其艰苦就是可以想象的。但是，你们这8年，不论从经济还是艺术的提高上，都取得了巨大的成果，而且广有影响。我们在山西看上党梆子，他们移植你们的《风雨行宫》，在表演上也学你们，比如甩发什么的，这对你们来说应该是最大的安慰。时间到了，不多说了，祝小皇后豫剧团越来越兴旺发达，祝王红丽心想事成！

赵承燕：这个戏，给人的感觉很新。比如，一开幕就给我一个很新的印象。尤其它用的几朵梅花，寓意是很深的，它是那样鲜红，不仅仅象征着它的个性，而且它寓意着我们革命先烈的鲜血。导演的构思，是别具匠心的。而且这个乐队非常好，它没有大的复杂的结构和配器，但是它非常鲜明地突出了个性，突出了豫剧音乐的个性，让人听起来非常动情，好听极了。但是，我认为它的伴唱不好，伴唱一出来往往就把意境给破坏了。伴唱主要是感到不讲究，哇一下子就出来了，有点野了。

另外，我想说说王红丽。对于她这个梅花奖演员，大家都非常关注，观众关注梅花奖获得者现在在干什么，他们夺了梅花奖之后是不是还在为艺术而奋斗，是不是还在为广大观众服务。据我们了解，王红丽夺梅花奖以后6年了，她一直战斗在舞台上，而且由内地迈过了海峡，演到了台湾。她还有更高境界的追求，在艺术上敢于进取，敢于攀登。作为一个梅花奖获得者，这是非常不容易的。从对刘胡兰的塑造上来讲，我觉着她的进步是很大的。她对整个人物层次和人物贯穿动作的把握是不错的。

●《铡刀下的红梅》剧照

宋丹菊：现在由于时间关系，重复的话我就不讲了，我也有以上专家那些想法，包括这个戏如何如何好，等等。我总是有一个感觉，演现代戏也是得要程式化，包括红丽的唱，也是要程式化，不能太真。我是演员，所以我有这种感觉。往往台上你真的进戏了，你一哽咽，那嗓音的音质音色就会变了。我觉得红丽在塑造人物上迈了很大的一步，显得很成熟了。这个豫剧，我觉得很难唱，因为它是大嗓、小嗓的结合，这中间还有哭泣，我们这里有很多是演员，大家都知道，只要是一哭泣，特别坏嗓子。这个我就不说了。一般来说，现代戏演英雄人物容易“左”。这个戏我爱看，看着很舒服，它没有那种明显的说教，我觉得这是这出戏最大的优点。再有一个就是过去演现代戏，特别一演共产党员，那是一点缺点都不能有的，尤其是表现女性就更不易，不能讲求美。这些“左”的东西在“文革”时更厉害，我们是深受其害的。“文革”时，我在样板团，一天早晨4点钟让起床集合搞请示，别的都是两请示，我们是三请示，因为还多了一个江青，起来后我抓帽子抓错了，抓了一个小红帽戴上了，这下子坏了，我整整挨了三天批，说你就老爱美，你这爱美就是资产阶级思想。所以，我觉得这出戏能够破了这些东西，这种突破我觉得前人是不多的，表现了女孩子的阴柔，花容月貌，女孩子她就是喜欢头发，她把自己的头发当成一种爱，当成一种美，当成一种生活的乐趣。在这方面导演的手法表现得特别高明，红丽也演得好，我特别佩服这一点。

我有一个建议，就是刘胡兰和特派员斗争中，刘胡兰勇敢地走出大庙，快要冻死了，更伯来看她，刘胡兰说：更伯，我冷。当时我的心都快碎了。我感觉当时更伯马上要脱下自己的披肩给她披上，这不是别的，这是人性、人道。要表现出我们共产党人对人的感情。所以我想呢，这个更伯穿的现在还不好看，是不是专门做一件供刘胡兰穿的衣服，给她穿上，像个披肩，让她后边还可以用它舞起来。对刘胡兰来说，比光穿着那个白小褂更漂亮一些。我还有一个建议，觉得红丽有些唱不妨改用一大段豫剧特色的念白，这样可以创造出另外一种形式来。时间不多了，我最后再说一句：我爱这个戏，我更爱红丽！

郭汉城：昨天晚上看了这个戏，非常高兴。今天上午开了这半天会，听了同志们很精辟的发言，我很受启发。因时间关系，我只能说得很简单，我说三点。

第一点，我觉得这个戏和我们今天的现实非常契合，为我们今天这个时代所需要。因此，可以说虽然它是一个过去已经演过的题材，但是它仍然充分地体现着时代的精神。它与我们整个时代，与我们整个中华民族的精神是相通的。这个戏，描写了中国人民抗击日本帝国主义侵略、中国人民进行革命的这样一个时代，这个时代是充满着爱国主义、革命英雄主义的，它是一个能够创造奇迹的时代。刘胡兰是一个十五六岁的小姑娘，为什么她能成为一个伟大的英雄？今天在我们看来会说怎么这么小啊，但是如果与那个时代联系起来，你就不感觉奇怪了，就是完全有可能的了。她那个时代有那个时代的情况和环境，那个时代对这个英雄的成长的影响是很大的。刘胡兰虽然年纪小，但是那个时代的爱国主义精神，那种要翻身要解放，那种反抗压迫的精神，激励着那个时代的青少年，促使他们成长。所以我想，创造刘胡兰这样一个少年英雄形象，对我们今天的青少年仍然起着激励教育的作用。这个戏不仅反映了当时的大背景，而且写出了山西那个地方的特点，把阎锡山统治下的特点也写出来了。阎锡山是中国封建割据时最具欺骗性的一个军阀，甚至连蒋介石都拿他没办法的。你们这个戏不仅写出了中国当时的时代特点，而且还写出了当时山西那个地方的特点。为什么说这个戏是今天人民所需要的呢？我们今天社会主义建设在飞速发展，但是帝国主义并不愿意让我们发展，它要压制我们、打击我们，围剿围堵啊，实际上矛盾是尖锐的，所以我们必须要警惕，不能说我们从此以后就永远太平了。如果认为将来永远太平了，放松警惕了，那就要吃亏。我们最好的办法，就是要教育培养我们的青少年，让他们懂得历史，懂得爱国，让他们知道今天的太平生活是怎么来的，树立他们的爱国主义思想，只有这样我们才能立于不败之地。现在的中国已经不是过去的中国，如果没有这种精神，没有刘胡兰这种精神，我们将来是很危险的。所以我说，你们搞这个戏很是时候，你们的时代责任感很强，你们知道人民需要什么，你们同人民的心是相通的。

第二点，这个戏虽然过去演过，但是你们不是把过去的戏重复一下，而是在过去好的基础上，认真地进行创作，把它给发展了，提高了，是一个崭新的艺术作品。在你们这个戏上，体现了你们的创新精神。我昨天看了你们这个戏，感到有很多创新的东西，不管是文学、导演、音乐、美术，特别是演员的表演，都在认真地创造出新的东西，而且你们有一个最好的东西，就是所有的创新都是围绕刘胡兰这个人物，为了塑造这么一个十五六岁的少年英雄。过去的好多戏是不管剧情的需要，更不管它的真实性，只管把刘胡兰往成熟和高大上推，让人看了感到不可信，而你们既写出了她是一个少年英雄，又真实地描写出了她还是一个十五六岁的孩子，写了她的童心童趣，让人觉得可亲、可信。你们抓的这一点很好，抓出了戏，抓住了根本。为了这个目的，你们对剧本的结构也做了新的尝试，就是用闪回的方法，把这个剧本中的现实和回忆巧妙地结合起来，这样就更能全面地去展示刘胡兰的全部故事，从而更有利于塑造刘胡兰的英雄形象。整个几处大的闪回，把刘胡兰和奶奶、妹妹、部队、同志、乡亲的关系都表现出来了。从这一点上，可以看出来编剧、导演都下了苦功。你们这个人物形象塑造得非常好。在这里，我还想谈几点意见，当然是不成熟的，因为只看了一遍，不一定准确。一点是关于闪回怎样衔接得更贴切，因为闪回和现实反差很大，要注意情绪的过渡和观众的欣赏情趣；另一点，是闪回和现实之间的衔接如何更有机，怎么样从现实引入到闪回。这些，还需要下些功夫。再者是闪回这个东西要精练，不宜过长，过长了容易给观众造成错觉。关于儿童性格的东西很好了，但是我感到还不够，可以再加强一些。另外，唱是不是太多了一些？后边奶奶和刘胡兰的唱多了，演员都唱得累了。唱是戏曲表达感情的重要手段，但它不是唯一的手段。有些时候白能表现，有些时候唱能发挥。太多呢，演员和观众都会感到疲劳。

第三点，我看了你们的戏，感到这是你们小皇后豫剧团一个新的起点。你们这个剧团，是一个发展的剧团，是一个为事业艰苦创业的剧团，了不起呀！你们始终保持一个发展的趋势。你们这个剧团很团结，上上下下，演员、乐队各个方面都团结。人的思想面貌、精神面貌都很好，力量很强。我看这一点比国家剧团好。你们的整体观念很强，能够达到这一点很不容易呀。这里边有很多的艰辛，很多的工作，很多的努力。你们一直沿着一个正确的方向在前进，这一点是跟王豫生同志和王红丽同志的辛勤劳动、不懈努力分不开的。我们搞民间职业剧团不是复旧啊，不讲艺术，不讲思想，不讲质量，我给你什么你看什么，光讲挣钱，那些是不行的。你们不光讲求经济效益，更重要的是你们在艺术上、作品的思想性上都非常认真，非常讲求质量，而且不断地发展，不断地追求，达到了相当的高度，这是非常可贵的。我觉得，小皇后豫剧团的这种精神应该大大地发扬推广，应该大力宣传你们怎么搞的，怎么干的，你们怎么样艰苦创业，又是怎么样越干越好的。从开始到现在，你们剧团已经有了一个扎实的基础了。你们同时代相合拍了，你们是人民的剧团，同老百姓贴得更紧了。我非常佩服，你们不靠国家吃饭，却同样或者说比国家养的团还要自觉地为社会主义文化做着贡献，真是了不起啊！向小皇后豫剧团学习，向王红丽学习！

王红丽表演艺术纵横谈

——王红丽表演艺术研讨会纪要

时间:2014 年 5 月 30 日下午

地点:中国文联 506 会议室

季国平:很高兴能够参加王红丽表演艺术研讨会。两年前,艺术研究院专门举办过王红丽表演艺术研讨会。记得当时我在会上主要讲了两点:第一,王红丽的戏演得好;第二,王红丽的剧团办得好。红丽首先是戏演得好,这很不简单。因为在中国剧协 634 位获梅花奖的演员里,有 42 人是“二度梅”获得者,她是这 42 人之一,而且她年龄不算大,当时得“二度梅”的时候也很年轻。这当然不是一个重要的评价标准,只是说王红丽在艺术道路上取得了一个突出的成绩。今天又看了她的《大明皇后》,觉得她在不断地追求提升。在今年春天,她这个团作为重点地方院团得到文化部的资助以后,她请徐培成老师帮她排戏。这一出戏刚开始有这样的呈现相当不容易。而且在戏里王红丽是集青衣和刀马于一身,真的很不容易。如果就是这样,红丽还不够,还只是一个表演艺术家,没想到红丽的小皇后豫剧团办了 20

年，办成了戏剧界民营剧团的代表，这是很不容易的。就两者的结合而言，目前不敢说她是全国唯一，也可说是非常突出的。所以，在这儿我想要代表我们中国戏剧家协会对红丽取得的成就表示祝贺。

王红丽学的是阎派，她母亲是常派的入室弟子。所以从她身上能看到常派的影子。王红丽已经逐渐形成自己的特点，形成自己的风格。当年她要是演刘胡兰的话，大家可能对她还是有些怀疑。现在看到她的刘胡兰以后，真的为她在舞台上塑造的刘胡兰形象折服了，现在大明皇后这个形象也给我留下了深刻的印象。我在想，王红丽经过不断的追求，一定会在豫剧的表演领域形成她自己独到的一派。

是的，我们对王红丽充满了期待：你还很年轻，你再演十几年，一点也没问题。所以我们期待你在过去的基础上，不断打造自己的代表剧目。由此，我就想到，目前戏剧的梅花大奖有七位获得者，以我们剧协尚长荣为例吧，他有一系列的代表作。所以我们也寄希望于王红丽在已有的基础上进一步打造你的代表性剧目，为豫剧艺术在当代的发展做出你的贡献。我想这才不辜负省委、省政府、省文化厅专门为河南有影响力、有前途的艺术家开这个名家推介会。

办团确实很难，一个院团长吃喝拉撒什么都要管。人们看到的只是她辉煌的一面，城市的舞台，国家的领奖台，实际上很多戏曲演员大量的演出是在基层，是在农村，是在土戏台上，是跟普通老百姓一个锅里吃饭，一个炕上睡觉。我想王红丽也是这样的。她一年演出400多场，相当长的时间是在农村，这点是很不简单的。因为现在讲的是戏剧走市场。我前几年也说过这个话题，我们的戏剧走市场，我以为戏曲走市场的核心是还戏于民，不只是挣钱的问题，有时候演得多也不一定挣钱。她能坚持在农村演出，也可能靠她当年卖烤鸭挣的钱给她一些抵偿，恐怕她在戏剧一线的演出要想挣钱，真的很难的，但是她坚持下来了，而且老百姓那么喜欢她。所以小皇后成了豫剧界的品牌，这当然是响当当的。从我们中国剧协来讲，我们会更多地关注民营剧团的成长和发展。同时，我想今天河南省文化厅厅长亲自来主持这个会议，这也说明当地政府对民营剧团的大力支持，所以我们也很期待王红丽的小皇后豫剧团能越办越红火。

仲呈祥：感谢中国剧协、感谢河南小皇后豫剧团给我这次学习机会。我实际上

《大明皇后》中王红丽饰演马秀英

是豫剧的外行，王红丽的戏我也看得不多，但是我看过她的《铡刀下的红梅》，还是跑到基层去看的。看过她的《大明皇后》，这两个戏都搬上了银幕。现在，我想谈几点感想：

第一，对于河南省委、省政府、省文化厅操办名家推介工程，我以为这是尊重文艺规律，繁荣社会主义文艺的一项明智的举措。因为人类靠艺术把握世界，来坚守自己的精神家园，戏曲是艺术的一个重要门类，以戏曲的方式，审美地把握世界，是中华民族生存的一种重要方式，也是中华文化的重要组成部分。而戏曲的一部历史，主要是戏曲名家及其代表性作品所形成的。正如我们做文学史的时候，主要是作家作品史，当然，要顾及作家作品问世的文化思潮、文学思潮。一部戏曲史，实际上就是由戏曲的名家及其代表作，以及围绕着戏曲名家及其代表作出现的戏曲评论家们写成的一部历史。重视戏曲名家的推介，就是尊重人类用戏曲方式把握世界这种审美规律。所以说了很多,关键是出人。我最近很有感受,余笑予导演说,王红丽是一个他碰到的为数不多的为戏而生的人,是一个戏比天大的人。我作为戏迷,知道常香玉是戏比天大的人。最近我们的中青年演员里面,至少大家说张火丁一上舞台,就全身心地投入了,他甚至超越了很多功利,现在他也没什么负担了。所以最近他的《梁祝》《春闺梦》确实达到了炉火纯青的地步。称他为程派的翘楚恐怕当之无愧。今天把王红丽称为豫剧的一个领军人物她是当之无愧的。正式推介她就是尊重文明,就是这个民族善于把代表着民族某一方面较高水平的名家,推上民族文化宝塔的塔尖,让他们照亮民族精神的航程。一个民族误把那些并不代表民族较高水平的人及其作品推到塔尖,利用现代媒体加以盲目宣传,则是这个民族的悲哀,也是这个民族的不幸。所幸的是,王红丽在党和人民的培养下,在我们这个时代,在广大的豫剧观众,尤其是在座的我们这些戏曲界的理论家们的推荐扶持下,她为人民认可,被我们这个时代认可了,她已经登上了豫剧艺术在当代的塔尖。因而,她的职责就重大了,她的使命就光荣了。人们对她的厚望就更加富有内涵了。所以我首先是对河南省这个举措举双手赞成、拥护。抓剧是一方面,重要的是抓人,代表性的人物、名家,然后是他们的作品。

第二,要奉劝红丽珍惜自己的年华。我刚才讲的是心里话,你要把你的主要精力花在戏上,团长是有很多杂务,今天这个会也让你操劳,我总觉得有点可惜。因为一个人的精力是有限的,如果超负荷运行是撑不了多久的。所以我建议文化厅的领导要关心关心。我们是社会主义制度,尽管是民营剧团,我们应该对他们给予支持,甚至给她选派行政能力强的好同志,让王红丽解脱出来,当然她很重要的是靠了她的老母亲,她真是有个好母亲、好父亲啊!我前天晚上去看戏,老母亲在门口张罗,这个很不容易,一家人为了豫剧贡献着。

第三,我觉得《大明皇后》这个戏是佳作。这个戏好在哪儿?这个戏写历史观照今天,这个戏很符合习近平总书记五四青年节上在北京讲的三句话,到了北大之后他见了哲学界的领军人物,见了文学界的领军人物,然后见了历史所、考古所的一批老先生,说了三句话,他说中国要前进,改革要深化,离不开哲学精神的指引,离不开历史镜鉴的启迪,离不开文学力量的推动。他这个地方讲的文学,不是指的单一的文学,他是按照文史哲本为一家的思路讲的,实际上这里包含了所有的文学艺术。用他这三个离不开来看这部戏，这部戏的重点就在历史镜鉴不可忘，展示了中华民族历史上宝贵的政治智慧，塑造了大脚马皇后这么一个了不起的女性艺术形象。而且选择了大脚，这是个例外，中华文化裹小脚不是好事，是在文明史上当作落后的一个文化符号来加以嘲讽的。窃喜我们有这么一位出身贫贱、通过起义坐了天下的马皇后，却是个例外。所以此处的大脚不能看为实实在在的一双脚，我认为它是一个意象。它标志着今人在反思中国历史的时候，看待中华文化的时候，以文化自觉和文化自信的态度，对历史上传承下来的文化进行了扬弃，我们并不承认小脚是好东西，我们现在认为这不是好东西，但是我们的祖宗里面早就有人这样干，也让世界都知道，让老百姓都知道，说她的脚大，其实主要讲的是她思想解放。马皇后是个思想解放的先驱者，她善于创新，坚持独立，她有自己的个性，这是非常宝贵的。然后她处理了一个与当代生活相衔接的，讲真话还是不讲真话的问题；还处理了一个靠裙带关系当官的问题。这些都是当代社会最核心、最热门的问题。这又应了习近平总书记讲的，总书记在中共中央政治局第十三次学习会议上专门讲了一段话，他说我们要善于把中华民族的一些基本的文化基因同当代文化相联系，与现代社会相协调。你看这里面的文化基因，包小脚的问题，基因在里面。还有一个官与民，就是所谓重民本的问题。马皇后是有反思精神的，越到后面看这个戏越有意味。她善于从意见中汲取营养，照亮自己的不足，来教育她的侄儿。这个令我们今天多少靠裙带关系爬上去的人、搞小圈圈的人汗颜，从这段历史镜鉴当中可以照见他们的丑相。最后她发现一个人才，这是书生化的、有见地的人才。这个戏的主题非常深刻，而且它蕴含着政治智慧。我们的编剧到导演，又以他们艺术上的智慧，使这一政治智慧得到了恰当的、巧妙的审美演绎，就给我们观众以营养，我越看越有味道。所谓味道，指的就是习近平讲的启迪。再深入一层看，这个戏还蕴含着一种历史哲理。你朱元璋可以从基层打天下，靠武力得天下，可以靠人民的水把你的船浮起来，你搞不好，人民的水也可以覆你的舟。所以我说这个戏不仅是演给 13 亿普通中国人看的，尤其是演给那些省部级官员，乃至中央政治局委员看的，因为看这个都可以想一想。但是我觉得舞台的演出还有一些粗疏之处，包括灯光等，其实我可以看出来王红丽是很用心的。应该感谢跟她配戏的“朱元璋”，也是很用力的。他很想表现这位女性的内在思维，他在想这个问题。她要应对

●《大明皇后》剧照

自己的丈夫，然后应对这位胆大包天的书生，当然她也要看穿那个一心爬上去的马屁精。台下的观众都在笑，与其说笑台上的丑行，不如说是笑我们旁边靠不正之风爬上去的人。因此它就营造了一种很好的文化氛围。它起到了灵魂聚集、强基固本的功能，让正气上升，传达了一种正能量。要感谢徐导，徐导是用心地在做这部戏，一定要让他反复打磨红丽前面演的一系列戏。这是王红丽第一次演，越演，演员越能激发出心中的悟性，使它走向成熟，成为一个保留剧目。王红丽还年轻，这样一个戏一个戏地演，一个一个的好导演、老演员扶植她，让她定下来，将来王红丽定会成为在中国豫剧发展史上占有一席之地的名演员。

徐培成：我想说的是，王红丽是真正为人民的艺术家。我为什么这么说？因为我在基层院团工作过，当过 18 年院团长。我从 1965 年上山下乡，走到 1995 年，整整30年,很不容易,所以刚才看你的录像我都哭了,我知道那个滋味。所以我要说,你是一个真正为人民服务的艺术家。

我是说,王红丽是一个敢于挑战自我,敢于超越自我的人,这太不容易了。我很赞成王红丽对《大明皇后》这个剧目的选择。你看她选的戏没有太重大的题材,当然刘胡兰是另外一回事,你看都是人们喜闻乐见的剧目。像马皇后,我特别同意仲主席说的,这就是正能量的宣传。咱们反过来说,刘胡兰十五六岁,天真,执着,又为革命牺牲了。马皇后60多岁,这个差距多大,一个皇后,一个农村小丫头,跨越600多年。刘胡兰是现代戏,马皇后是明代戏,表演的唱、念、做、打都要超越。她不但属于常派,还是"二度梅"的获得者。我们说戏、情、味,她特别注意唱情。在当今豫剧舞台上,像她这样用花腔女高音演唱的不多。

作为一个名演员,王红丽多年以来扎根在农村,服务在农村,到现在她依然带着团在基层服务,这很不容易。要知道,生活太自由了,就不下去了,这是我的亲身体验。我在沈阳当院长的时候,过去演戏的时候1块钱、10块钱,后来给100块钱都不下去了。所以我说真正为人民服务的,为基层服务的,才能真正地被称为人民艺术家。说白了,我们戏曲家演的本来就是俗文化,就是基层群众的文化。中国有8亿农民,王红丽是真正为人民服务的,我很敬佩她。

今天来评名家推介,我对河南这项工程是举双手赞成,推荐了那么多名家,对戏剧的发展,河南省是走在全国各省市的前面的,起到了巨大的推动作用,真的是对大发展大繁荣起到了重大的影响力,我很赞成。

王蕴明:看了王红丽的好几个剧目,从《司文郎》开始,《泪洒相思地》《铡刀下的红梅》,她的戏不仅代表了这些年来旦角的表现水平,而且她的表演,使豫剧的表演艺术逐渐有了时代性和演员个性的艺术追求。我感觉到王红丽所有的艺术创造,最成功的在于她的每一个艺术上的进步,是和她的一个信心结合在一起的。这样就把演员的传承和发展做了很好的结合。如果她仅演阎派戏,或者其他派的戏,她只不过是一个优秀的传承者,而她恰恰是在每一个成功的剧中,用她塑造的人物作为她的艺术的载体,用她塑造的人物的性格作为她艺术创造的灵魂,不仅仅丰富了豫剧艺术,而且也使王红丽的表演风格在传统的基础上走了出来,有一个很立体清晰的表演贡献。

另外我想说的是，河南省文化厅做艺术名家推介工程，这是一件功德无量的事情。我们现在这个时代，虽然戏曲危机，但是不乏中青年的表演人才。我们不仅仅要对他们生活上加以呵护，更要对他们进行艺术上的肯定。在对中青年表演艺术家的肯定和推介上面，还是有很多工作要做的。因为这些人在那么大的一个社会的环境中，有那么多社会的、生活的困难和诱惑，他们仍然坚守在舞台上，就是因为戏曲在他们心中是最爱的东西，他们也许对于从事戏曲的贫困生活有怨言，有苦痛，但是他们没有离开。我们对他们最重要的帮助不是对其生活上怎么样关心，更重要的是对其艺术上的肯定，使他们得到在艺术上坚守后的欣慰和满足。所以我觉得河南省文化厅做这个工作是有长远意义的，而且这个工作已经成为一个系列，从举办的这些活动来看，它真正给了河南戏曲人以尊重。我觉得对这支队伍的巩固和发展，有非常强的精神意义。

至于王红丽在艺术上的成就，有那么多专家在，我就不多说了。我们记住王红丽的不仅仅是她的开拓精神和闯市场的本领，更重要的是她塑造的金桂，她塑造的王怜娟、刘胡兰，以及马皇后，在戏曲舞台上丰富了艺术画廊。在演唱上，她在旦角的表现基础上逐渐形成了自己独特的风格和品格，这是一个青年戏曲家对自己心中梦想最好的坚守，也是对社会文化建设的一种贡献。

薛若琳：河南省文化厅举办省内艺术名家推介工程，已经推出了一批卓有成就的剧作家、导演、音乐家和表演艺术家，这充分体现了文化厅对全省的艺术家们的关心和尊重。对此，我是非常钦佩的。我觉得这是河南文化事业对全国艺术的推动。

今天推介豫剧艺术名家王红丽。10 年前，我看了她的《铡刀下的红梅》，30 多岁的一个演员，演十五六岁的一个小姑娘，那种天真、稚气、勇气，王红丽将这些集于一身，还要克服演员年龄上的差距，真是不容易。我们看她演的，拿着红缨枪在那儿站岗放哨，天真可爱极了。我认为，她就是十五六岁的刘胡兰。刘胡兰当年就是她这个样子，艺术的魅力征服了我。最近，我们看到她演的大脚皇后马秀英，这个是农村妇女，跟朱元璋征战杀伐打天下，最终取得了胜利，朱元璋登了基，她当了皇后，母仪天下。我们看了王红丽表演得很成熟，马秀英是个政治家，她演得就像。所以，我觉得演员刻画和塑造人物的功力是至关重要的。你不能光有一副好嗓子，当然这也非常重要，同时你的表演，一定是认真地、精到地在那里刻画你所表现的人物。演员就怕心里空，一定要心里有。所以我们看马秀英和刘胡兰，尽管不是一个时代的，我们看马秀英最后非常稳重、成熟。由此我想到，作为一个表演艺术家，作为一个演员，我觉得王红丽气质非常好，这个气质是学不来的。中央戏剧学院、北京电影学院从来不能开气质课，因为没有人能讲气质课。开不了这门课，全靠演员的悟性、体验，加多年的舞台实践的积累。王红丽是豫剧著名的表演艺术家，她的气质首先就使我非常受鼓舞，而且她表演的人物感化了我。如果一个演员没有好的气质，他塑造的人物往往会流于一般化，或者说艺术风格、艺术魅力就达不到一定的高度。王红丽现在正当年，希望王红丽不断地努力。当然你所处的环境，应当说是更艰苦，艰苦，努力，才能锻炼人，才能提高人。我相信王红丽在今后的艺术道路上，会创造或者塑造更多、更好的艺术形象，这一点我是坚信的。

刘彦君：我觉得就作品本身来说，它有三点是特别触动人的：第一，剧本很成熟。成熟体现在它推陈出新，就是这样的一个题材，就是大脚皇后，它很容易落套，落到糟糠之妻不下堂。等皇后说出来“你嫌弃我吗”，我想怎么这么早说出来，没想到最后落在指鹿为马，指鹿为马的寓意显然更具有社会性，价值和立意更宽泛，也更吸引人。从这点我感觉到编剧确实下了很大功夫，是这出戏之所以成功的一点。

第二，就是它的主题很沉重，它是直击时弊的戏，但是风格定位却是轻喜剧的风格，这点我也很喜欢。刚才有老师说在喜剧方面可以再多一些，其实真的可以去尝试，音乐、舞美，包括整体的动作设计、程式设计，整体上都感觉到很轻松。

第三，就王红丽来说，她个人风格日渐形成，感觉她的表演风格中有最明显的变化。原来我看她的《铡刀下的红梅》的时候，还感觉到她有一点技艺等方面的追求，对这出戏她已经是融会贯通了，她把自己的技巧和这方面的能力，实际上她唱得很高的，但是她没有去炫耀，而是全部融入了对这个角色、对人物的把握和理解中，她更多的是在情上做文章。她的特点最明显的，就是豫剧风格中大起大落，讲究非常浓烈的情感。这出戏我感觉到她的表演风格是以柔，以委婉、清新和流畅为特点的，我想这个跟她对自己的表演风格定位有关系，这也是她表演风格走向成熟的标志，特别是她把这种风格融入了她的人物中，融入了人物关系中。我特别喜欢听她劝皇帝的那几段唱腔，她把握得特别准确。有句俗话说当面训子，背后教夫。即使患难夫妻，你批评他的时候也是要讲究方式和方法的。所以我感觉唱腔，包括语言，就是唱词也是特别好，虽然批评了他，就是你看之所以人们这么热衷于指鹿为马，是因为你爱听，可话不是这么说的，但每一个观众都明白了，而唱腔很委婉，确实把握住了人物细微之处的分寸感，这点我很喜欢。这里面体现了她自己对艺术的尊重，对规律的尊重，而不是像过去单纯地来展示自己的演唱技巧，这是她此次表演这出戏最大的特点。

吕育忠：因为工作关系，我同王红丽接触得很多。近几年文化部举办的活动王红丽都参加了，参加的都是一个戏，即《铡刀下的红梅》。正因为如此，我跟王红丽说过很多次，希望她能拿出一个新的作品。后来几次交谈的过程中，她说选了一个题材，就是大脚皇后，后来我给她牵的线，找的杨波老师。杨波老师身体不好，但是一听是王红丽，马上就答应下来了。徐春兰也是我搭的桥，她们原本也不认识。考虑再三，我觉得给王红丽换一个风格，换一个导演，对王红丽塑造人物可能更有好处。这个戏出来后，确实基本上达到了当初所设定的这个目标。

这个戏我觉得主题也好，其他表演也好，各位老师都谈得非常多了，我觉得咱们的导演最近几年可能导的戏都比较高雅，都是昆曲，同时也看到徐老师带着昆曲的高雅不仅去影响越剧，这次也要去影响豫剧。我觉得昆曲细腻的表演，对地方戏剧剧种确实有借鉴的作用，但是我觉得不能过分强调昆曲的雅，可能越剧适合一些，但是这个剧对全剧的把握和豫剧韵味的展现这几个方面，徐老师还是要好好把握一下。豫剧确实同其他地方剧种有说不清道不明的不同的基因。这方面可能也同王红丽他们这个团刚刚演这个戏不熟练有关系，等她演娴熟以后，可能这方面会弥合好。

这个剧本里头出现有“国母”这个字眼，我建议千万不要出现这样的字眼。你说“国母”怎么怎么样，皇后就是皇后，不要出现“国母”这样的字眼，我觉得没有必

●《大明皇后》剧照

要。再一个，议论皇后的那个现代舞，我觉得没有必要，一群女的跳现代舞，把现代的元素糅进去，对这个戏没有什么提升。

龚和德：王红丽的道路并不平坦，刚才纪录片里已经解释了，她离开过她喜爱的舞台。我觉得之所以出现这种现象，是受到了体制内的某些人的排斥，但是这个对她来讲很痛苦，所以卖烤鸭去了。我也吃过她家里的烤鸭，她妈妈给我送来的。这恰恰把她推上了艰难的道路，所以得和失之间是辩证的。你在体制内不受重视，到了体制外，走上了民营的道路，相反地把你锤炼成一个非常英勇、德艺双馨的表演艺术家，而且还是一个艺术实体的领导人，成为文化系统、民营剧团当中最有影响力的一个。民营剧团里有超过王红丽小皇后的影响力的吗？没有。所以她成就中最重要的经验，就是紧密联系人民群众，走基层，同时在艺术上、在剧目建设上有追求，不断地探索。

这里，我觉得特别应该提及余笑予先生，他当时排的《风雨行宫》《铡刀下的红梅》，到现在为止仍然是第一代的代表作。刚才说，30 年来演的刘胡兰，我从 50 年代就开始看刘胡兰，那是郭兰英演的，我看过好多个刘胡兰，还没有像王红丽演的

《铡刀下的红梅》那么令人感动，那么用心。我有一个概念，从来不用，就是毛主席讲的，革命的实用主义和革命的浪漫主义相结合。我觉得这句话就能形容王红丽。她的几个细节，一个闪回就把这个人物塑造出来，而且这当中她的创造性是极高的，这次又看了“马皇后”，这个是她另外一种风格的探索，但是她在刘胡兰当中表现得出色，这是编剧、导演、演员之间高度结合的一个代表作，非常好。作为表演艺术家可塑性很重要，可塑性就是创造性。

《大明皇后》是很好的戏，刚才仲先生的分析我很赞成，就是这出戏的价值我很赞成，导演是好导演，演员是好演员。我提几点建议，人物关系可以做些调整。这个戏里的王庸，我觉得也应当是被抓起来的书生之一。他现在是漏网之鱼，别人被抓起来他没被抓起来。我觉得抓起来比逃回来好。如果说他一起被抓起来了，他连累了很多的年轻人，所以他提出来要见老师，这个我觉得可能更好一点。你看他的精神状态太傲慢，他可以坚持，反对指鹿为马，坚持为自己辩护，就是说我有不敬，但是没有罪过，这个是很对的。但是作为古代的书生，君臣关系，你见了皇帝、皇后这么一个态度，这个是不好用的，这是一个刺头儿，所以这个要适当调整一下。还有他的老师说你干脆逃走吧，逃走后，你把几个书生关在里头怎么解脱？所以我感觉这都是问题。

另外，整个戏的节奏有些拖拉。可能这是到北京第一次演出吧，导演也没时间，看到后面观众也坐不下去了，有些场面，突然之间皇后不见了，跑到里面去了，这种转换，你没有一个交代。

总之，这真是一出好戏，有可能成为王红丽一个新的代表作，而且这个戏在当下特别有现实的教育意义。当然有的人不喜欢这个。我觉得这不勉强，我们坚持实事求是是多么难，从古代就是如此，秦始皇时代就发生指鹿为马，到了这里，对于皇后的脚到底是大是小，很多大臣都不敢说，有的颠倒黑白，有的不敢说，我们今天就好说了吗？不要说别的，我们对这出戏的评价，你能坚持实事求是吗？这也需要勇气。所以它是很有教育意义的，对我们都是有启发的。若能从文本到结构再考虑考虑，那就会显得更加精彩。

王安葵：原来看过王红丽好多戏，又看了她昨天的戏，突出的感觉是，王红丽的表演，她演戏的整个风格，有一种非常强的跟广大观众的亲和力。就是说，小皇后豫剧团是民营剧团的代表。过去我们往往是从她坚持这么多演出，她能够闯市场，能够出精品剧目等方面来理解的。看了昨天的戏，看了关于她的介绍，我现在感觉到，王红丽作为民营剧团的一个代表，她不仅在事业上做出了贡献，就演剧的风格来讲也有她独到的东西，有跟群众非常亲密的情感，而且包括塑造人物的方法。有人说戏曲演员不塑造人物，这当然是不对的，他们是非常注重塑造人物的，但是我感觉到戏曲演员塑造人物的方法不太一样。像明星范儿的演员表现自我，当然观众也喜欢，那是一种塑造方法。现在又有一种，接受一些新的观念，这个并不是不好，就是在那儿塑造人物，人物塑造得很有深度。但是我觉得王红丽在表现马皇后的时候，既是在塑造人物，又是很亲切地在跟观众交流，演起来非常从容。她是演马皇后，而不是在那儿卖弄，也不是演自我，而是一种很亲切的交流，这个跟导演和剧本都是有关系的。像“评脚”这一场，如果完全按照历史可能发生的、历史不可能发生的，这个戏就没法儿演了。皇后公然在大臣面前把脚亮起来，让你们评？过去旧社会女人不管大脚小脚都不能这样的，贵为皇后能这样做吗？如果按照历史，戏没法儿编。我觉得在“评脚”这场戏里，王红丽演得非常从容，就是你看我的脚是大还是小。我觉得在这个过程中，跟观众之间有一种很亲切的交流，另外观众也喜欢看这个，我说不太清楚，我倒是很希望听听王红丽演这个人物的内心体会。应该说王红丽作为民营剧团的代表人物，在演剧方法上，在塑造人物的方法上有很多自己的尝试。不仅这些，包括《铡刀下的红梅》，这样的刘胡兰之所以受到大家的喜欢，是因为她不是作为一个单纯的英雄人物来演的，是作为一个农村的小姑娘，作为一个乡村的孩子来演。另外，这跟她与群众的感情是分不开的。

现在河南豫剧在发展的中间，对流派问题的处理应该说很好。最近在上海看了一场越剧，越剧的观众对流派的痴迷程度是想象不到的。许派演员一唱拒绝叫好，王派演员一唱拒绝叫好。豫剧也一样，常派有常派的观众，阎派有阎派的观众，互相不服气。我看王红丽唱的，既保持流派的风格，又有一些融合，而且可以兼容，可以接受、吸收各个流派的东西，但是共同的特点还是依然保留群众喜欢的东西。所以我很希望有机会能够知道，河南豫剧，从作曲这个角度、演出这个角度，在对待流派继承发展上有什么新的经验。因为当前戏曲的继承发展里面提出的问题很多，流派的问题也是很大的问题，京剧有，其他很多古老剧种都有这个问题。我希望小皇后豫剧团和豫剧在这个问题上不断地总结经验。

周育德：我觉得河南省这些年做了很多好事，作为艺术名家推介工程，这是非常有意义的一个文化工程。我参加过王惠的推介会，其他的几位没参加，王红丽是第二个。我觉得我们河南省推的每一个艺术界的领军人物，都是实至名归的，都是好样的。王红丽有很多叫人感动的事，刚才有同志说，做艺术家是很难的，但是做个艺术家还要经营一个剧团，那就更难了。我说世界上有三种人：一种是忙人，一种是闲人，一种是苦人。所谓忙人，有人忙着做官，当领导，挺忙的。做演员也很忙。闲人官做不成，演员当不了，就跑跑龙套。还有一种又当领导又当演员，她就是苦人，虽然苦，但是她有坚定的信念，她又不懈地追求，这些年做的成绩确实令人佩服。民营剧团确实如雨后春笋，不断冒出，河南民营剧团也多得很，但是多数的民营剧团每天的工作就是谋生，演戏挣钱，挣钱吃饭，剧目创新很少，基本上戏都是跟“录”老师学来的，听听录音，看看录像，跟些名团模仿来以后自己演，很快就弄出来了，演出就是汤汤水水的也还行。但是要做艺术创造，要生产出新的艺术品来，很多民营剧团确实很艰难，也不能那么要求它。但是王红丽的小皇后豫剧团除了要养活一帮人，她还不断地有新作品出台，她推出的新作品真有水平，像《铡刀下的红梅》等，都是大家公认的好戏。还有这次的《大明皇后》，也挺好，对民营剧团来讲，能做成这些是非常不简单的。

王红丽在艺术上确实也是不懈追求的，别人都讲了，但是有一点漏下来没人讲，是什么东西呢？是我们中国戏曲学院办了研究生艺术班，叫中国京剧优秀青年演员研究生班。这个班办起来以后，主要就是培养京剧界的、京剧演员里头的跨世纪的领军人物，目的就是这样。好多优秀的京剧演员前前后后都来了，我也来上课，他们叫我给他们上中国戏剧史课，我不知道王红丽也参加中国京剧优秀青年演员研究生班，我一看，这不是王红丽吗？我就非常高兴。我再一看不光是高兴了，我就感动了，我感动得受不了。王红丽是挺着大肚子，身怀六甲，你说挺个大肚子来读研究生班，为了完成学业，这得克服多大的困难啊！我真的是感动了，不光是高兴。她居然三年学业完成了，了不得啊。就是说，她在业务上、在学业上还有这样的追求。不读也无所谓，不读研究生班照样当团长，这个人了不得。她演的戏也很好，说来说去，总说她的《铡刀下的红梅》，其实她本身的素养很全面的，她在行当上面青衣、刀马都会。在选戏的时候，古装戏、现代戏都演得很好。

这次的《大明皇后》，实际上她选了一个并不是多么新鲜的戏，因为大脚皇后这些年来已经成为一个流行的剧目了，山西李胜素在山西京剧团的时候演过大脚皇后，是很好的京剧演员。后来豫剧还有大明贤后，就是山东聊城的张兰，那个马皇后也演得很好。我说任何一个剧团拿到这个剧本去演，即使不是非常高明的导演，这个戏也能演成，演了以后也会拿它吃饭，没问题，当吃饭的戏没问题的。这个戏演出来，徐春兰老师这么一调理，这个戏相当好看了。你说这么熟的题材，一个并不是很新颖的剧本，现在拿出来演，那也是难度挺大的。要在这儿创新，要弄出新花样是很困难的。看王红丽好多表演身段的设计跟京剧什么的都不一样，她在脚上做的文章很多，几个照片都体现了她的脚，这是导演体现，这都是大做文章的，她做的有特点。这个戏还可以继续锤炼，会越来越好。刚才几位老师说的我都赞成，其实在剧本方面还是可以再推敲推敲的。像刚才说的舞台，怎么办呢？豫剧的风格更鲜明一点，大家老是赖徐老师，说导昆曲的弄到豫剧上，冤枉你了，不是那个意思。但是豫剧确实有它自己的特点，尤其像这类的题材，演这样的女性，她能演出与众不同的，刚才谁说的陈七奶奶，当然不是都像陈七奶奶那么泼辣，但是她也有她的特点。

黄在敏：这两年跟河南戏剧界接触比较多，经历了河南从一个文化戏曲大省走向戏曲强省的过程，还经历了河南省的创作人力资源从输入到输出的过程。这个变化是相当大的。因为过去一搞戏就想起来在河南搞戏，看看哪儿有导演，找找，都是这样的。现在相反，有的地方一排戏，说黄老师推荐导演，我说河南很多，现在变成输出，所以这个变化很大。

在这个变化当中，推介工程十分重要。用咱们的俗话说，这个角儿要靠捧。捧角儿有两个内容：一个就是推介，让演员或者主创人员在更大的范围内被人接受，提高他的知名度，但是更重要的一点是，在捧角儿的过程当中，推介的过程当中，通过各个不同阶层的人，有专家还有观众，对演员、对主创人员的评论、研究，使他自身所展现出来的艺术特点鲜明起来，让人们认识到，同时更主要的是让被推介人受益。我们搞创作的人有这个体会，你让我谈我有什么特点，我说不出来。我可能就是觉得，我就这么干了，我觉得这么干合适，我干完以后，你们写文章，他干的活不一样，我一看我还能干出这个活，就使我认识自己，这样就使自己变成一种艺术自觉，在下一个戏不断的创作中，就使自己的特长在选择题材、在塑造人物形象的时候，能得到充分的发挥。久而久之，使得你自己的特长能够变成个性，变成你的风格，使这个风格在不断的推介当中，变成群众所接受的东西，慢慢形成流派。过去的"梅"也好，"尚"也好，都是起到这么一个推波助澜的作用，所以这个我觉得做得太好了，这是科学，这点我体会很深，赞扬一下咱们的文化厅长，这个工作做得非常好。

再说王红丽的戏。演刘胡兰这个戏，王红丽的特长在于，她已经30多岁了，演一个十五六岁的小姑娘，而且个人形象单纯、执着，有信念，她没有那么多招，甚至自己牺牲的时候还带着某种快乐的享受，我觉得她把这个演出来了。她是小孩儿，她不像我们现在要牺牲的，一想着我的家，我的什么的，这是我们现代人对那个特定历史时期的主观分析和认识，其实有些英雄在为实现信念而奋斗、牺牲的时候，是带有笑声、带有快乐、带有对信念追求的享受的，我觉得她演这个人物就有这个。到了她演马皇后，人物关系刻画得很好，自己的丈夫是皇帝，面对着大臣，人物关系变化了，身份变化了，戏剧情境变化了，心理状态就变得要丰富、复杂得多，还要表现出她作为一个皇后的沉稳。所以塑造马皇后这个人物虽然看起来很可笑，但是我觉得难度至少不低于《铡刀下的红梅》，甚至还更难一些。在这方面我觉得她表现十分突出，分寸的把握是得当的。

另外，这出戏好在什么地方呢？王红丽已经形成了自己的表演风格，特别是演唱风格，她既要在这个戏里表现出自己的表演风格、演唱风格，同时还要塑造马皇后这样一个人物形象。我觉得好的演员，特别是戏剧演员，比如说京剧，我爱说一句话，要有形而上的追求。地方戏是在形而上的追求和形而下的追求拉扯当中显示出的。有的地方戏只是在形而下的层面上，她现在能做到有一种审美的追求拽着自己走，但是人物的真实感又拉着自己走，在撕扯当中显出地方剧种的审美需求，这是她的一个独特的审美定位。我觉得在这方面已经显现出了这样的苗头。过

●《大明皇后》剧照

去评价戏曲演员表演的标准，塑造了鲜明的人物性格，基本功扎实，老是这套东西，但是常常忘了它的意义，我觉得这点是很重要的，但是她表现出来了。

这个戏，我觉得还有一些地方可以再推敲，一些小节骨眼可以再作考虑的，比如宋濂这个人物的性格就走调了。当然为了强调某些东西，可以牺牲某些人物性格的完整性，有时候也可以抓大放小，但是这一抓大放小行不通，所以这些地方都需要动。要动这个比较麻烦，这个是属于一动牵扯全局的。类似这样的地方，它的完整性、人物性格的完整性还可以再考虑。当然像朱元璋性格的完整性是没问题的，他历来对知识分子就是这个态度。而且这个人物在戏里很重要，他的性格基调跟他行为动作的完整性缺乏必要的逻辑梳理，当然这方面改动难度比较大。

跟徐导都是老朋友了，想跟你商议一下，这个戏现在的舞美很漂亮，但是这个戏的舞美和服饰与剧种风格切入不一，与这个戏的风格是不是很协调，可以再考虑考虑。并不是每个很精致的、看上去很美的舞美都会成功。再者，这个戏是亦庄亦谐，雅俗共赏，充满幽默感，它的风格基本是喜剧的，但是中国的喜剧和西方的喜剧不是一回事，这里面不一定全都按喜剧走，基本是倾向于喜剧的。特别是作为一出豫剧，写马皇后这样性格的人物，她的外包装应该是一个什么样的东西，就可以考虑。就是那几个线下来，硬景块，和雕刻很精致的东西，背景上的有些东西还都可以考虑。就是说，它很精致，但是精致和人物性格、和这个戏的格调之间的关系是不是特别协调，我觉得这是要考虑的。

苏丽萍：看王红丽的《风雨行宫》，又看《铡刀下的红梅》，对马秀英，觉得特别精致，特别全面，有着各方面的展示。当然这个戏刚才专家也提出了很多可以改进的地方，我觉得可以继续打磨一下，能够冲大奖的。

对剧团来说，排很精致的戏有助于提高文化的品位。虽然我们都说民营剧团基本都是下乡演出，原创的不多，基本都是传统戏或者移植的，但是王红丽这个团一直原创得特别精彩，而且获了大奖，这个很难得。大脚皇后虽然听说过，但是都没看过，这个戏的本子虽然是十几年前的，还是很有现实意义，徐导的功劳挺大的，再加上演员的演出，剧团都上了一个档次。

王红丽这个剧团发展21年了，我觉得真的可以提高一下文化档次，刚才听介绍说要在郑州盖一个自己的剧院，以后驻场演出就该演一些属于自己的，就是能打得响，又比较上档次的戏，这个戏我觉得是一个很好的开始。

我看这出戏的感觉是，灯光确实有点暗，稍微远一点的都看不清楚，舞台上形如鬼魅，都在那儿转，也看不清表情。再比如服装，刘长瑜老师说过，现在好多创新都是倒退。像京剧服装，各个朝代就都按照那个朝代。刘长瑜说，戏装就是有固定的规定，也不是说规定，就是大家都认可的，比如说皇帝都穿龙袍，公主戴凤冠这种的，她就举个例子，比如梅兰芳演杨贵妃，并不能说照着唐朝的服装做。就是前辈定下的规矩，现在好多人都去进行所谓的创新，她说这其实是一种倒退。我觉得还可以考虑一下的就是服装。

当时我觉得音乐听着不是很过瘾，觉得味儿不是特浓，就想提一下音乐上是不是应该再改进改进。

还有就是喜剧味道应该再加强一点。这些天一直看戏，好像整个都没有喜剧似的，看得都特别沉重，一个晚上一个晚上接着看，都是那么重大的、主旋律的，都是特别严肃的，感觉有些累。

赓续华：小皇后豫剧团是逼出来的。说实在的，当人没有路的时候，其实就给你开了一扇窗。我觉得王红丽就是打开了一扇窗，我想她要还在二团，成就未必比现在大，因为那个时候保着你的同时还管着你，所以任何事情都有两面性。所以我觉得她出来，自己来闯，我特佩服她的这种勇气和志气，还有她的韧劲、干劲，她走到今天是这二气和二劲的结晶。

王红丽演过很多戏，包括以前的《司文郎》，很漂亮，非常好。但是我觉得，在王红丽艺术生涯中最有成就的，还是《风雨行宫》《铡刀下的红梅》，这两出戏可以说是最能奠定王红丽在豫剧界地位的重要剧目。而《风雨行宫》恰恰是一个可以走市场的，而且也养育了这个剧团，截至现在大概演了有 3000 多场，而且还被很多剧种给移植了。

还有《铡刀下的红梅》，给王红丽赢得了一般市场以外的更多的荣誉，我觉得这两出戏可说是王红丽的双利，一个是市场，一个是赛场，这两个全部都赢了。现在她想转身，她是花旦，一直到闺门旦，现在她想往青衣上转。我认为很难。当然了，她现在还是在努力，用她的经验走到了这一步。前面那两出戏的成功就不再说了，说说前天的那个戏吧。

我认为那个戏前半出稍微弱一点，后半出出戏了。这个戏，我看过京剧的，当年叫《大脚皇后》，是参加京剧节的，刘桂娟争梅花奖的时候专门找这一折，就是审脚。我觉得豫剧比京剧更擅长演这个，因为朱元璋是农民起义领袖，刚穿上蟒袍，还带着浓厚的乡土气息，这样的人物我觉得豫剧演特别合适。比如演《三国》的曹操，我觉得豫剧就有点难度。这个戏前面弱，有很多原因，包括服装不太帮她，老是觉得服装颜色上都不是特别适合她。唱腔目前也是后边好，前面我觉得有点弱，那天在解放军歌剧院音响也不是最好。所以我觉得这出戏还在成长中。只有这出戏她真的站稳了，可能她的三部曲才能成为真正的系列，那个时候她可能就更不一样了。说实在的，豫剧不只是河南的戏，而是全国性的剧种。豫剧在中国地方戏中是在前三或者前五的剧种，想想全国各地，包括台湾和新疆也有，那么偏远的地方都有豫剧。而确实的，乡土是豫剧的特征，它也可以玩儿点精致，它并没有定型，像现在的人物可以穿个西服试试，我觉得没有什么不可以的。这出戏我觉得是想让豫剧提升一些审美，让它从乡土的东西往精致化方向走，尤其对民营剧团。我知道民营剧团特别难，它占有的资源跟国有剧团不一样。我觉得王红丽小皇后豫剧团已经想尽了办法，争取到了政府的支持，然后再想带着兄弟们一起跑码头，走江湖。这个团的演员在这个团待的时候需要安全感，就是生活的保障，我觉得这是第一位的。人家为什么跟着你唱戏？要保障人家的生活。所以你这儿有艺术实力和经济实力，也可能源于文化部和省文化厅的支持，你们才能排一个新戏。因为我知道民营剧团不敢投入新戏，排新戏风险很大。国营剧团的风险就让政府担起来了，政府真的是有时候往里砸，不还了又怎么样呢？现在文化部这点挺好，一视同仁。所以你面前的路我觉得还是挺艰辛的，你要考虑怎么能够让这出戏真的也成为你们的一个代表剧目。现在离你的代表剧目还有一定的距离，但是我相信王红丽有这个本事，她能够在演出中成长，在演出中完善，不像有的戏靠专家提，左改、右改。你放心，她会自己调整，她会在演出中调整，在演中成长。

我还想说的是，河南这个艺术名家推介工程的研讨会我参加过四次，有关王红丽的研讨会是第五次了，我觉得这个工程非常棒。它是在凝结人气，而且是我们自己的东西，我们自己的宝贝。我觉得没有人去宝贝你，我们自己的东西我们自己要宝贝，如果每个省自己的东西自己宝贝，我想戏曲界就会别开生面。现在好像总是夸洋玩意儿，自己的东西总是不当回事，这个是涉及文化自信和自觉的问题，在这点上我感觉河南做得特别好。河南的《梨园春》在全国的戏剧节目里是做得最棒的，说实在的，这也说明河南的豫剧人气做得是最棒的，比中央电视台 11 频道好，它有特色。《梨园春》之所以这么好，跟豫剧这块土壤有很大的关系。王红丽生活在这么一个豫剧环境真的很好啊，有这样的领导，而且现在领导真的很支持，过去都是口头上的，过去是口惠，我们现在要的是实惠，我觉得这点上现在政府做得还是不错的。我相信，王红丽还是很有前景的。至于现在的这出戏，就是除了你有光彩，我觉得皇上也还可以，有的边边沿沿的其他角色还需要再提升。要想提升这出戏还真不是你一个人的事儿。当然，这出戏选得还是不错的，可以继续搞下去。舞美这些我不多谈，我只是觉得王红丽的声腔也要变。以前演刘胡兰的时候，觉得你还是特洒脱，在这个时候，我感觉你自己也想青衣起来，你这一青衣起来以后，实际上并不利于嗓音的发挥，我不懂，这是我乱说。看看你有没有什么办法让妈妈、让赵老师再怎么点拨一下。青衣在京剧里面一般是跨不过去的，花旦就是花旦，青衣就是青衣，你想跨这个跨不了，一跨就露馅儿，青衣在京剧里划分得非常严格，当然豫剧没有这么严格。现在这个是青衣戏，我在唱上要征服你，而不是像刘胡兰似的那种可爱，因为你确实是像余笑予老师说的，是为戏而生的。我说你最应该感谢两个男人：一个是你父亲，在声腔上对你帮助特别大；另一个是你的义父，余笑予老师。你的那两出戏都是他导的。我希望你这出戏换上导演徐春兰老师以后，能够真的有点新生面。

闫敬彩：让我谈王红丽的表演艺术，我真谈不出来，因为她的戏我看的一个是录像《铡刀下的红梅》，一个是现场的《大明皇后》。但是今天听到现在，我有一点感受，在座的这么多师长，这么多大家，不仅是在谈，而且是在争先恐后地发言。这种场面让我真的很感动，我们组织了很多很多的座谈会，没有请来过这么多的大家、专家、师长，也没有很多像今天这种场合去争着、抢着发言。为什么呢？我一直在想，我觉得这不单单是为王红丽个人的表演艺术在表达，而是对王红丽带领的河南小皇后豫剧团走过这 20 多年艰难旅程取得的成绩的一种认可。

大家都知道，一谈到好戏，一定要有一个好的剧本、好的导演、好的角儿、好的演员，加上好的舞美团队的配合，但是任何一台戏都要经过反复的打磨。舞台艺术的魅力就在于没有遗憾。它不像影视，影视就是遗憾的艺术，演完了就完了。所以老师们、专家们中肯的意见，你要好好地吸取，要不断地把它提炼出来，变为自己的，我相信对新排的戏一定会有帮助的。像你刚才说的《铡刀下的红梅》演过千场以上，观众爱看的就是好戏。经过 20 多年的不断努力，相信你们也会有很多的经验，特别是像你刚才片子里讲的赶上了一个好时期，这个好时期在省厅和各级领导大力帮助和指导下，加上你们自己独创的这条路，你们要坚信，我也坚信，你们走的路子是对的，而且对今后的发展也会有很大的帮助，会得到更广泛的认可。走出自己的路，这是你们的建团宗旨，要坚持走自己的路，发展自我，突破自我，探索

●《大明皇后》剧照

自我，超越自我，形成自己独有的艺术风格。这个风格是什么呢？就像刚才各位老师们说的，原汁原味，坚持传统。我相信王红丽的艺术之路会走得更远，小皇后豫剧团会走得更好。

陈涌泉：首先对王红丽表示祝贺。第二，关于王红丽，虽然我们都在郑州，而且她的父亲、母亲都是我的老学长，都是我的大师姐、大师兄，但是这几十年跟民营接触得少，他们确实也忙，我们又不在一个团，不过她的事迹，包括她这么多年出的戏，我基本上都知道。王红丽这么多年的坚持，我感觉她有两个难得：第一个难得，难得她自己的民营剧团办得这么好。虽然很艰巨，虽然这个路很难走，但是她走过来了。这个在我们河南省，在文艺界，在圈内大家都是有目共睹的。第二个难得，她艺术上的独立性我觉得很难得。我和她合作，作曲，是第一次。她有一个很好

●《大明皇后》剧照

的父亲，她从小到现在排的戏都是她父亲设计的，而且她在艺术上的成长，就是在声腔方面的形成与她父母的教育、从小的熏陶有很大的关系，这个我多少还是了解一点。我为什么说独立性？刚才王老师提到我们豫剧流派的问题，我简单说两句。河南在旦角方面目前有六派，现在添了一个桑，不管添什么，这六大流派只是旦角演唱方面演员的特点，它和京剧的流派是有点不同的，不像京剧的流派非常地严格。京剧上的四大流派不光是在声腔上，包括表演上都形成了一定的风格，而且从唱到做，荀派和梅派区别很大，反差很大。我们豫剧的流派不是那么明显，它只是在声腔上有些演员形成的一些风格。在音乐理论上我们只划分了两个流派，就是豫东和豫西，没有那么多。马派也好，常派也好，唱的都是豫东调。现在我们河南这些年兴起一股风，就是拜师风，有它的好处，好处就是很多年轻演员，在他的成长上，在艺术道路上有一个偶像追求，也有一些演员是为了借流派而成名，这也是青年演员想提高自己的造诣，想往上攀升。但是也有一点不好的地方，那就是实际上限制了这个演员的发展。他可能就没有这个条件，比如学阎派的，确实可能嗓子上模仿得有点像，但是在以后的创造上，在自己形成剧目的时候就要受到限制。而王红丽很难得，她有自己的独立性，她没有拜名师，她父亲、母亲就是她的师傅。她以前学过阎派，不错，但是从她的唱腔中间，《大明皇后》这个戏，我觉得有她的独立性，她的唱腔有阎派也好，包括常派也好，关键在于剧中人物提供了什么条件、什么环境，什么戏用什么腔，这个怎么来表现，是这样的问题。所以我非常赞赏这样的独立性。河南的原创剧目每年都有很多，这么多原创剧目，如果就守旧守到一个流派的风格，这些戏就没法儿排，我们不是为这个流派创戏，是为这个剧本，这个剧本是什么历史背景等，我们就用哪个流派。所以我赞成王红丽在这方面的难得。既然是难得，就要坚持。愿王红丽在这两个难得上坚持下来，坚持下来才有更大的发展和提高，才能在未来的艺术道路上越走越高。

李利宏：我对王红丽的感慨最大的，用一个字说，就是“敢”。她就靠这个“敢”字走到了今天，冲到了今天，成就了她自己，成就了她的团，成就了大家刚才谈到的三出戏：《风雨行宫》《铡刀下的红梅》《大明皇后》。好在这三出戏我都看了，而且除《大明皇后》外，她前两部戏最初的排练，就是诞生之前的排练场状态我都经历了。从那个时候我就佩服她，就是在那种环境下她敢自己出来做，敢去排一个戏，敢自己投资，或者敢利用自己的资源和自己的人脉关系，来为实现她的个人梦想，来做这些事情。我印象非常深的是《风雨行宫》的排练，就是片子里说的，大冬天，排练场里面跟冰窖一样，现在已经拆了，我跑过去看她排练，老头穿着大衣，相当苦。那个剧场是个电影院，场子很大，很空旷，四面透着风，外面下着雪，在那种环境下排的《风雨行宫》。在那种情况下，我去帮导演忙了，帮王红丽的忙了，也算是一种跨时代的环境体验。艺术，有时候很难说它是减法还是加法，《铡刀下的红梅》也是这样。我对王红丽的印象和评价就是一个字：“敢。”这里面有她的勇气，有她的执着，包括她的梦想。她这个敢，一直持续着，有时候人随着年龄的增长，随着社会阅历的增加，这个“敢”字慢慢地变成“怕”了，或者退缩了，或者是看差不多了就醒了，现在她还在做梦，非常好！有梦想，有理想，非常好！佩服王红丽，祝贺王红丽！

王红丽：感恩，感动，感谢。我就说这三句话，这是我的心里话。各位老师和专家，都是看着我成长起来的，看着小皇后豫剧团走到了今天，我会继续努力。这次，我非常感谢咱们中国剧协提供了这个风水宝地，感谢文化厅举办了河南艺术名家推介工程，也正好赶上我们来北京演出，也请老师们看了我的另外一个新戏，这个戏我会继续打磨的。我记得《风雨行宫》来北京夺梅花奖的时候，余导跟我讲过一句话，一定演 100 场才能到北京夺奖。这出戏现在在北京首演，方方面面都不成熟，所以我希望能在演 100 场时，再请老师们来指导。我也希望我们小皇后豫剧团的明天越来越美好，能排出更多更好的戏。

肩负起时代的使命　为戏曲事业做贡献

王红丽

我是在党的阳光雨露下成长的一个小演员，抱着天真烂漫的幻想，走出学校，步入舞台，一心想着演好戏，继承好前辈们的技艺和品德，做一个德艺兼优的好演员。但是，众所周知，近些年来戏曲不景气，剧团处境窘迫，演职员生活艰苦，因而，戏曲队伍中不少人改行去从事其他工作：有的经商办企业，不久成了“大款”；有的改唱流行歌曲，很快走红，一个晚会唱那么一两支歌，收入数千甚至数万元，名利双收！面对此情，我犹豫起来，戏曲难道真的不行了，要消亡了？稚嫩的心灵，排解不了复杂的矛盾；天真的幻想，难以应付严峻的现实。我退却了，退却到了在全国糖酒会上卖盒饭，在我母亲退休后开的烤鸭店中卖盐水鸭。当时我想，宁学顶风冒雪卖盒饭的阿信，也不再做爬火山口的艺术家。

许多前辈和师长得知后，都纷纷对我进行循循善诱的教诲和开导，他们用艺术行话说：“兴人家不用，不兴你不动！兴人家不看，不兴你不练！这就是修养。”

义父余笑予从武汉打电话来，严厉地批评我说：“我余笑予是培养演员的，不是培养店员的。从今天起，你要离开烤鸭店，把自己关进房里，练声、练戏、练身段；

王红丽向豫剧大师陈素真学习

读书、写字、长修养!党和人民培养你这么多年,是希望你在艺术上成材,要经得住挫折,要等待机遇。”

在前辈和师长们的教育下,我认识到,振兴戏曲,弘扬民族文化,是人民的需要,是时代赋予我们青年戏曲工作者的使命。我重新振作起来,开始练功、学习、减肥,开始跑圆场、耍手绢、练唱段。

党的改革开放政策给我带来新的机遇。香港李汉文先生及其中方合作者在看了我演的《一品夫人》《僧尼浪漫曲》《司文郎》和《春秋配》的录像后,为我们建团慷慨出资;省文化市场管理办公室看了我们的建团报告后,以最快的速度为我们审批了省级社会文化团体演出证。因此说,河南小皇后豫剧团是在党的改革开放的阳光照耀下,在香港有志于振兴民族文化的企业家们的雨露滋润中,在前辈和师长们鼎力扶持下才得以诞生的。我代表全体演职员向他们表示诚挚的敬意和衷心的感谢!

河南小皇后豫剧团正式成立了。由于它刚刚诞生,是稚嫩的;以我的水平和能力来带领这个团,深感担子的沉重。衷心希望社会各界和广大观众多多给我们以帮助和指导。我们决不辜负党和人民的期望,决心艰苦创业,奋发图强,艺术上精益求精,为弘扬民族文化,为戏曲的繁荣发展做出应有的贡献!

1994年5月

洒下艰辛汗水，献身平民艺术

王红丽

时光如梭，弹指间我们建团已经 7 年了。我们怎么也忘怀不了 1994 年 11 月那激动人心的晋京汇报演出。那时建团伊始，百事待筹，我们怀着走自负盈亏道路的决心，带着巡回演出辗转千里的风尘，扑向象征中华文明的首都北京，向领导、向师长和首都人民献上了邙山脚下、黄河之滨的乡音。领导和师长们接见时的热情鼓励，专家和同人们座谈时的谆谆教诲，无时无刻不在伴随着我们，激励着我们，当我们顶着烈日挥汗高台时，当我们迎着寒风放歌时，想到那么多的鼓励和教诲，看到足以使我们感动落泪的数以千计万计、如醉如痴的观众，涌上心头的苦水顿时化成了甘露，疲惫的身躯立刻充满了力量。7 年来我们无怨无悔，7 年来我们奋力拼搏，在漫长而艰辛的道路上，我们那踉跄、稚嫩的脚步，终于变得坚实起来。

在献身艺术事业的大背景下，剧团一旦自负盈亏，首先所面临的考验就是生计问题。无力生存，何谈发展？而欲求生存必谋生计。但是，谋求生计必须谋之有道又求之有策。7 年来，我们面对风云变幻的市场氛围，既重视谋划经济收入的举措，更强调平民艺术所体现的风骨。我们在排练、演出、经营等诸多方面始终坚持

●《三更生死缘》中王红丽饰演卫玉莲

平民观点，坚持把几百年来广大人民孕育的民间艺术，通过我们的继承和创造再呈献给人民大众。忠于人民就有了生计，有了生计就会充满生机。7年的自负盈亏实践使我们深刻感受到“两为”方向决不是一句空洞的政治口号，祖辈艺人常说的“老百姓是衣食父母”具有多么深刻的内涵哪!诚然，坚持自负盈亏，坚持平民艺术并非易事，它需要付出极其艰辛的代价。从建团至今，7个年头的日日夜夜，我们是在辗转奔波的巡回演出和紧张严格的集训排练中交织度过的，除了年关之前的一二十天，我们几乎没有星期天和节假日。我们吃的苦，是无法用语言描述的，但我们从苦中品味出的甜，更能让人为之心醉!

在7年的风风雨雨中，我们铸就了一支顽强敬业、敢拼硬仗的队伍。尽管我们只是一个平民剧团，是一个为谋生存和发展而常年巡回于民间的乡土队伍，但也在文化赛事的风云际会中，一展平民艺术那土色土香的独特风采。1995年5月，我们参加了文化部和晋、陕、豫三省联合主办的“金三角”戏曲交流演出。由于经费的缘故，我们只好一站一站地演着进太原，住了最便宜的小旅馆，连说明书也是我们自己用打印机搞出来的，真让人觉着寒碜!但在演出中，我们靠着常年演出磨砺的锋芒，靠着“台上一棵菜，台下一家人”的紧密合作，真实地展示了自己，受到与会领导、专家和同行们的分外关注和鼓励。我们获得了优秀演出奖、优秀编剧奖、优秀导演奖、优秀音乐设计奖、优秀表演奖和表演奖等六个奖项，被山西同行们戏称为“山西搭台，河南唱戏”。

1996年5月，我们应邀参加了在石家庄举办的东方戏剧展暨国际学术研讨会。除国外的表演艺术团体和东道主河北省组织的三台节目外，国内邀请的还有北方昆剧院、安徽黄梅剧院、湖南湘剧院和山西晋剧院等名牌院团，唯独我们是一个民办剧团。人家是专列往返，西装革履，而我们却是从头天晚上的演出点武安县连夜卸台装车，第二天清晨5点多才赶到的。一捆捆行李沾满泥土，一张张面孔荡满灰尘，大家拖着疲惫的步伐搬着箱具行囊走进那高雅的艺术殿堂时，真像是大观园里跑进来一群刘姥姥。再加天公不作美，全团90%的人又于下午就餐时食物中毒，在一边演出一边不断有人发病的情况下，我们硬是以全场29次掌声的强烈效果演完了《风雨行宫》……

在剧目建设方面，我们坚持排演群众喜闻乐见的剧目，要求排一个成一个。在坚持社会效益的前提下，要求经济投入必须按预期收回，否则便无力生存，更谈不上发展。7年来，《风雨行宫》的演出已超千场，《美女涅槃记》亦于2000年11月20日由中央电视台在郑州进行了现场直播。在原有10余台传统保留剧目的基础上，我们又新排了自己改编的大型古装连台戏《三更生死缘》一、二、三部，并改编排演了豫剧传统剧目《五凤岭》和《刘荣下南京》，1998年5月，这两台剧目应邀赴台湾演出，受到台湾各界人士的广泛赞誉。

值此新的一年来临之际，谨以我们简短的工作汇报作为我们最忠诚的贺礼，献给关爱和扶持我们的领导和师长们。

2001年1月1日

我爱胡兰子

——《铡刀下的红梅》排演心得

王红丽

一、缘分

十年前，我就想演刘胡兰，今天终于如愿以偿了……

1990年夏天，我父亲把我的义父余笑予从湖北请到河南，说是要给我排少年英雄刘胡兰，当时还没有脚本，只是余导的腹稿。听到他们在住室高一言低一语地讨论一场场的情节，我兴奋极了。他们描绘的刘胡兰是那么可爱、可亲、可敬，每一个细小的章节都能成为令我激动不已的故事。听着听着，我彻底被这个“生的伟大，死的光荣”的人物融化了。

我曾经被刘胡兰的故事感动过，也曾经为河南豫剧院三团演出的《刘胡兰》激动过，但却从没有这种被“融化”的感觉。但令人遗憾的是，因为当时的种种原因他们的设想还没有付诸案头便放弃了。义父给我排了《一品夫人》和《僧尼浪漫曲》后，便匆匆返回武汉。到了1993年，父亲再请义父来河南为新创办的小皇后豫剧团排戏，两位老人好像把刘胡兰这档子事给忘了一样，从未提及过。他们紧锣密鼓地用了 22 天的时间,给我排了《风雨行宫》和《美女涅槃记》两出戏,这时已是农历腊月二十九,大家便忙活着过年了。可两位老人 4 年前侃出的刘胡兰的故事,却深深地刻在我心里,饰演刘胡兰成了我总想圆的一个梦。

事隔 10 年,这次两位老人重聚郑州为我选择剧本时,却出人意料地"旧调重弹",决定排演刘胡兰。起初,余导向我父亲推荐了两个本子,一个是以抗洪救灾为背景的军嫂的戏,叫《大山的脊梁》;另一个是通过被录取的贫困生争取入校学习的故事,展示新一代人心灵美的《动心潭》。听我父亲讲,这两个本子的基础都不错,但是后来他们终于舍弃了这两个现成的本子,而决定排尚无剧本的刘胡兰,并且还为这个无本之戏拟名为"铡刀下的红梅"。他们请来了编剧宋西庭,在一起研究讨论,开始了确立剧本的案头工作。当时的我是既兴奋又犹豫,因为尽管我对他们构造的脚本框架很喜欢,而且对创造刘胡兰这个角色很有冲动,但我毕竟不是10 年前的岁数了,能不能演好这么一个只有 15 岁的年龄,既天真烂漫、活泼可爱,又信念笃诚、意志坚定的少年英雄呢?当然,最后还是我对这个角色的冲动战胜了犹豫,也是我和刘胡兰长达 10 年的情缘,使我进入了这个角色,让我圆了饰演刘胡兰的梦。

二、切入

刘胡兰的故事家喻户晓,小说、电影、歌剧、戏曲等多种文艺形式都有表现,尽管我对这个人物憧憬已久,被义父和父亲侃出的刘胡兰的故事"融化"了 10 年,但是到了要我扮演这个角色的时候,仍不免感到为难。刘胡兰的形象在人们的心目中是那么高大,可她就义时的年龄又是那么小,她的经历是那么短暂。15 岁啊!这个年龄的女孩在现在人们的眼里正是爹亲娘疼、蓓蕾初开的花季少女,究竟应该如何把握高大和幼小这个形象和年龄的差异,如何体现"生的伟大,死的光荣"这一短暂而壮丽的 15 岁人生呢?要展示这个具有崇高品质、光辉形象且又是 15 岁年龄的少女,从创作的角度如何选择切入点,成了我饰演刘胡兰的第一个课题。

"你要随着刘胡兰的年龄进入这个角色,从 15 岁、14 岁,乃至抗日战争时期的十二三岁,要从'小'字上切入人物。"是导演为我点亮了创作的航标。是啊,从"小"

字入手，才能更好地展现刘胡兰的可爱和可亲，从而达到可信，也只有可信，她那壮丽而短暂的人生才能更加感人！在创作的过程中，往往是一个关键的提示能给人以点石成金的启迪。我按照导演的要求，从刘胡兰年龄这个角度进入了人物的体验，开始以这个年龄的我，寻找同奶奶、妹妹以及所接触的人和事的记忆感觉。

我有一个最亲我、最疼我的“奶奶”，其实是我的姥姥。我是“文革”中出生的，我的父母都是当时被称作“修正主义黑苗子”的“斗批改”对象，尤其是父亲，他在“文革”前就担任河南省戏曲学校音乐教学组和教材组的组长，编了不少“帝王将相”的教材，还出版了《豫剧锣鼓经》，所以几乎成了“文革”全过程的“运动员”。我几乎是生下来之后就跟着姥姥，从学说话就把姥姥叫做“奶奶”。那时家境非常艰苦，买上一角钱的糖，吃上五角钱的肉，就像过年了。“奶奶”舍不得吃，舍不得穿，艰辛地恩养着我，哪怕是一两个礼拜才吃上一次的几粒肉末，她也要瞪大眼睛从她的碗里一个个挑给我。品味当时那种祖孙情感，可以说胜过父母。五冬六夏，搂不到“奶奶”的脚我是睡不着觉的。从小“奶奶”就给我梳各种各样的辫子，哼非常动听的童谣，讲我似懂非懂的做人道理。

我有一个比我只小一岁的妹妹，她聪明可爱，懂事听话，但在“奶奶”的疼爱中却屈居第二。我们是在那个非常困窘的家境中相依相爱、亲昵无间、冷暖共度、甘苦共尝、亲亲热热却又打打闹闹、撕撕扯扯的“对立统一”中长到十来岁的。是“奶奶”看着我们姐妹俩长大，看着我们俩背起书包走进小学读书，又看着我们姐妹 11 岁那年分别乘上西去的列车，进入洛阳戏校和洛阳地区豫剧二团……

在我的青少年记忆中，有许多让我敬佩和尊敬的人：我的“奶奶”，我的舅舅和舅母，舅父舅母跟前的弟弟妹妹，为我的文化知识和专业知识启蒙的小学老师和戏校教师，扶持我登台实践的伯伯、叔叔、阿姨和为我开排新戏的导演老师，尤其是为我开启“戏窍”的义父余笑予先生和为我的艺术成长做出无私奉献的父母……

在我的青少年记忆中，伴随着一个个让我难以忘怀的人，和那一段段让人难以抹去的经历的，还有许多让我永远铭刻在心的事。1985 年秋，我刚从戏校毕业跟着父母实习，二炮文工团的首长跑了三个台口在太康县剧院找到我，要把我招进部队，培养成歌手，我是多么高兴啊！因为当时戏曲已经开始滑坡，而歌手却十分

●《铡刀下的红梅》剧照

走红，我多么想改变艺术行业追求新的艺术曙光啊！可万万没想到，一向疼我爱我最关心我前途的父亲却毫无商量余地地挡了道。他沉重地对我说："我和你妈妈都是热爱豫剧并为之奋斗了半辈子的人，我们看到戏曲艺术滑坡感到心疼啊！对于民族戏曲的兴亡，我和你都负有不可推卸的责任。我们不能眼睁睁看着党和人民辛勤培育的戏曲人才，在戏曲陷入低谷的关键时刻一个个当了逃兵。你必须留下来为振兴民族戏曲承担责任！"啊，天哪，父亲竟然要求我为戏曲的不景气承担责任，顿时我感到这位可敬可爱的父亲在对待事业的追求和女儿前途的安排上是那样的无情，我伤心，我痛哭，但看到父母那痛苦的表情我屈从了……

1992年，正当我在艺术事业上崭露头角、未当歌星的伤痛刚刚抹去之际，却遇到了意想不到的坎坷：我父亲调离河南省豫剧二团团长职务后不到一个月，我被通知下岗。想当初当歌手的机遇已经被父亲搅了，想去为振兴戏曲出力吧，又下岗了，怎么办？只好到母亲退休后开的烤鸭店里当伙计了。天长日久，我竟然对经商产生了兴趣，因为它能赚钱。年轻人嘛，大多都很现实，我感到无论吃啊、穿啊、用啊、花啊什么的，都比过去宽松。于是我拼命地学习调料，拌麻辣油，学习断鸭肉的刀功；还赶在全国糖酒会议期间做盒饭，同妈妈一起到会上吆喝叫卖，我很快成了一名称职的“店员”。可就在这个当口，二团到陕北黄土高原演出，一位演员因故无法到场，而原定的《抬花轿》剧目又不能变更，时任团党支部书记的郭伯伯突然风尘仆仆地出现在我们烤鸭店的门前。听了他的邀请，我虽然没有表露出来，可心头的火气却突突直冒，心里说：啊，现在用着我啦，没门！可是我父亲几乎是命令式地说：“快去！救戏如救火呀！”

妈妈不容我分说，就催我跟郭书记走。可我料想不到，我刚刚演完这出戏，就为我买好了车票，通知我这个下岗演员返程了。我体味到了艺术界常说的“短”字的含义，发誓再不登台。就在这时，义父三番五次从湖北打来电话，他语重心长地说：“我和你父亲辛辛苦苦地培养你，不是让你当店员，而是让你当演员的！记住，老艺人有一句话叫‘只兴人家不用，不许你自己不练’！孩子，只要你对事业坚定信念，你一定会有发光的机遇……”事业呀事业，一个人在对事业的追求中，却又需要多少人指点迷津啊！

刘胡兰虽与我所处的时代不同，环境有别，遭遇迥然，但在我们同年龄段的情感上有多少接近啊！祖孙情，姐妹情，以及父辈们为我们成长所付出的心血又何等地相似、何等地接近啊！如果我处在那个贫困战乱的年代，处在那个如火如荼的革命氛围中，如果我面对敌人的枪口，面临着生死抉择的时刻，我又会怎样？我应该怎样？我的亲人们将如何面对严酷的现实？寻找着，寻找着，我品味出了透心穿腑的苦辣酸甜，品味出了人之初的亲情、友情和受教育后的事业情、理念情，回味出了人间的恨和爱，我的感情真的完全融入到刘胡兰这个人物中去了：一个十五六岁的女孩，生长在历经苦难的战争年代，受到相依为命的奶奶无比疼爱的恩养，得到革命前辈的真情关爱，她从小就立志投身于穷人翻身求解放的革命事业，她在如火如荼的革命氛围中成长，她参加儿童团，参加妇救会，面对敌人的铡刀，她大义凛然，毫不犹豫地献出了年仅15岁的少年年华……对，就是这种感情，我一定要演好她，让这位少年英雄在21世纪的舞台上有血有肉地站起来！

三、塑造

从刘胡兰的“小”切入，奠定了在舞台上塑造刘胡兰的基础。当然在这个基础上如何“建楼搭厦”，还要靠对舞台形象的塑造，要靠剧本提供的事件，靠剧中一层层人物关系和这些关系所展示的情感纠葛准确地予以表达，以人物的内心作为起点，并最终以戏曲艺术特有的表现手段使之外化在众目睽睽的舞台上。塑造是对演员能否准确把握人物的考核，同时也是演员表演功力的展示。任何一位演员，无论你对你所扮演的角色有多么深刻的认识，做出多么精辟的分析，如果无法将你对人物的理解、你对角色的理性认识，准确地运用戏剧(戏曲)表现手段在舞台上展示出来，都说明你最终未能完成塑造任务。可喜的是，《铡刀下的红梅》遇到了一位好导演、好恩师，他非常讲究对人物的舞台塑造，尤其对主要角色，他更是刻意要求。对待主演的戏，他是抠了再抠，磨了再磨，几近“刻薄”的程度。他讲求“有话则长，无话则短”和“有戏则磨，无戏则过”，追求塑造人物的舞台亮点，更可贵的是他善于指导演员在舞台上扬长避短，让你能够最大限度地发挥才智，开掘人物，完成塑造任务。正是这把“金钥匙”一次次为我打开了接近少年英雄的大门。

《铡刀下的红梅》中的刘胡兰，是在阎匪包围云周西村、革命烈士英勇献身的场景中出现的，这个严酷的大氛围时断时续地延伸贯穿全剧。从刘胡兰眼见亲人一个个血洒庙台，再到她自己昂首挺胸一步步走向铡刀，舞台上所展示的是一个残酷而悲壮的过程。如何塑造这位少年英雄从被捕到牺牲的壮烈行为，给观众留下深刻的光辉艺术形象，是我演《铡刀下的红梅》一剧的最高任务。在导演的指导下，我以“小”切入，开始探索对刘胡兰的塑造手段。在同敌人的斗争中，每一句台词，每一个眼神，甚至举手投足，都紧紧扣住刘胡兰年龄小的特质，正像人们常说的“小孩嘴里吐实言”“小孩眼里出实情”，用少年刘胡兰的“实”，去撞击特派员的“虚”，用少年刘胡兰实实在在的“小”，去戳破特派员虚张声势的“大”，让刘胡兰这个人物在这种“小”和“大”、“实”和“虚”的撞击和触碰中，闪现出壮丽的火花。比如，特派员问刘胡兰多大啦，刘胡兰不答。特派员则来个明知而故错的话“我看你最多也只有 14 岁”，刘胡兰则认真地拧着脖子反驳道：“不对，15 岁！”再如，特派员追问县长顾长河的下落，刘胡兰说：“我知道，就是不告诉你！”这回答有实实在在的稚气，却又是真真切切的心里话。还如，刘胡兰无意中坐在了火盆旁边，特派员用人生存的本能旁敲侧击，刘胡兰听出弦外之音后，孩子气地边跺脚边远离火盆的动作，等等。这些以小搏大、以实击虚的刻意塑造，让观众感到可信，虽未着意塑造英雄人物的伟大，但却能让人在可信中体味出刘胡兰的“小”，恰恰寓示着实实在在的伟大，而特派员处处虚张声势的“大”，也恰恰在暗示着实实在在的渺小。我在刘胡兰面对敌人的戏中，一直沿着这条“以实击虚”“以小搏大”和“以小见大”“小中求大”的辩证规则，逐步完成了刘胡兰艺术形象的塑造，直至刘胡兰临刑前大义凛然、气贯长虹的最高境界的展现。

《铡刀下的红梅》中，用闪回的手法，刻意把刘胡兰从严酷的大氛围中拉出，让她的回忆带她飞回儿童团的活动中，带她飞回奶奶、妹妹、乡亲们、顾县长以及曾经来相亲的小女婿的身旁……

刘胡兰是儿童团团长，她是云周西村少年儿童的“领袖”人物，是孩子王。但她却因给妹妹买发卡放过了日伪特务，犯了错误。对于当时只有十二三岁的孩子来说，她们心目中的敌人是“歪鼻斜眼耷拉眉”，怎么会冒充村长他表哥货郎呢？她受到了严厉的批评，她让儿童团集合后，痛哭失声地做了检讨，坦诚地说：“我爱臭美，为了一个发卡，放跑了一个狗特务！”她命令每个儿童团员对狗特务的发卡踩上一脚，这是儿童特有的疾恶如仇的表达方式，是“小”的童稚坦诚，也是“小”的天真可爱。表面看，暴露了这个英雄人物的错误和缺点，但实质上是塑造刘胡兰成长过程的一处妙笔。刘胡兰之所以成为英雄，正在于她童稚的天性中具有纯洁坦诚、知错必改、追求高尚、疾恶如仇的品质，正在于她非自觉地对自我的战胜。只有通过这种对“小”的刻意塑造，才能让人感到真实可信，感到可爱可亲……

刘胡兰有一个比她还小的妹妹，这个小妹妹是她的耳报神、小尾巴，她们在家中相依相伴、厮厮闹闹，在村中又相扶相帮、形影不离。二寡妇为她说媒，奶奶要为她包办，小女婿要来相亲，这一切都是这个小妹为她通风报信，并与她一道设卡拦截，吓跑了小女婿，赶走了二寡妇，气坏了老奶奶。于是，刘胡兰要奖励小妹，为妹妹买了一个发卡，可当刘胡兰要给妹妹戴时，却不自觉地给自己戴到了头上，妹妹喊着要，刘胡兰舍不得地说：“好妹妹，让姐戴一会儿，只戴一会儿。”我在演这一片段时的确很动情，因为刘胡兰也是一个十来岁的孩子啊。我和妹妹何尝没有这种情形呢！记得我和我妹妹小时候，妈妈把仅用几角钱买来的肉分到我们碗里，常常是我先吃完，而自小爱存货的妹妹却往往把最后剩的一块肉含在嘴里，像化梨膏糖一样慢慢地品味，我常常利用妹妹爱当“领导”的弱点，亲热地对她说：“好妹妹，咱们俩玩过家家吧，你说谁当妈妈？”妹妹必然答“我”，我顺势就问：“你当妈妈咋疼孩子呀？”这时妹妹便毫不犹豫地把嘴里的肉送到我的口中。这是儿童们之间的真实生活，所以我每次演到这里，小时候姐妹间真诚的感觉便油然而生。爱兰子就是我的亲妹妹，我很自然地回到了童稚时代。啊！胡兰子和爱兰子，一对撕不烂的狗皮袜子，一对在困苦中相依为命的好姐妹。每当我演到刑前同奶奶见面，唱出求奶奶“买一个发卡让妹妹自己挑”那句词时，我的心都在滴血般地疼，这姐妹的情啊，是实实在在的情啊……

刘胡兰有一条靓丽的大辫子，更有一位疼兰子爱兰子、为这条辫子梳梳理理10余载的奶奶，奶奶赋予刘胡兰的爱不是一般的祖孙情怀，而是充满温情、至高无上的母爱。胡兰子对于奶奶，是老人生的希望，奶奶对于胡兰子是天高地厚的养育恩！而刘胡兰的辫子凝结着祖孙之间10余载含辛茹苦的情结，是祖孙相依为命的象征。刘胡兰因拒婚惹恼了奶奶，奶奶拿出最严厉的惩罚手段就是要剪胡兰子的大辫子，刘胡兰也拿出了对付奶奶的绝招，悲切地哼起了“小白菜呀，地里黄呀，三两岁呀，死了娘呀……”奶奶听着听着便哭了，剪刀怎么也举不起来了。这时的刘胡兰扑到奶奶怀里，用好话给奶奶掏耳朵，跑到奶奶背后给奶奶捶背，天真活泼的小兰子果真是能把奶奶气哭，又能把奶奶逗笑的小人精！这些塑造在《铡刀下的红梅》中，都给人以甜甜的感受，是在冷酷的大背景中极为可贵的暖色调，是对情的渲染，是对情的抒发，是对情的呼唤！我在塑造刘胡兰时始终把辫子当作情结，从顾县长因战争环境不让刘胡兰留辫子，到因拒婚惹恼奶奶要剪刘胡兰的辫子，直至最后刘胡兰临刑前主动要求奶奶为她剪下辫子，通过一环一环的推进，展示出刘胡兰从童稚到成熟，从天真可爱的儿童团长到顶天立地的革命烈士的成长过程，在不牵强、不矫揉造作中，渐渐辉映出刘胡兰特有的壮丽形象。

刘胡兰有一枚珍藏的铜板，这是她天天夜里帮奶奶纺花织布，奶奶奖给她的，她曾用这枚铜板为妹妹买了一个发卡，结果发卡到手货郎溜走，铜板没花出去，却放跑了狗特务，使她犯了错误；她认为儿童团为革命站岗放哨，自然就是党的人了，于是她要参加党员会，要用她珍藏的铜板交党费；最后在临刑前地下党组织通知她已成为正式党员时，她噙着热泪，用这枚铜板交了她第一次，也是她最后一次党费！这就是此出戏中“铜板虽薄重千斤”的伟大内涵。

刘胡兰为了掩护战友，从顾县长头上抢戴去一顶军帽，而这顶军帽成了特派员下决心从刘胡兰身上打开缺口的法宝，可聪慧的胡兰子正是通过敌人对军帽的追查，明白了同志们已脱险的真情。刘胡兰抢戴军帽、引开敌人的奋勇献身精神，被捕后敌人突然掏出军帽时胡兰子的惊乍表情，追问顾县长下落时刘胡兰转惊为喜的流露，最后干脆明明白白地告诉敌人“顾县长在哪里我知道，可我就是不告诉你”时那种充满稚气而笃定的语调，都充溢着一种强烈的“情”的流露，这“情”，是刘胡兰多年来受党的教育和培养，对党的感情，对亲人们的感情，对革命事业的感情……

正是这些由衷的感情倾注，使我较好地完成了对刘胡兰这一角色的塑造，在排练过程中，在导演精心安排和指导下，升华出刘胡兰宣誓入党展示党旗、刘胡兰就义时飘洒红锦带等闪光的形体塑造。

2002年1月

我们是怎样排出《铡刀下的红梅》的

王红丽

打造精品剧目，对于上有财政拨款、内部人才广聚的国家艺术院团来讲，也许是胜算在握的事；另外，对于那些上有企业撑腰、下有投资来源的民营剧团来讲，胜算的概率也许仍能令人满意。然而，像我们这样一个一无国家拨款、二无企业赞助，完全依靠演出经营求生存，并通过自收自支求发展的民营平民剧团来讲，想跻身于打造精品剧目的行列，是何等之难啊！我常常把我们团，也把全国数以千万计的像我们一样的民间职业剧团，看成是当前热门话题中的“三农”，是当代中国戏曲艺术圈内的“三农”。我将我们从事的民营戏曲工作，视为当前中国戏曲从业圈内的农业。不是吗？像我们这样的民间职业剧团无论从数量上，从覆盖面上，都大大超过国家办的院团，仅举一个并不特殊的例子。河南的虞城县，国家团只有一个，而且平时处于散摊儿的局面，而活跃在农村的民间团却有30余个，相比之下，“民间”的算不算得上是农业？我们这些团主要面对农村，像虞城一样的民间剧团，他们几乎所有的演出都在农村，连县城都很少进的，我们团也是每年近80%的时间在农村演出，可能因为我们团比他们更专业一些，农忙季节也不放假，所以还时不时跑跑大码头，有时积蓄些资金，还能进进京展示一下；我说我们是戏曲艺术圈中的农民，因为我们长年在孕育我们的黄土地上辛勤耕耘，适时播种，收取口粮，享受着春种秋收的辛劳和乐趣，有时也经历着农民工进城务工时所碰到的冷遇和尴尬。我说这些，并不是气馁的话，相反感到某些骄傲。因为我们毕竟是完全自食其力，且对中国戏曲艺术的繁衍和发展竭尽心力的劳动者。然而要谈到打造精品剧目，这话可又要说回来了，同国家团相比，无论从人力、物力还是财力上，都没法不气馁了。人得有自知之明，但人更需人品和志气。打造精品剧目是为中华戏剧宝库做贡献，这是人人有责的事，平民剧团理当尽一份微薄之力，不管成功与否，尽力则是义不容辞的事。所以2001年，一是为感激党的改革开放政策，想向党的八十诞辰献礼；二是要充分利用自负盈亏积累下的60多万元艺术建设资金，搞一出像样的剧目，于是我决定排演《铡刀下的红梅》。

重塑刘胡兰，圆老人夙愿

重塑刘胡兰的艺术形象，是我的义父余笑予先生和我父亲王豫生早在1990年时就提出来的。他们认为，尽管刘胡兰的艺术形象已经在戏剧、电影、电视剧中多次展示，而且都很成功，但总觉着对于展示一个年仅15岁的少年英雄来说，成熟有余，稚真不足。泼墨于“死的光荣”固然重要，而“生的伟大”却未能挥洒，岂不遗憾！那时我在河南省豫剧二团当主演，我父亲在二团当团长，论人物财力条件，应该说上戏逢时，但因种种原因，这个戏仅有一个不甚成熟的提纲便搁浅了。

1994年，我创办了省级民营的河南小皇后豫剧团，父亲曾和义父再议此剧，但因剧团初创，百事待兴，所以先排了《风雨行宫》和《美女涅槃记》两剧，作为建团展演剧目。

事隔10年，我决定了却二位老人心愿，在艰难困苦的创业条件下，排出刘胡兰，向党的八十华诞献礼。尽管这60万元的自负盈亏积累，要排一台像样的大戏，总有捉襟见肘之态，但我已抱定了一颗“没有条件，创造条件也要上”的决心！好在天时、地利、人和，我占定了人和这一条。创作班子是由多年来支持我的老艺术家们组成的，剧团内上下同心，他们都是和我在自负盈亏道路上风雨同舟的战友，团

●《铡刀下的红梅》剧照

外还有许多关心我和剧团的文化界人士，以及广大关心我和这个民营剧团命运的观众。于是，2001 年 5 月初，我们便将正在进行的演出停下，整体跨进排练前的准备工作。

怎么好怎么要求，怎么省怎么干

想法对头，决心也好下，到了具体操作，可就犯难了。编导美音都有创作一台好戏的追求，有追求就必然有要求，可这些要求又要落实到完成上才算数，而把要求落实到完成的操作过程，好多项目是用一张张人民币叠起来的。60 万元，看上去不少，可细掰起来一算，起码差三四十万元，怎么办？大家一研究，说先把排戏阶段两个来月人们的工资列出，因为演职员工依靠工资养家糊口，不能让后院失火。我们家的人，包括我父母、我妹妹三个月不发工资（实际上我两年没要团里的工资），这样先掐出10万元，所剩50万元可汤泡馍。接下来制定了一个工作方针，这就是我们说的：怎么好怎么要求，怎么省怎么干！

各部门的要求提出后，大家群策群力，分类甄别，只要是自己能动手干的，哪怕不会，也要坚持学着干出来。于是，一场自己动手搞制作的人民战争在我团展开了！

男女老少齐上阵，红梅映红敬业心

一个大戏、新戏，需要制作的东西实在是太多太多了。从舞台后边说，底幕，画幕，冰花树，半个舞台大的党旗，通台吊起的红梅花，相应的天沿条幕，舞台上的大转台、小平台，从台上用的道具，再到头上戴的、身上穿的、脚下蹬的、手中拿的，大大小小数以百计。

就在石榴开花的红五月里，我们团成了个杂耍制作厂，男男女女老老少少，没有一个闲人。《铡刀下的红梅》剧中所有的制作都是我们自己完成的。一时间，缝布幕的、钉景框的、焊钢架的、贴冰花的、做道具的，在团内全面展开。炊事员成了木工班头，灯光师成了电焊领工，老演员成了缝纫能手，演儿童团的小学员成了贴冰花、贴画幕的能工巧将。那些孩子们贴着贴着小手给粘上了，嫩嫩的小手皮粘掉了，向外渗着血，真心疼啊！可他们用创可贴一裹，就又干上了。那场面，谁见了都会感动的。

这次会战，团里涌现出许多能人，他们哪里有难题就到哪里去解决，不管是焊铆锯刨，还是缝补剪裁，几乎样样皆能，所以过后人们常开玩笑说，小皇后豫剧团有几个巧男人，除了不会生孩子，什么都难不倒。

由于我们演出场子多，景物损耗大，舞美设计从耐用的角度考虑，光铁活就占很大的分量。悬吊红梅是用钢筋做的，不仅拿形费力，在钢筋上贴红也是很难的；转动的大平台，需要拿圆、焊接、铺板、上轮、安架、蒙面等一系列工序，而且有一定的技术含量，可它硬是让团内上下齐心给攻下了。

我们的服装，自己能做的一律买料子自做，重点服装是买好料子，找街上小裁缝铺做的。我在这个戏里穿的几套服装都是到省钱的小店做的。其他道具大到机关枪、铡刀、火盆、圈椅，小到货郎担、红缨枪、皮鞭、木棍，件件出自团内制作。就这样，硬是在20万元的制作费用内完成了舞台上下的全部制作。加上添置部分灯光、音响和给付创作费用，总共没有超出50万元的极限经费。再把两个多月数十口人10万元的工资算上去，恰好按原定60万元完成了首创任务。

党在关怀我们，人民欢迎我们

《铡刀下的红梅》演出以来，一直受到广大观众的关爱和欢迎。这个戏我们从2001年7月1日至2005年9月30日，已经演出436场，观众已达上百万人次，仅此一剧就为剧团创收185万多元。除该剧的包场演出外，《铡刀下的红梅》已成为我团农村巡回演出中每点必演的保留剧目。不论在农村、在工矿还是在部队，《铡刀下的红梅》都受到了热烈的欢迎，许多观众看完戏后还要跑到后台看演员，购碟片。2002年，《铡刀下的红梅》在第九届河南省戏剧大赛上获一等奖的第一名；2003年，我以此剧参加了中国戏剧二度梅花奖的角逐，取得成功；同年，《铡刀下的红梅》获中宣部"五个一工程"优秀剧目奖。同时，我团又被中宣部、文化部授予全国服务基层、服务农民先进集体的光荣称号，并给予了较高的经济奖励。我们虽然为《铡刀下的红梅》付出很多，但我们很欣慰，因为《铡刀下的红梅》为我们赢得了广大观众的赞誉，也使我们沐浴到党对民营剧团的关爱。

在继承民族戏曲传统中求索

——兼谈《铡刀下的红梅》创作心得

王红丽

我们团的《铡刀下的红梅》，是 2001 年开始上演的。6 年来，通过 500 余场的巡回演出和该剧光盘的出版发行，剧中刘胡兰的舞台形象，不仅得到数以万计观众的认可，而且深深地活在我的心中。排演《铡刀下的红梅》塑造刘胡兰艺术形象的过程，是我进一步认识传统、学习传统的过程，也是我大胆突破、勇于创新的过程。集其心得，系统审视自己在《铡刀下的红梅》创作过程中对“继承”与“创新”的认知和实践，就是我近几年来学业的总结。

从对豫剧传统的认知谈起

说起传统，大到中华民族的文化传承，小到家乡俚俗的风土人情，大可概国貌，小可喻俚俗，无人不以为不认知。但是，作为一个豫剧演员，一个决心终生从事豫剧事业的文艺工作者，要把对豫剧传统的认知引申并聚焦到豫剧文化的传承和发展上来，却不是一个简单的话题。

● 1995年王红丽获得第十二届中国戏剧梅花奖(一度梅花奖)

我出生在梨园之家,生活在豫剧戏窝里,看排戏,瞧演出,是家常便饭。耳濡目染,兴趣天成,从小便跟随母亲学唱腔,练身段,所以未入学堂,已成戏痴。13岁自初中考入戏曲学校接受专业训练,从"基、武、身、把",到"唱、念、做、表",几番严寒酷暑,多少披星戴月,4年的豫剧传统基础训练,真是让人"受在身,累在筋,烂在脑子记在心"哪！18岁毕业分配到河南省豫剧二团工作,21岁以《司文郎》参加河南省第二届戏剧大赛,获得演员表演一等奖和首届香玉杯艺术奖,28岁以《风雨行宫》晋京演出,获得第十二届中国戏剧梅花奖,36岁又以《铡刀下的红梅》获得中国戏剧二度梅花奖,在继承和发展豫剧文化的道路上,虽非功有所成,也算是学有所用。进入中国戏曲学院研究生班学习之后,特别是在对《铡刀下的红梅》不断演出、反复加工的实践过程中,我对中国的戏曲艺术,尤其是对豫剧传统文化的认知,产生了新的感悟和飞跃。

豫剧,原称"河南梆子"。作为梆子系统的一脉,它有着悠久的历史传承和深厚的艺术积累。尽管人们对它的源流传承说法不一,但对其已经形成300余年的说法都是认可的。豫剧的传统剧目有近千出,早期班社建制完备,有所谓"五生五旦五花脸,八个场面俩箱倌,看下处掐头整十仨,一兵一卒都不差"之称。豫剧具有广泛的人民性，有深厚的群众基础，数百年来，植根于一望无际的中原大地，浸润着黄河两岸的泥土芳香，长期受到当地劳动人民的孕育、扶持和保护，是中原平民文化的集中体现。

自20世纪30年代起，一些关心豫剧改革的文人志士如王镇南、樊粹庭、陈宪章等相继参与扶持，同许多颇有造诣的从业艺人如陈素真、常香玉、赵义庭等相结合，努力推进豫剧改革，使豫剧在表演、伴奏、服饰、化妆乃至舞台装置和演出形式等诸多方面发生了较大的变化，对豫剧的振兴和发展起了很大的推动作用，豫剧在汲取京昆表演艺术的同时，更趋于成熟和完美，奠定了豫剧艺术在国内广为流传的基础。究源探流，纵观300余年的发展史，豫剧是一个艺术个性鲜明，历史传承悠久，广为人民喜爱，能深刻体现平民文化的剧种。它深厚丰富的传统积累，是在数百年的发展历史中，经过代代艺人的传承，并在传承过程中不断改革、不断创造、不断发展而形成的。作为当代豫剧人，继承豫剧传统，致力豫剧改革，推动豫剧事业的发展，是我们义不容辞的历史使命。

继承豫剧传统是改革和发展豫剧的基础。要承担发展豫剧事业的历史使命，就必须认真学习传统，掌握传统，研究传统；不仅对它的渊源、沿革和发展有所认知，而且要对它的流派、行当、表演、声腔乃至板式结构做认真的学习和研究。这种学习和研究不能走马观花，也不能隔靴搔痒，必须是身体力行的，必须是同自己的实践紧密结合的。回顾豫剧界有成就的前辈，从王絮亭、周海水、杨金玉，到陈素真、常香玉、赵义庭，哪一位不是自幼从师历经五冬六夏严酷的传统训练，哪一位不曾在舞台上实践过上百出的传统剧目，哪一位不是在继承传统的基础上脱颖而出的呢！

时代在前进，审美多元化，在现代戏曲舞台上，声、光、电等科技手段的发挥和应用，对外来文化的学习和借鉴，为古老的戏曲艺术增添了时代的光彩，丰富了表现手段，拓展了审美层面，促进了民族戏曲的繁荣和发展。实际上，中国的戏曲艺术也正是在继承的基础上，不断改革、不断进化、不断发展形成的。对于民族戏曲而言，继承和改革，永远是相辅相承的，没有继承，何谈改革？而没有改革，就不会有发展。

我的艺术实践是在对豫剧传统的不断学习和认知中进行的，也是在不断追求创新和改革中进行的，所以排演《铡刀下的红梅》，塑造刘胡兰艺术形象的过程，同样是我向豫剧传统求知的过程，是我探索创新、追求发展的过程……

刘胡兰是一位家喻户晓、广受尊敬的少年烈士，她的英雄事迹不仅被歌剧、戏曲和话剧搬上舞台，而且拍过电影和电视剧。如何演好这个角色，让《铡刀下的红梅》中的刘胡兰能够从众多的艺术塑造中脱颖而出，成为豫剧舞台上独树一帜的、让人感到可亲可爱可信可敬的艺术形象，的确是一个难度不小的课题。

我学习了有关刘胡兰的一些文字资料和文艺作品，认真聆听了余笑予先生关于如何塑造刘胡兰艺术形象的导演阐述，让我感到震撼和心动的亮点逐渐明朗起来：如此悲壮惨烈、英勇献身的牺牲之举，竟是一位年仅15岁的农村姑娘所为。这样的年龄，这样的壮举，事件本身就具有惊天地、泣鬼神的震撼力，蕴含着强烈的传奇色彩和戏剧魅力，无愧于毛主席对刘胡兰做出的“生的伟大，死的光荣”的至高赞誉。在塑造刘胡兰的艺术形象中，能否把握好小年龄、大壮举的对比，能否艺术地展示刘胡兰儿时同家乡、同亲人、同师长、同伙伴们之间的缕缕情结，能否艺术地展示她壮丽而短暂的人生经历和成长过程，是能否诠释好刘胡兰大义凛然走向铡刀这一最高行动背后合理内核的关键。所以，我认为我的创作必须从“小”字切入，用感情的纽带，将“小人”“小事”“小情趣”系成一个个剪不断、理还乱的“情结”，让一串串晶莹剔透的“情结”凝聚为坚如磐石、冰清玉洁的雕塑……

当然，要完成一个艺术形象的塑造，光有分析、体验和设想是远远不够的，还必须在此基础上，充分调动和利用戏曲艺术特有的表现手段和表演技艺，结合自身具备的或通过努力能够达到的艺术条件，将这一形象有血有肉地展示在众目睽睽的舞台上，才能最终完成塑造典型艺术形象的创作任务。这一完整的创作过程，不仅是对演员能否深刻体验角色的考核，同时也是对演员能否完美展现角色的考核。作为戏曲演员，无论你对角色有多么深刻的认识，做出多么精辟的分析，如果无法将你对角色的理解和认识，通过戏曲艺术特有的表现形式完美地在舞台上展示出来，那么你所做的努力都将是徒劳的。我是一名豫剧演员，我要完成的创作任务，是要在豫剧舞台上成功塑造刘胡兰这位少年英雄的艺术形象，所以在我的创作中，必须面对剧种本体，让刘胡兰的艺术形象，体现出豫剧艺术的个性特色，体现出豫剧特有的艺术风貌。

●《铡刀下的红梅》剧照

在行当选择上，我没有按照传统套路“青衣就是青衣，花旦就是花旦”去定格，而是依据不同场合、不同时间，刘胡兰对不同的人、不同的事所持的不同态度、传递的不同感情，对传统行当进行了认真的比对、审视和筛选，将花旦、刀马旦、青衣、武娃娃生等多种行当因素融于一体，同时吸取话剧艺术贴近现实平易自然的表演风格，为塑造刘胡兰寻求一条既有典可范又不拘一格、既充满传统内涵又让人耳目一新的创作道路。

当刘胡兰在回忆中面对老奶奶、老支书、顾县长、玉嫂和妹妹等人时，她是一个地地道道的孩子，是一个十二三岁的小姑娘，她聆听着长辈的教诲，感受着亲人们的关爱，沉浸在小伙伴们的欢声笑语中。这时我较多地采用了花旦的表演：眨巴着一双水灵灵的大眼睛，挥舞着一条长悠悠的大辫子，雀跃着流水般的小台步，演唱着绘声绘色的上口腔，展示出她天真无邪、聪慧机敏的童稚之气……

当刘胡兰面对全体儿童团员指挥站岗放哨、安排战斗任务时，我又在花旦表演的基础上糅进了武娃娃生行当的表演：挺胸昂首，舞枪弄棒，令行禁止，运筹帷幄，于天真活泼中透出她颇具童趣的飒爽英姿和“领袖”风范……

当刘胡兰从回忆转到现实，在阴森可怖的大庙里，面对阴险狡诈的特派员时，我又较多地融入了刀马旦的表演：刚毅威武的目光，棱角凸显的亮相，果断有力的举手投足，从而展示刘胡兰巍然不可侵犯的一身正气……

当刘胡兰在庙内面对奶奶演唱大段戏时，我刻意地融入了许多青衣行当的表演：沉稳不迫的仪态，低回委婉的声腔，如泣如诉的叙述，以表现刘胡兰的成长和成熟……

豫剧的声腔艺术是极其丰富多彩的。就地域分支而言，可分为祥符调、豫东调、豫西调、沙河调和高调五种，所以素有“内十处，外八处，东西南北中五路”之称，而各路分支中的不同行当，又都有自己的演唱方法和演唱风格。就艺术流派而言，各地域、各行当、各个历史时期都涌现过出类拔萃、独具风貌的佼佼者。仅以旦角行当中的女演员来说，20 世纪 30—50 年代，就逐渐形成了常、陈、崔、马、阎、汤、桑等诸多流派。就腔体结构而言，在四大正板的基础上，衍生出交织板、变化板和各种行腔、功能腔 50 多类，这还不包括那些行当专用的如“打棒槌”“撑船调”“拉洋片”等唱法，再加上可唱的牌子曲，简直是一个万紫千红的百花园。豫剧本来是一个善于唱、长于唱的地方剧种，过去河南老百姓把看戏叫作听戏，能唱与否和唱得好坏，往往被作为评判演员优劣的首要标准，在传统戏谚中有“一腔遮百丑，能唱强过翻跟斗”之说，许多老艺人都有“百句不竭、整出不歇”的演唱功力。

前辈艺人建树的这座豫剧声腔艺术宝库，为我创造刘胡兰的唱腔提供了丰富的营养。《铡刀下的红梅》中刘胡兰的唱腔，充分运用了豫剧传统的板式结构，将“正板”“交织板”“变化板”融会贯通于一体，将豫东调、豫西调、祥符调等诸多地域流派融会贯通于一体，在演唱方法和声腔处理上，不仅广泛吸取了旦角各大流派之长，而且在关键的唱句和唱段中，还破格融入了“黑头”行当中的“拐头钉”“一口喃”和“红脸”行当中的大甩腔，大胆汲取了越剧、评剧等姊妹艺术的演唱因素……

例如，刘胡兰唱的“这铜板虽薄重千斤”那段流水板，就是将流水板和流水垛融于一体，借鉴了常派《拷红》和桑派《投衙》两种快流水板唱法创作演唱的。这段唱腔，既有常派“快流水”绘声绘色、酣畅淋漓的色彩，又有桑派“快流水”唱念交融、如吐珠玑的技巧；刘胡兰在大庙唱的大段戏，是在豫西调慢二八板和豫东调二八板相互转换的基础上，综合了常香玉、崔兰田、汤兰香等老前辈们的演唱技巧，尤其是汤兰香在豫西二八板中惯用的“寒韵”唱法，融入了越剧、评剧中低回委婉的声韵，结合自身的嗓子条件和演唱功力，完成唱腔创作的；在大庙中刘胡兰演唱的那段“好奶奶，亲奶奶，莫痛哭，莫嚎啕”的“滚白”，我是在综合了常香玉老师在《秦香莲》中“十大告”和汤兰香老师在《卖苗郎》《抱琵琶》中的“哭滚白”演唱技巧的基础上，融入刘胡兰此时此地、此情此景的特定情绪创作演唱的；对于个别唱句的处理，则不拘一格，择善而从。比如刘胡兰在冰天雪地的庙台上唱的“雪似箭风如鞭风雪漫卷”一句，就是运用“黑头”行当中“拐头钉”唱法；而“判官裹着菩萨衫”一句，则是豫东调慢板中的“一口喃”；刘胡兰临赴刑场前那句高亢昂奋的“壮志迎朝阳”大甩腔，用了豫东调“大红脸”的二八甩腔，这句酣畅淋漓的甩腔，对展示刘胡兰大义凛然的英雄形象，形成全剧的声腔高潮，起到了画龙点睛的作用……

当然，学习继承传统，借鉴前辈经验，并不能替代创作，要古为今用，要让传统技艺为创造刘胡兰这一鲜活的艺术形象服务，要把适合于、有利于创造刘胡兰艺术形象的传统精华，转化为孕育刘胡兰艺术形象的营养。

在《铡刀下的红梅》的创演实践中，我常常思考这样一个问题：中国戏曲艺术究竟谁主沉浮？是演员还是观众？是演戏的群体还是看戏的群体，抑或二者之间？我在揣度，为什么过去老百姓把观看演戏这一文化活动，比喻成“唱戏的是疯子，看戏的是傻子”？不得了啊，观者能让演者成“疯”，演者能让观者如“痴”，这里面蕴含着多大的学问哪！这种互为感染互为激励、台上台下水乳交融的沟通与交流，不正是中国戏曲最为珍贵的成功所在吗？传统戏中的“背白”“旁白”，不就是演员所演的角色在跟台下的观众“掏心窝子”说私房话吗？难怪老艺人说演员不会同观众交流，是最大的不开戏窍。其实演出的成败，往往体现在同观众交流的成功与否。当然，这种交流并不仅仅限于演员同观众的直接交流，还可以通过演员的表演才能，通过演员的声腔艺术，通过演员与演员的同台交流，让观众在好听、好看、好玩的艺术享受中，受到感染，产生共鸣。

继承传统，勇于创新，不仅是我现在身体力行的创作方法，也将是我永远遵循的创作原则，因为只有在继承传统的基础上，勇于突破，大胆创新，才能创作出既具有剧种本体特色又具有浓郁时代气息的艺术作品。

用题外话作结束语

有人常常这样问我，戏曲这么不景气，你将来怎么办？

我也常常这么回答：看看亿万农民的文化需求状况，看看这么多平民百姓喜爱我们的演出，看看我们民族文化遗产的宝贵价值，看看还有这么多致力于继承、发展豫剧艺术的伙伴们，我将永不言退！我宁愿永远做一名平民百姓中的平民演员，将我的欢乐和痛苦，将我的爱和怨，将我的汗水和泪水，挥洒在深入基层、深入农村的辗转巡回中，挥洒在散发着泥土芳香的田间地头……

民营剧团17载的思考

王红丽

1991年，由于体制和人事上的原因，我这个省级剧团艺术尖子下岗了。自寻出路，我卖了两年烤鸭，买卖还不错，但我那颗心始终还是离不开戏剧艺术。在父辈们的鼓励下，在同行们的帮助下，我拿出做生意赚的一些钱，亲朋好友也帮助凑了一些资金，于1994年成立了河南小皇后豫剧团。十几年来，我们团发展壮大了，资产是初办时的几十倍，我个人也获得了“二度”梅花奖，我们的原创剧目《铡刀下的红梅》进入了2006—2007年度国家舞台艺术精品工程十大精品剧目，该剧还荣获了中宣部“五个一工程”优秀作品奖。作为一个民营剧团，能取得这样的成绩是相当不容易的，这其中经历了许多的艰辛，要想做得好不仅仅是要能吃苦，更重要的还是做出自己的特色。总结我们这17年的经验，最重要的一条就是要把品牌做好。

品牌——首先要注重人才

出人、出戏、走正路，是我们办团的宗旨。老百姓要看好戏，首先就是要看“角儿”，要看高质量的演出。办团伊始，我们就决定要有一个高起点，我们当时申请的就是省级民营剧团，在省里是经过认定的，可以说我们是全国首家省级民营剧团。除了我领衔主演，还特聘了十几位省、地市的优秀演员，同时招收了40名学员。我的父亲、著名音乐家王豫生先生和湖北省的著名导演余笑予先生担当艺术总监，一批专家也积极地为我们出谋划策。建团之初，我们创作排演了大型清装故事剧《风雨行宫》《美女涅槃记》，恢复了优秀传统戏《泪洒相思地》《抬花轿》等剧目，建团展演时就在省会郑州引起了轰动，第一站河南焦作地区就连演了40多场。从那以后，我们的演出合同就没有断过，平均每年演出400余场。当时戏曲市场不景气，缺少高质量的演出和新的剧目，我们团以全新的艺术面貌、严谨的舞台阵容、崭新的剧目、极高的艺术水准迅速赢得市场，受到广大观众的热烈欢迎。现在看起来，重磅出击，先声夺人，迅速在市场上形成广泛的影响是成功的关键，也促成了我们十几年来连演不衰、越演越强的大好局面。

老百姓爱看“角儿”，这个“角儿”就要够尖、够精。作为剧团的主演，我特别注重自己艺术水平的提高，1995年我获得了第十二届中国戏剧梅花奖，2001年，我们团又排演了原创剧目《铡刀下的红梅》，我担任主演，并于2003年荣获中国戏剧“二度梅”。但我没有就此停止对更高艺术境界的追求，2004年，我考入了中国戏曲学院第四届青年演员研究生班学习深造，作为一个民营剧团的主演，停止演出就意味着收入的减少，但我知道，今天的学习是为以后的发展打下良好的基础，正所谓“磨刀不误砍柴工”。中国剧协梅花奖艺术团成立以后，我随团在国内外参加了几十次演出，在更大的范围内提高了我的知名度。随着我个人声誉的不断提高，我们团的演出价码也在不断攀升，创业初期每场七八百元，到现在每场收入已达万元。

要想保持可持续发展的态势，人才必须要形成梯队。我们采取引进和自己培养等方式，保证人才的不断档。我们于1993、1996、2001、2003、2009年先后招收了5批学员，共约百人，并从国内聘请有名的教师，进行培养教育。这几批学员现在已成为小皇后豫剧团的中坚力量，有的还在河南省戏曲大赛中获得了金奖，产生了第三批尖子学员。人才水平的提高和队伍的壮大是剧团生存的首要条件，只有做到这两条，才能保证演出的数量和质量，剧团才能避免疲于奔命，才能从容经营，

●《大明皇后》剧照

良性发展。

品牌——剧目发展是关键

要不要发展自己的原创剧目，是大多数民营剧团的一大困惑。排一个新戏，从剧本创作到策划、组班子，要一两年乃至几年的时间，排练也至少需要一两个月的时间，投资要几十万元，可能一个普通的民营剧团一年的收入都搭进去了。但老演老戏，老戏老演，却使剧团处于更大的风险之中，往往一个人的去留会影响到一个剧团的生死，而越来越多的高水平专业人士和剧团的进入，也会使原有的市场受到冲击，只有拥有自己的高水平的原创剧目，才能在激烈的市场竞争中立于不败之地。因此，抓好原创剧目，是我团的一项基本政策。

10多年来,我团有自创剧目10多台,其中《风雨行宫》《铡刀下的红梅》《五凤岭》《三更生死缘》等深受市场的欢迎,《风雨行宫》17年来演出已超2000场,获得了很大成功,已成为剧团保留剧目。现代戏也很受欢迎,2001年推出的以英雄刘胡兰为题材的《铡刀下的红梅》,更是在全国范围内产生了广泛的影响,至今已演出1500余场。现代戏《花喜鹊》,是宣传老年法的,讲的是三个儿子不赡养老人,最终受到了法律的制裁,在观众中反响很大,市场效益也非常好。我们团演出的原创剧目全都录制成了光碟,不仅得到专家认可,在市场上也很受观众欢迎,并且有些被省内外好多剧团移植演出,形成了"小皇后"效应。

有人担心,如果市场全部放开,会全部被一些乱七八糟的节目占领。其实在我们10多年的演出中,优秀、高品质的剧目一直受到广大观众的欢迎,许多台口甚至点着名要看"精品工程剧目",观众看了之后都给予高度的评价和热烈的欢迎。一些先富起来出钱请乡亲们看戏的人,都愿意为观众提供高尚优秀的节目。实际上真正要想走得长远,必须下功夫创作出好的、有品位的剧目,想靠低俗的东西去占领市场,是不可能长久的。

品牌——细节决定成败

企业中有一句话:细节决定成败。演戏也是如此。小皇后豫剧团有严格的规章制度和组织纪律,到任何地方演出,都做到严肃认真一丝不苟,都带上全部的布景、道具和服装等。我们的灯光、音响在河南省是一流的,许多观众看了我们的戏都说:"你们的灯光真好看!你们唱得真好听!你们演的戏真好玩!".

河南省政府奖励我团一部流动舞台车,我们又对舞台车进行了改装,把它加宽、加长成为一个正规的舞台,可以胜任大型演出,别人不去的地方我们去,别人演不了的地方我们演,在增加收入的同时,也使我们赢得了声誉,舞台车也成为我团一道亮丽的风景。我们在经营上也是灵活的,经济条件好的地方可以多收,不好的地方可以少收,甚至没有钱也要演。1998年豫东尉氏县郝寺村的群众想看戏,但又凑不上钱请剧团。我们得知详情后,无偿为他们演出4天7场戏。乡亲们兴奋得像过年一样,杀猪宰羊来招待演员。临别,乡亲们还把家家户户攒的19袋花生装

小皇后豫剧团下乡演出，王红丽与戏迷合影

到剧团车上。我们就是凭着这种真诚为基层农民群众服务的热情，在百姓中赢得了很好的口碑。

剧团实行封闭式管理，奖罚分明，练功、排戏要点名，晚上还要查宿舍；制定了职业道德标准，任何人不得拉宗派，夫妻吵架也要罚款，工作时间不能喝酒等。同时树立“团昌我荣、团辱我耻”的荣辱观，提倡同人之间讲诚信、讲关爱，提倡集体主义精神，强化团队精神，形成了全团“台上一棵菜、台下一家人”的局面，从根本上改变了旧的戏曲团体中的一些不良风气。剧团还引入了竞争机制，实行聘任制和以岗定责、以角色定工资的管理运作模式，分配上按贡献大小，收入上拉开档次，既激励青年奋发上进，又勇于破格选拔突出人才，从而形成了全团爱岗敬业、奋发向上的良好风气。

想法与愿望

民营17载，我最大的困惑还是市场。我们现在的演出90%是在农村，城里除少数庆典外，几乎卖不出票。如何打开城市市场是我们今后需要认真研究的一个问题。

小皇后豫剧团经过17年的艰苦拼搏，在郑州购置了土地，建立了团址，下一步还要在文化产业的发展上进行探索，建设小皇后剧场和培训中心，希望能利用自己的场地探索一条城市营销之路，从而建立一套科学的城乡营销体系，寻找可持续发展的办法。民营17载，我们得到了政府方方面面的支持，没有政府的支持，我们不可能取得今天的成就。但作为民营剧团，我们仍然有一些愿望。如由政府买单的进校园、社区和下农村演出活动，应该考虑让优秀的民营剧团参与其中，享受和国有剧团同等的演出待遇。在新剧目的创作上，也希望民营剧团能和国有剧团一样，按程序申报，经文化主管部门审定后，同样可以获得经济上的支持、政策上的优惠。此外，作为优秀民营剧团，在宣传上、在向社会推荐上、在参加一些省级及全国性的大赛等方面，我们也希望能得到同国有剧团一样的待遇，在税收上能享受一定的优惠政策。希望文化主管部门定期开办艺术培训班，对民营剧团的演员进行培训，提高从业人员的艺术水平和文化素养。

现在，国家对民营剧团更加重视，去年我被评为中宣部“四个一批”人才。民营剧团的数量目前已超过了国有剧团，并且以其蓬勃发展的旺盛生命力成为一支不可忽视的力量。国家的重视、政府的支持，必将会使民营剧团受到极大的鼓舞，朝着健康发展的方向阔步前进。

2010年8月

王红丽艺术年谱

1967 年

11 月 24 日，王红丽出生于河南省开封市。

1970 年

两岁多的小红丽在开封姥姥的家里，跟着有线广播自学了京剧《红灯记》中小铁梅“我家的表叔数不清”、《智取威虎山》中小常宝“八年前，风雪夜大祸从天降”、《白毛女》中“北风那个吹，雪花那个飘”等唱段，很是可爱，跟着舅妈到印刷厂玩，她就给厂里的工人叔叔、阿姨唱戏。

1971 年

三岁半的小红丽随妈妈王素珍在郑州剧院演出《海港》，在化妆桌前为演员叔叔、阿姨演唱，一连唱了铁梅、阿庆嫂、小常宝等好几个唱段，大家为之鼓掌，都说这小妮真聪明，真是一个唱戏的料。

1972 年

妈妈王素珍看出红丽的戏剧天赋，就开始教她练基本功、教花旦组合、教唱段

● 王红丽6岁时的照片(左二)

及手、眼、身、法、步和唱段中的身段表演。

1974年

开始在郑州市文化路二小上学。

1979年

小学毕业，考入郑州市第二十六中，读初中一年级。

1980年

妈妈王素珍带着王红丽去报考洛阳地区戏曲学校，考官共十几位，有宣传部部长，文化局局长，戏校校长、主任和老师们。红丽跟着板胡，唱了《断桥》中的“恨上来……”，唱到“一无有亲，二无有故，无亲无故哪里奔投”时，眼泪哗哗往下流，评委们很是感动。念白时那个悲伤劲儿以及掉的眼泪，把评委都感动了。此外，王红丽还表演了花旦组合和基本功。

王红丽被录取为洛阳戏曲学校表演班学生。

1985年

在戏曲学校5年学习之中，王红丽排演过《卖水》《大祭桩》《芙蓉花仙》《扈家庄》等戏，并以优异的学习成绩毕业。

毕业后，分配到河南省豫剧二团工作，曾在《秦香莲》中饰演皇姑、《断桥》中饰演白素贞、《鬼怨》中饰演霞英、《拷红》中饰演莺莺、《燕燕》中饰演燕燕。

1986年

在省辅导站创办的实验豫剧团为领衔主演，演出《秦雪梅》《春秋配》《泪洒相思地》《抬花轿》。

1987年

成为河南省豫剧二团领衔主演，到山东省、安徽省及河南周口地区、南阳地区、开封地区各市县演出《秦雪梅》《春秋配》《泪洒相思地》等，各剧院赠河南豫剧二团和王红丽“豫剧新蕾”“青出于蓝胜于蓝”“金嗓惊四座”“豫剧皇后有传人”等锦旗。

10月，省豫剧二团赴重庆，在重庆大剧院演出《春秋配》(饰演姜秋莲)、《秦雪梅》(饰演秦雪梅)，轰动山城，《重庆日报》《重庆晚报》刊登专题文章，赞“豫剧皇后有传人”。

1988年

主演《司文郎》，获河南省第二届戏剧大赛演员表演一等奖。

10月，获首届香玉杯艺术奖。

1989年

10月，以《司文郎》《春秋配》《秦雪梅》三剧，赴天津参加中国第二届艺术节海河金秋分会场演出，并首次晋京展演，全国人大常委会副委员长习仲勋观看并上台接见合影，文化部高占祥副部长及专家马少波、吴祖光、张庚、郭汉城、赵寻等赞扬和接见。其间，在北京总后礼堂对三军部队进行了慰问演出，刘华清、洪学智等10位将军观看演出并上台接见，合影留念。

著名戏剧家马少波看了王红丽的戏后题赠：“阎韵陈姿两派兼，借得金玉三分憨。雪梅胡女传京蓟，急管繁弦惜少年。”

《文艺报》以“豫剧小皇后王红丽”为题，誉称她为“豫剧小皇后”。

1990—1991年

在河南省豫剧二团，由牛冠力编剧、余笑予执导、王豫生作曲，排出《一品夫人》，饰演刘青霞，《僧尼浪漫曲》饰演小尼姑，由王豫生改编、作曲，葛桂璋执导的

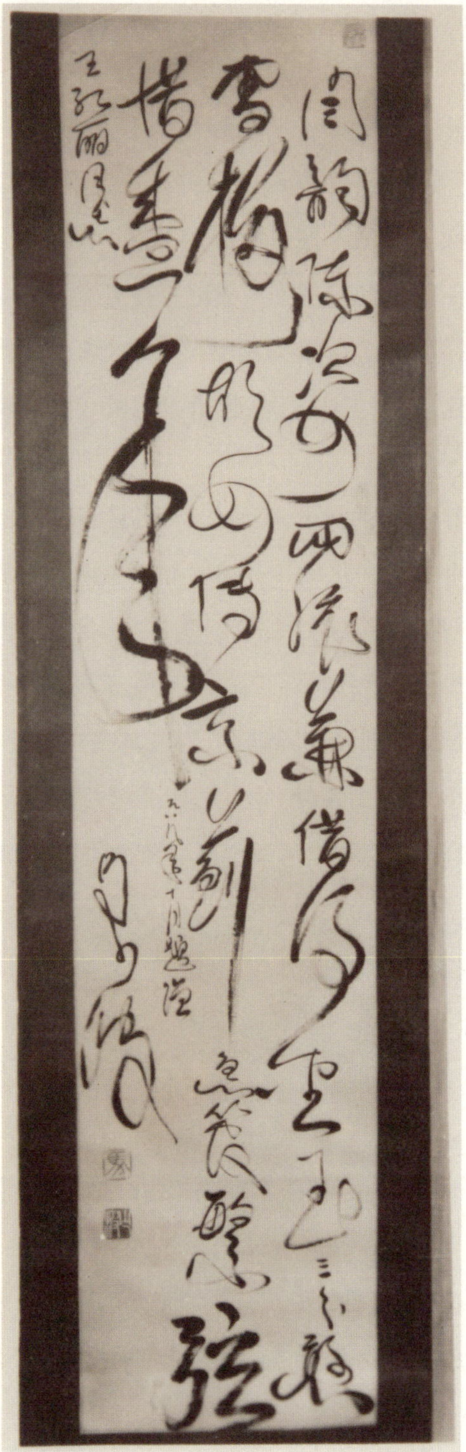

● 著名戏剧家马少波给王红丽的题词

《泪血太行》中，饰演姜雪娇。参加河南省第三届戏曲大赛。

1994 年

2 月，创办省级民营河南小皇后豫剧团，任团长、领衔主演，排演了《风雨行宫》，饰演金桂；《美女涅槃记》，饰演胡翠花；《三哭殿》，饰演银屏公主；《抬花轿》，饰演周凤莲；《泪洒相思地》，饰演王怜娟。

春，加工排练《风雨行宫》《美女涅槃记》，在河南人民剧院演出 4 场。

秋，再度加工《风雨行宫》《美女涅槃记》，北上新乡地区、焦作地区、安阳地区、邯郸地区、邢台地区、石家庄地区、保定市大剧院、河北满城剧院完成了 100 多场演出。

王红丽以《风雨行宫》的演出，获河南省第五届戏剧大赛演员表演一等奖。

11 月，在北京护国寺人民剧场公演王红丽领衔主演的《风雨行宫》《美女涅槃记》轰动京城，文化部领导、专家、驻京部队、中国戏曲学校师生、首都观众踊跃观看，文化部常务副部长高占祥赠幅赞她为“梨花千树风飞雨，中州一枝报春梅”；著名戏剧家郭汉城以“戏曲改革的弄潮儿”为题，在《人民日报》发表专题文章，赞扬王红丽“人小志不小”的创新精神。《人民日报》《光明日报》《中国青年报》《中国文化报》《戏剧电影报》都刊登了对河南小皇后豫剧团和王红丽的专访和专题报道及高度评价文章。中央电视台全程录播《风雨行宫》一剧。

成为中国戏剧家协会会员。

应邀进中南海礼堂为中央首长及部队官兵演出《风雨行宫》一剧，受到了朱穆之等领导的高度评价和接见。

1995 年

河南小皇后豫剧团被河南省人事厅、文化厅命名为河南省文化系统先进集体。

5 月，参加文化部和晋、陕、豫三省联合举办的第二届“金三角”戏曲交流大赛，荣获优秀表演一等奖，《风雨行宫》一剧获得金奖第二名。编剧、导演、作曲、舞美、组织各荣获一等奖。

10 月，以主演《风雨行宫》，获得中国戏剧最高奖第十二届中国戏剧梅花奖。

获得中央电视台举办的’95 花城杯中国音乐电视大奖赛金奖。

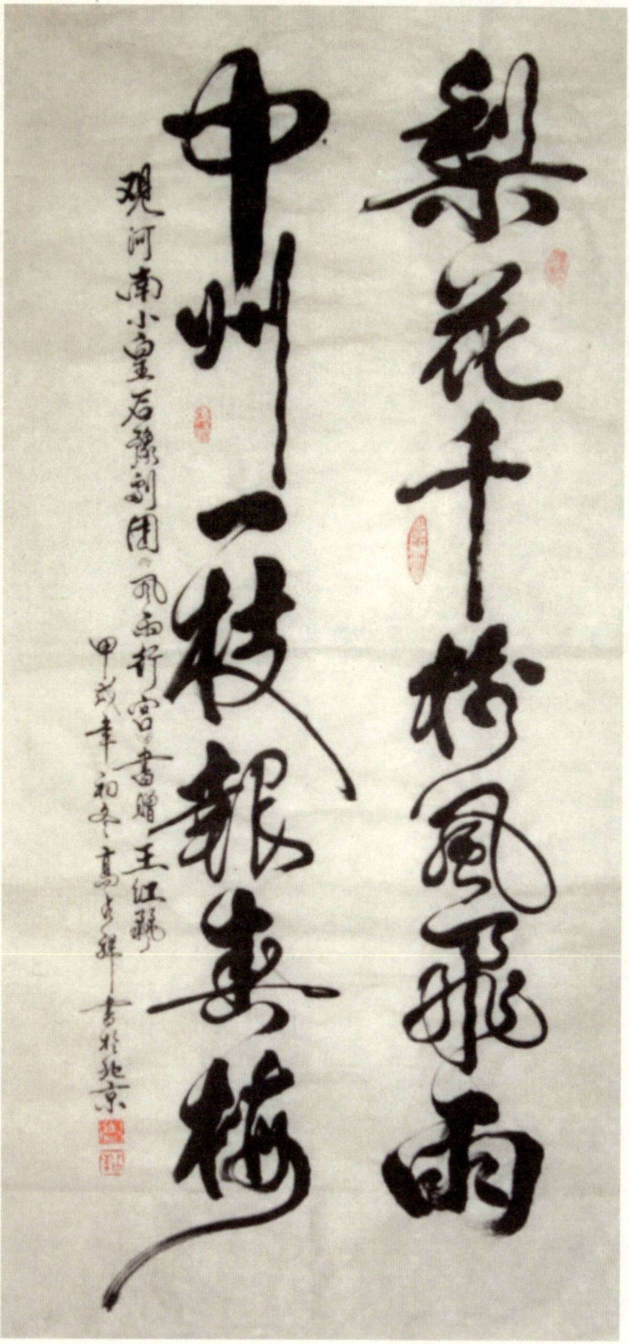

文化部常务副部长高占祥赠幅

1994 年王红丽在京演出《风雨行宫》，专家吴祖光、李超、王金璐等上台接见

1996 年

参加联合国教科文组织赞助，由中国艺术研究院和河北省文化厅在石家庄联合主办的“1996 东方戏剧展暨国际学术研讨会”。36 个国家的专家学者给予高度评价，全场赢得了 29 次掌声。

当选为全国第六届文代会代表，参加在京举行的第六届全国文代会。

被评为河南省人民政府文学艺术优秀成果青年人才鼓励奖。

1997 年

主演《风雨行宫》，获得首届中国豫剧节优秀表演奖。

11 月，豫剧《风雨行宫》由北京新影电影制片厂拍摄成三集电视连续剧并在中央电视台一套、四套播出。

被评为国家一级演员。

● 1998 年王红丽在台湾演出，受到河南同乡会会长接见

1998 年

当选为全国第五届剧代会代表。

中央电视台在《纪录片之窗》《戏曲风采》《天地大舞台》中多次播出有关王红丽的专题片。

5 月，携《五凤岭》《刘荣下南京》两台剧目应邀到祖国宝岛台湾巡演，赢得极高声誉，时任台湾“立法委员”的著名人士朱凤芝女士赠她镀金奖牌：“红遍全球，丽质天生。”

9 月，为配合保护老年人合法权益，在省老龄委、省高级人民法院支持下，排演了《花喜鹊》，获得了良好的社会效果和经济效益。

中央电视台录播了王红丽主演的《五凤岭》《抬花轿》《泪洒相思地》等折子戏专场。

2000 年

创办小皇后剧院，探索开辟城市文化戏曲市场，并在剧院领衔演出《风雨行宫》、《美女涅槃记》、《三更生死缘》(三部连台)、《泪血姑苏》等戏曲。

中秋，在中央电视台举办的戏曲晚会上，同著名京剧表演艺术家于魁智、著名河北梆子表演艺术家刘玉玲同台演出《大登殿》。

11 月 20 日，中央电视台在河南人民会堂现场直播了王红丽主演的大型清装风俗喜剧《美女涅槃记》。

12 月，应邀赴沈阳参加辽宁、河南、山东等 13 省电视台联合举办的大型元旦戏曲晚会，演出了《抬花轿》中的“坐轿”一折。

中国国际广播音像公司录制了王红丽主演的《三更生死缘》三部及《秦雪梅》《春秋配》《一品夫人》《五凤岭》《泪血姑苏》《花喜鹊》《风雨行宫》《美女涅槃记》《抬花轿》等光盘。

河南电视台精品库录制了王红丽主演的《风雨行宫》《五凤岭》《美女涅槃记》，河南电视台录制了有关王红丽的专题片《观戏潮》《小皇后豫剧团启示录》。

2001 年

开始排练《铡刀下的红梅》，王红丽饰演刘胡兰，宋西庭编剧、余笑予导演、王豫生作曲、柯仲奇舞美。

请北京专家、河南专家、领导、电视台记者、文艺界同人和戏迷观众在河南小皇后剧院(原黄河剧院)观看彩排，并召开艺术研讨会。

11 月，王红丽率团进京，在人民剧场展演新排的大型革命故事剧《铡刀下的红梅》(饰演刘胡兰)及《五凤岭》(饰演吴凤英)、《泪血姑苏》(饰演王怜娟)、《花喜鹊》(饰演女法官李瑞芳)。

中央电视台录制了《五凤岭》《泪血姑苏》《花喜鹊》《铡刀下的红梅》。

2002 年

1 月，应中国戏曲现代戏研究会年会邀请，二次率团进京展演《铡刀下的红梅》。

参加中国剧协、中国戏曲现代戏研究会、湖北省委宣传部、湖北省文化厅、湖北省文联共同举办的余笑予生涯六十周年纪念活动。

● 王红丽获得第二十届中国戏剧梅花奖(二度梅花奖)

6月，率队以《抬花轿》中“坐轿”一折戏，参加了在香港举办的“中国戏曲绝技绝活展演”活动。

9月，参加河南省第九届戏剧大赛，领衔主演了大型革命故事剧《铡刀下的红梅》，共获集体和个人奖项13个，王红丽成功塑造了少年革命英雄刘胡兰可敬、可亲、可爱、可信的丰满形象，荣获演员表演一等奖第一名。

2003年

1月15日，在河南人民会堂为人代会、政协会演出《五凤岭》。

3月，在《铡刀下的红梅》一剧中饰演刘胡兰，获得第二十届中国戏剧梅花奖。

5月，河南电视台《梨园春》栏目推出王红丽“二度梅花奖”个人戏曲艺术专场演出。

小皇后豫剧团受到中宣部、文化部联合嘉奖，被授予“全国服务基层、服务农村先进集体”的光荣称号。

豫剧《铡刀下的红梅》荣获中宣部第九届“五个一工程”优秀作品奖。

2004 年

被河南省委宣传部、省文联授予首批“德艺双馨艺术家”的光荣称号。

考入中国戏曲学院第四届研究生班，进一步学习戏曲知识表演理论和京昆名剧。

当选为河南省民营企业发展促进会常务理事。

2005 年

当选为第六届全国剧代会代表。

当选为中国戏剧家协会理事。

2006 年

荣获由河南省戏剧家协会和郑州人民广播电台文艺广播共同举办、完全由听众投票产生的“叱咤中原河南戏曲演员排行榜”年度十大演员最高奖“梨园之星”奖。

当选为第八届全国文代会代表。

2007 年

当选为河南省文联委员。

当选为河南省戏剧家协会副主席。

当选为河南省政协委员。

豫剧《铡刀下的红梅》入选“2006—2007 年度国家舞台艺术精品”工程十大精品剧目。

参加中国剧协组织的梅花奖艺术团到台湾、香港、澳大利亚等地演出。

2008 年

小皇后豫剧团受到河南省人民政府的表彰和嘉奖，王红丽被授予“河南省先进工作者”的光荣称号。

被河南省委、省政府评为河南文化产业发展和文化体制改革先进个人。

主演的《铡刀下的红梅》参加第十届亚洲艺术节示范演出。

被评为“郑州改革开放三十周年风云人物”。

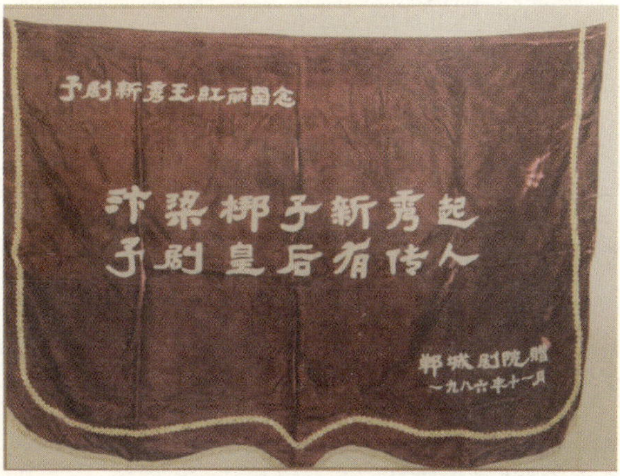

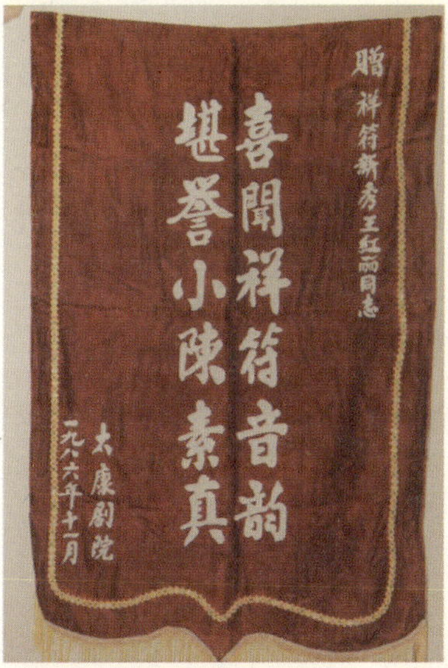

● 王红丽收到的部分锦旗和赠礼

领衔主演的《铡刀下的红梅》被定为纪念改革开放三十周年暨全国改制院团和优秀民营院团进京表演开幕式展演剧目进京演出。

2009 年

被评为全国宣传文化系统“四个一批”人才。

被评为河南省自主创新十大杰出青年。

领衔主演的《铡刀下的红梅》被中宣部、文化部选为庆祝中华人民共和国建国六十周年献礼演出剧目进京演出。

参加河南电视台《盛世梨园》演出。

2010 年

参加由中宣部、文化部共同主办的元宵节晚会，为胡锦涛总书记为首的中央政治局常委等领导演出《抬花轿》“坐轿”一折。

6 月，在北京长安大戏院为首届全国民营艺术院团优秀剧目展演开幕式演出《铡刀下的红梅》。

被评为有突出贡献专家，享受国务院特殊津贴。

被河南省职称改革领导小组聘任为河南省艺术系列高级专业技术职务任职资格评审委员会委员。

主演的《铡刀下的红梅》为中国共产党建党九十周年进京献礼演出。

2011 年

4 月 7 日，在河南人民会堂参加中原文化活动周河南省精品剧目展演活动，主演《铡刀下的红梅》。

6 月 20 日，荣获第三届全国“德艺双馨”中青年文艺工作者光荣称号，受到中央领导接见并合影留念。

9 月，参加中国豫剧节，主演《铡刀下的红梅》。

11 月，参加第五期全国宣传文化系统“四个一批”人才建设研修班。

在中国井冈山干部学院参加“德艺双馨”文艺工作者高级研讨班学习。

《铡刀下的红梅》被八一电影制片厂拍摄成戏曲电影。

被文化部聘请为“国家舞台艺术精品”工程评委。

● 在中国井冈山干部学院参加“德艺双馨”文艺工作者高级研讨班学习，与同学们合影留念

2012 年

5 月 14—20 日，电影《铡刀下的红梅》在郑州奥斯卡影院举办首映式并连续放映。

5 月 20 日，省委宣传部、省文化厅、省广电局主办，河南电视台承办了“百花齐放春满园”，纪念毛泽东《在延安文艺座谈会上的讲话》发表七十周年，王红丽参加中原戏曲名家演唱会。

6 月 15 日，中共中央政治局常委李长春、文化部部长蔡武在河南省委书记卢展工、省长郭庚茂等领导陪同下，就河南贯彻落实党的十七届六中全会精神、推进文化改革发展等调研时，在黄河迎宾馆观看了小皇后豫剧团经典剧目、豫剧小皇后王红丽主演的《铡刀下的红梅》，并称赞此剧感人肺腑、催人泪下，是社会主义核心价值体系教育的好教材。

● 王红丽收徒仪式

7月，在河南电视台《梨园春》栏目现场隆重举行中青年艺术家收徒仪式，王红丽收河南小皇后豫剧团青年演员周红梅、李诗为徒。

9月9—10日，在北京长安大戏院主演向党的十八大献礼演出剧目《铡刀下的红梅》。

戏剧电影《铡刀下的红梅》被评为中宣部“五个一工程”优秀电影奖。

9月11日，当代戏曲表演艺术家系列研究工程——王红丽表演艺术研讨会在北京中国艺术研究院戏曲研究所召开，与会领导、专家高度评价、赞扬王红丽的艺术成就。

9月24日，参加第十二届精神文明建设“五个一工程”表彰座谈会。

9月27日，在北京召开的全国文化体制改革工作表彰大会上，王红丽被评为先进个人，受到胡锦涛等中央政治局常委接见并合影留念。

10月10日，电影《铡刀下的红梅》被国家广电总局推介为向党的十八大献礼重点影片，在北京全国政协礼堂举行迎接党的十八大重大影片推介典礼。

11月20日，《铡刀下的红梅》荣获文化部主办的第二届优秀保留剧目大奖，王红丽在北京钓鱼台出席会议，并领取获奖证书。

●《铡刀下的红梅》剧照

12 月 22—23 日，在天津滨海新区塘沽大剧院启动《铡刀下的红梅》全国巡演开幕式。

12 月 30—31 日，文化部主办全国地方戏精粹展演，王红丽在北京中国评剧大剧院演出。

2013 年

2 月 23 日，在郑州河南人民会堂和郑州广播电台主持人合作演出新版《抬花轿》(领衔主演)。

4 月 1 日—7 月 30 日，《铡刀下的红梅》作为全国优秀保留剧目和全国精粹剧目在全国巡演，王红丽率团到山西、河北、山东、安徽等地巡回演出百场。

5 月，《王红丽表演艺术研讨论集》出版发行，并在全国新华书店销售。

9 月 25 日，王红丽主演的电影《铡刀下的红梅》《大脚皇后》获得电影“金鸡奖”

提名奖。

12 月 30 日,《梨园春》录制河南小皇后豫剧团建团二十周年纪念专场晚会“凌寒傲雪绽红梅”。

河南小皇后豫剧团被文化部评为全国地方戏重点扶持院团,这在全国民营剧团中是唯一的。

2014 年

3 月 20 日，参加在上海召开的中国戏剧家协会第七届理事会第三次会议暨 2014 年工作会议。

5 月 24—25 日,《大明皇后》在郑州艺术宫演出,王红丽主演皇后马秀英。

5 月 28—29 日，在北京参加文化部主办的第四届全国地方戏优秀剧目展演（北方片),在北京解放军歌剧院演出《大明皇后》,并受到领导、专家和戏迷朋友高度评价。

5 月 30 日,在北京中国剧协召开“河南省艺术名家推介工程——豫剧名家王红丽表演艺术研讨会”。与会 30 多位领导、专家热情发言,充分肯定王红丽是河南文艺界领军人物,已形成了自己特有的演唱风格及独特的表演艺术风貌。

被聘为国家舞台艺术基金初评评委。

6 月 21 日,受中国人民解放军总政治部之邀,赴北京“将星闪耀大舞台”为将军们演出《抬花轿》。

6 月 30 日,赴北京参加中央电视台戏曲频道“庆七一专场晚会”演出。

7 月 17—20 日,赴新疆参加中国文联组织的“庆祝新疆建设兵团建团六十周年”慰问演出。

8 月 29 日,作为戏剧界代表,参加中宣部、中国文联主办的文艺工作者践行社会主义核心价值观座谈会。

9 月 6 日,赴北京录制湖北卫视《大王、小王》栏目王红丽艺术人生专题访谈。

9 月 22 日,豫剧《大明皇后》入围国家舞台艺术基金初选,王红丽赴北京参加答辩会。

9 月 27 日—10 月 1 日，率全团到洛阳伊川县中溪社区文化下乡演出 10 场，王红丽主演的《大明皇后》《抬花轿》《泪洒相思地》《花喜鹊》等戏受到观众热烈欢迎。

9 月，参加河南省委宣传部、河南省文学艺术界联合会主办的全省文艺工作者践行社会主义核心价值观培训班学习，并作为戏剧界代表发言。

主演的《大明皇后》在第十三届河南省戏剧大赛中，荣获河南文华表演一等奖。

11 月 13 日，参加河南省文艺工作座谈会。

12 月，豫剧《大明皇后》获得国家舞台艺术基金资助。

豫剧《大明皇后》被评为“中原人文精神精品工程”2014 年度重点项目。